浙江省哲学社会科学重点研究基地课题（12JDDF01YB)研究成果

教育部人文社会科学研究青年基金项目（10YJCB10012)研究成果

本书获杭州师范大学社会学专业平台建设与特色培育项目出版经费资助

浙江省哲学社会科学重点研究基地（Clgs）社会治理丛书

农民政治意识分化
与政府治理创新研究

龚上华◉著

Research on Farmers ' Political
Awareness Differentiation
and Innovation of Government Governance

ZHEJIANG UNIVERSITY PRESS
浙江大学出版社

图书在版编目(CIP)数据

农民政治意识分化与政府治理创新研究 / 龚上华著.
—杭州:浙江大学出版社,2014.4
　　ISBN 978-7-308-13048-6

　　Ⅰ.①农…　Ⅱ.①龚…　Ⅲ.①农民—政治思想—研究
—中国　Ⅳ.①D422

　　中国版本图书馆 CIP 数据核字(2014)第 063115 号

农民政治意识分化与政府治理创新研究

龚上华　著

责任编辑	宋旭华	
封面设计	续设计	
出版发行	浙江大学出版社	
	（杭州市天目山路 148 号　邮政编码 310007）	
	（网址:http://www.zjupress.com）	
排　　版	浙江时代出版服务有限公司	
印　　刷	杭州杭新印务有限公司	
开　　本	710mm×1000mm　1/16	
印　　张	16.5	
字　　数	261 千	
版 印 次	2014 年 4 月第 1 版　2014 年 4 月第 1 次印刷	
书　　号	ISBN 978-7-308-13048-6	
定　　价	48.00 元	

版权所有　翻印必究　印装差错　负责调换

浙江大学出版社发行部联系方式　(0571)88925591;http://zjdxcbs.tmall.com

序

本书即将付印了，我以为本选题挺有意思，而且恰逢其时。党的十八届三中全会将"推进国家治理体系和治理能力现代化"作为全面深化改革的总目标。国家治理在党的文件中是一个新的提法，一是要建立国家治理体系，这就要协调治理主体，包括政府、公私企业、社会组织和公民个人在内的多元主体，都是管理公共事务的重要参与者；二是要培育治理能力，这就要处理好政府与社会的关系。伴随着市场化改革，社会成员逐步获得了更多的经济资源和行动空间，多元开放的社会结构也在形成之中，这一方面适应了市场化的需要，另一方面也表明社会转型蕴藏着巨大的风险和不确定因素。而农民是中国社会的最基本的构成部分，并且又是城市化、市场化过程中分化和发展最剧烈的群体，农民作为治理主体，对于中国社会有着最重要的影响，对于政府的治理能力，也是一个最基本的衡量尺度。

农民政治意识这个选题很难，这是因为中国农民这个社会群体处于剧烈变动之中，个体间生产方式、生活方式千差万别，区域间的发展水平和区域文化纷繁复杂，阶级阶层的分化也十分明显，所以，要准确地把握其政治意识是要下苦功的。作者以历史唯物主义为指导，运用政治学的相关原理，对农民政治意识做了多个层面的分析，研究细致、具体。作者采用了社会调查方法，问卷调查及数据分析资料利用丰富，并且充分运用个案访谈资料，研究扎实，态度认真。该书采用资料的形式包括政府文件、学者的著述以及具有代表性和有一定影响的期刊、报纸文章，同时搜集、利用国内外的相关资料以增强背景知识和分析能力。本书资料来源大体有四大类：第一类是社会问卷调查和入户个案访谈，这是该书核心使用的资料。第二大类是政府有关的档案材料和相关文件。第三类是有关农民问题的学术专著。第四类是媒体报道，包括报纸、杂志、学术期刊等农民思想研究资料。

该书的学术价值主要有如下几点：第一，通过对学术史的梳理，对农民政治意识的内涵、类别、特征及功能作了理论架构。第二,通过实证调查方法,借助于地方性知识解释范式,通过地方性知识动态的、过程的文化特性来揭示当代中国农民政治意识分化轨迹,明晰农民政治的需求及差异性,为提升现代农民政治素养提供决策参考和理论依据,同时,有助于进一步吸纳农民的政治智慧,实现政民良性互动,优化政府治理。第三,构建了农民政治意识发展状态影响农村发展状态的关联模型,提出了农民政治意识强弱化理论,并针对农民政治意识成型阶段、扩张阶段、成熟与转换阶段不同时期的特点和规律,分析了强引导和弱引导的不同指向。通过相关阐述,回答了农民的政治意识究竟在多大程度上、是在什么意义上成为农村发展的重要动力,政府应如何把握和应对农民政治意识分化带来的冲击波,如何正确引导使之良性发展,从而推动农村发展。依据中国农民政治意识发展的内在逻辑,科学把握农民政治意识在中国政治发展中的重要作用,客观地成为新时期中国政治发展必须思考与回答的问题,在实践上为当代中国乡村秩序和规划的确立,提供了理论思路。第四,通过理论与实践的考察,基于农民政治意识的既有特点以及农民政治意识的自主、多元、理性等新的变化,结合农民政治意识强弱化理论,借鉴国内外对农民政治意识教育与整合的基本经验,重点分析新时期如何加强对农民政治意识的教育和整合,提出了引导农民政治意识良性发展,加强政府治理创新,从而促进农村和谐有序发展若干对策和建议。

该书的现实意义亦有如下几点:

第一,着眼于农民政治共识的达成。改革开放以来,农村发生了深刻的变革,既带来了农村的发展,农村社会也出现了许多矛盾与冲突。通过研究农民政治意识的分化,深入分析农民对基本价值和程序的认知、情感和态度,可以廓清农民对国家政治生活的误解,提高农民对国家政治制度、政治决策、政治组织的信任感、认同感和支持度,正确引导农民政治意识良性发展,为农村政治发展的实现奠定理论和心理基础,从而构筑并形成深厚的政治共识。

第二,着眼于农村政治秩序的建立。在中国,实现农村社会的稳定和发展既是现代化发展的必然要求,是国家长治久安的重要基础,也是党执政的社会基础巩固的战略支撑点。如何将农民组织起来,既是中国历届领导人重点关注的核心问题,也是当前农村发展现实的重要考量,而且对中国政局的影响也极其重要。因此,在当前中国农村社会利益分化加剧、社会结构转型加速的情况下,从社会稳定和全面发展的高度和大局出发,通过研究农民政治意识的分化脉络,加强对农民政治意识的正确引导,寻求如何使农村社会的矛盾与冲突不至于向政治的动荡滑行,对于促进农村基层社会和谐与发展,对于农村政治秩序的建立与完善,都具有十分重要的意义。

第三,着眼于农村社会和谐有序发展目标的实现。在社会政治生活中,任何政治行为均要受到一定政治意识的影响和支配。政治意识是政治行为的中介环节。通过对农民政治意识的教育和整合,引导农民政治意识良性发展,激发和培养农民的民主意识和参政意识,约束农民的政治行为,提高农民参与国家事务和社会生活的积极性和政治责任感,使农民以主人翁的态度投身到国家政治生活中去,为农村和谐有序发展注入强大的精神动力,有助于农村社会和谐有序发展目标的实现。可见,研究农民政治意识的现状及特点,对当代中国社会发展和国家治理来说,是一个重大的课题。

第四,为践行社会主义核心价值观,提升农民政治意识水平提供依据。通过研究农民政治意识的历史和现状,有助于我们清楚认识到农民政治意识发展的阶段和水平,为进一步提升农民政治意识水平,在农民中倡导富强、民主、文明、和谐的基本价值理念,自由、平等、公正、法治的价值目标,爱国、敬业、诚信、友善的道德规范,积极培育和践行社会主义核心价值观,为促进农民政治意识现代化提供重要依据。

总之,这是一部很好的学术著作,值得一读。在阅读思考过程中,也可以感到这部书稿存在着许多有待深入的方面。例如,书稿有东、中、西部地区农民政治意识的调查分析,对他们之间的差别分析仍感不够深入;对农村阶层分化的政治意识差异及其关系的研究还不够清晰;还需要把农民政治意识置于农民经济意识、农民精神文化意识以及农民生活品质意识的变动之中深入解读,以便我们能够更为科学地探讨农民政治意识变化的一般性规律。当前,我国又处在推进全面深化改革的大历史背景中,中国的农村社会还将发生更大的变革,因此,我们期待作者把这个课题长期做下去,取得更大的学术成就。

丁晓强

2014 年初春于同济大学

目　录

第一章 导 论

本章探讨了选题的背景、意义、方法和内容等,主要围绕四个板块展开:问题缘起与研究意义、研究现状与简要评述、基本思路与分析框架以及研究方法与研究区域等。

一、选题缘由与研究意义

(一)选题缘由

中国,农村乱则天下乱,农村宁则天下宁,这已成为历史发展的一条规律。农村有序发展不仅关系农村政策的制定,而且直接影响整个国家发展战略的构建。自党的十六大以来,党和政府对如何构建社会主义和谐社会的认识不断深化。2005 年党中央明确提出构建安定有序的社会主义和谐社会的总目标;2006 年中央 1 号文件又提出了构建社会主义新农村建设的整体目标;党的十七大又具体提出"把城乡社区建设成为管理有序、服务完善、文明祥和的社会生活共同体"[①]的重要任务;2008 年党的十七届三中全会作出了《关于推进农村改革发展若干重大问题的决定》。2013 年党的十八届三中全会指出,"紧紧围绕更好保障和改善民生、促进社会公平正义……加快形成科学有效的社会

[①] 胡锦涛:《高举中国特色社会主义伟大旗帜为夺取全面建设小康社会新胜利而奋斗——在中国共产党第十七次全国代表大会上的报告》,2007 年 10 月 24 日,http://news. xinhuanet. com/newscenter/2007－10/24/content_6938568. htm.

治理体制,确保社会既充满活力又和谐有序。"①可见,中国社会的和谐有序发展是构建中国特色社会主义的题中之意和更高要求,体现了中国共产党崇高的执政治国理想和理论创新精神;而农村社会的和谐有序发展更是构建中国特色社会主义的重要任务之一,这是中国社会的基本国情所决定的。

我国经济社会快速发展,农村社会正经历着历史性巨变,农民在经济上获得了自由权的同时,在政治上也得到了解放,农民政治地位获得了改善,农村政治民主化走上了正常轨道,农民政治素质得到了较大的提高,政治参与意识不断增强,民主政治实践能力不断提高。农村社会是中国社会的基础,实现农村有序发展任务艰巨而繁重,农村有序发展是要通过"协调社会关系、规范社会行为、解决社会问题、化解社会矛盾、促进社会公正、应对社会风险、保持社会稳定"②等,从源头上整合各种资源,提高农村治理水平,最大限度地激发社会活力、最大限度地增加和谐因素、最大限度地减少不和谐因素,达到良好社会状态,为改革和发展营造良好的社会环境。

但也必须清醒地看到,农村社会内部制约和谐有序发展的社会矛盾和社会问题依然突出,主要表现为:发展中不平衡、不协调、不可持续问题依然突出。在现代化进程的影响和冲击下,随着国家权力的下沉以及社会主义市场经济的深入发展,农民逐渐远离传统价值体系的束缚,越来越需要政治、关心政治、走近政治并尝试干预政治,但现实中农民的人格尊重不够,权利诉求重视不够,政治需要满足不够;经济成分、组织形式、就业方式、利益关系和分配方式愈趋多样化,社会流动、社会分层加剧。相对于经济的发展速度及体制改革,促进农村有序发展机制相对滞后,社会问题增加,社会矛盾增多;社会分化日益加重、社会成员之间的贫富差距拉大;农民的上访、群体性事件、冷漠以及同政府之间的信任缺失和冲突等问题依然很严重,群体性事件和突发性事件不断增加,维护社会稳定的成本增加;农民权益诉求渠道不畅、诉求手段混乱等。如何构建和谐有序的农村社会,成为当前亟待探讨的重大理论课题和实践问题。

---

① 《中共中央关于全面深化改革若干重大问题的决定》,http://www.ce.cn/xwzx/gnsz/szyw/201311/18/t20131118_1767104.shtml.

② 胡锦涛:《扎扎实实提高社会管理科学化水平》,2011年2月19日,http://news.xinhuanet.com/politics/2011-02/19/c_121100198_2.htm.

　　农民政治意识观念研究是一个学界近年来有所忽视的领域，从目前所能查阅到的资料看，相关成型的研究尚不多。但众所周知，农村经济社会和谐有序发展是实现中国特色社会主义的重要战略选择，农村经济社会和谐有序发展的关键是中国农民思想的引导与重构问题。特别是改革开放以来，我国的农村已经走上了从封闭发展走向开放发展、从单一发展走向多元发展、从稳定发展走向快速发展、从对政府的依附性发展走向政府引导、自主独立的发展道路。农民是否真正达到实现农村经济社会有序发展所必需的思想转变要求呢？学界和政府都没有给出相关的答案。随着农民收入的大幅提高，农民生活水平和质量已实现了本质性飞跃，农民思想变迁呈现出多维性，特别是在当前整个中国社会发生深刻变革的大背景下，农村社会各个阶层和政治、经济利益诉求日益强烈，各种社会矛盾显性化，农村加快发展面临困局。要全面建成中国特色的社会主义农村，就必须有效化解各种潜在的社会风险，调节冲突，实现社会各层面的和谐，构筑安定和谐的农村社会发展局面。在这个意义上说，从更高的思想理论层面建构农村和谐有序发展的长效机制就成为学界必须研究的一个课题。

　　由于中国国土面积大，当代中国社会发展的区域性差异，农民政治意识变化必然具有地方性差异、历史发展阶段差异、不同因素的影响差异。因此，如何选择研究区域作为切入点来探讨当代中国农民思想变化的一般性规律，是一个重要考量。美国著名文化人类学家克利福德·吉尔兹曾说，"把对所发生的事件的本地认识与对可能发生的事件的本地联想联系在一起"，"将一种高度普遍性而又高度抽象和形式分化成一群高度个别化而又高度具体的许多个体现象表现出来是一个化身的世界"①。这就是说，任何一个地方，都有地域性、具体性的、不可复制的东西，这种东西对普遍性的东西进行补充和说明，很多普遍性的东西就是由地方性知识提炼出来的，因此，研究地方性知识对于我们从特殊性出发认清普遍性具有重要的方法论意义。本书借助于地方性知识这一地方治理、思想变迁、文化变迁的经典性解释范式，选择中部的江西地区作为主要研究区域，突出中部地区江西农民政治意识的特色，以中部地区江西作为桥梁和纽带来审视和

---

　　①　［美］吉尔兹：《地方性知识——阐释人类学论文集》，王海龙等译，中央编译出版社，2004 年版，第255 页。

延伸,并以浙江、新疆作为辅助研究区域,通过江西特色来观照东部地区以及辉映西部地区,一体带动两翼,试图通过地方性知识动态的、过程的文化特性来揭示当代中国农民政治意识变化轨迹,着力探讨农民政治意识变化的一般性规律,并将其与党和政府的农村政策制定及中国特色社会主义建设结合起来分析,为学界提供参考。

(二)研究意义

对当代中国农民政治意识的研究,对于农民自身和政治体系来说,既具有重要的理论意义,也具有重大的现实意义。

1. 为践行社会主义核心价值观,提升农民政治意识水平提供依据

毛泽东指出:"农民的情况如何,对于我国经济的发展和政权的巩固,关系极大。"[①]农民的状况直接关系到中国经济的发展和社会的稳定。在农村社会现代化的进程中,中国农民的整体素质得到了普遍的提高,那么,农民在政治意识方面达到了什么水平,农民政治意识是如何走向的?通过研究农民政治意识的历史和现状,有助于我们清楚认识到农民政治意识发展的阶段和水平,为进一步提升农民政治意识水平,在农民中倡导富强、民主、文明、和谐的基本价值理念,自由、平等、公正、法治的价值目标,爱国、敬业、诚信、友善的道德规范,积极培育和践行社会主义核心价值观,促进农民政治意识现代化提供重要依据。

2. 有助于农民政治共识的达成

政治共识,不同学者有不同解释。古典政治理论指出共识就是集体目标观念与实际决策进程的一致。安德鲁·海伍德进一步解读为程序性共识和实质性共识两重含义。[②] 吕元礼将实质性共识解读为基本价值共识[③],指出基本价值共识是指人们共同认同认可的基本的理想信念价值观念,或者说,是人们共有的对于某些基本的理想信念、价值观念的认同或认可。程序共识是指人们共同认同、认可的活动规范或运作程序,或者说是人们共有的对于活动规范或运作程序

① 《毛泽东文集》第7卷,人民出版社,1999年版,第219页。
② [英]安德鲁·海伍德:《政治学核心概念》,天津人民出版社,2008年版,第21页。
③ 吕元礼:《现代民主社会的政治共识》,《当代中国政治研究报告Ⅲ》,社会科学文献出版社,2004年版,第266—268页。

的认同或认可。改革开放以来,农村发生了深刻的变革,既带来了农村的发展,农村社会也出现许多矛盾与冲突。通过研究农民政治意识的变迁,深入分析农民对基本价值和程序的认知、情感和态度,可以廓清农民对国家政治生活的误解,提高农民对国家政治制度、政治决策、政治组织的信任感、认同感和支持度,正确引导农民政治意识良性发展,为农村政治发展的实现奠定理论和心理基础,从而构筑与形成深厚的政治共识。

3. 有助于农村政治秩序的建立

在中国,实现农村社会的稳定和发展既是现代化发展的必然要求,是国家长治久安的重要基础,也是党执政的社会基础巩固的战略支撑点。如何将一盘散沙的农民组织起来,既是中国历届领导人重点关注的核心问题,也是当前农村发展现实的重要考量,而且对中国政局的影响也极其重要。因此,在当前中国农村社会利益分化加剧、社会结构转型加速的情况下,从社会稳定和全面发展的高度和大局出发,通过研究农民政治意识的变迁脉络,加强对农民政治意识的正确引导,寻求如何使农村社会的矛盾与冲突不至于向政治的动荡滑行,对于促进农村基层社会和谐与发展,对于农村政治秩序的建立与完善,都具有十分重要的意义。

4. 有助于农村社会和谐有序发展目标的实现

在社会政治生活中,任何政治行为均要受到一定政治意识的影响和支配。政治意识是政治行为的中介环节,"它深刻地影响着人们对政治体系、政治事件、政治人物、政府政策等政治现象的态度和看法,从而极大地影响着人们政治行为的内容、方向和方式,即在政治生活和政治过程中,人们的参与或不参与行为,参与的方式和参与的广度与深度等"①。通过对农民政治意识的教育和整合,引导农民政治意识良性发展,激发和培养农民的民主意识和参政意识,约束农民的政治行为,提高农民参与国家事务和社会生活的积极性和政治责任感,使农民以主人翁的态度投身到国家政治生活中去,为农村和谐有序发展注入强大的精神动力,有助于农村社会和谐有序发展目标的实现。

---

① 参见王浦劬:《政治学基础》,北京大学出版社,1995 年版,第 330 页。

二、研究现状与简要评述

（一）农民问题及其理论发展脉络

中国农民问题一直是学界尤其是社会学、政治学、人类学、法学、经济学等多学科关注的热点和焦点。以下分别从国内和国外对农民问题的研究进行梳理，以期为本书提供相关性帮助和方法论启示。

近现代以来，农民问题以及与此相关联的农业、农村问题引起了我国早期知识界的广泛关注，根据对"三农"问题产生原因认识的不同和相应的解决方案的差异，当时知识界形成了以梁漱溟、晏阳初为代表的乡村建设派、以费孝通为代表的学院派和以陈翰笙为首的中国农村派等三支主要的研究力量。[①] 从理论成果来看，著名的有李景汉撰写的《北平郊外之乡村家庭》，分析了农民思想意识对乡村政治的影响，提出了家庭在乡村政治中所充当的重要角色，以及李景汉《定县社会概况调查》；此外，费孝通先后撰写了《江村经济》和《乡土中国》，主张以工业重建乡土，进而解放农民，把农民从土地上解放出来，并最终解决中国问题。林耀华撰写了《金翼》和《义序的宗族研究》，对传统农村宗族问题进行了分析。此外，早期中国共产党人对农村问题的研究及对农民运动的组织开展为认识农民问题提供了重要的理论和实践支撑，其中，最具代表性的主要有毛泽东同志于1925年12月发表的《中国社会各阶级的分析》一文中对农村阶级的分析以及对农民的判断以及1927年3月发表的《湖南农民运动考察报告》对农民运动的态度。上述理论成果对认清中国的国情，进而理解传统中国农民政治意识特点、表现以及发展有较大的帮助。

新中国成立后尤其是改革开放以来，我国理论界再次掀起了农民问题研究的新热潮，出现了如王沪宁、张厚安、徐勇、孙达人、王铭铭、项继权、张静、曹锦清、于建嵘、周晓虹、贺雪峰等一批有影响的学者和有影响力的著作。从研究视角来看，这一时期主要有以下几种：

[①] 参见徐增阳：《20世纪"三农"问题研究的代表性观点述评》，载俞可平等主编《马克思主义研究论丛：农业农民问题与新农村建设》第5辑，中央编译出版社，2006年版，第165页。

　　一是从社会地位垂直变化的角度观察社会,将人们分成不同的群体,反映出了人们之间的利益或资源占有的相互关系。认为中国社会长期以来一直存在着城乡二元结构的社会分割,户籍制度又强化着城乡的分离状态,这种社会结构中深藏着不平等的基因,成为"三农"问题的根源,而解决的途径在于创造条件使农民市民化,取消户籍制度,加速城市化进程,消除身份上的不平等。

　　二是从社会冲突角度,认为社会秩序是社会冲突的结果,而我们所要做的就是使资源分配达到一个相对稳定的状态,将社会冲突控制在一定限度之内。

　　三是从社会排斥角度分析城市中的农民工问题时其受到的社会排斥概括为经济排斥、政治排斥、社会关系排斥、公共服务排斥等多个方面(李景治、熊光清,2006;李强,2004)。

　　四是从社会转型角度来分析农民问题的。其主要观点是推进城市化的进程,将农民转变为市民,就可以解决现有的人多地少、农民收入低、城乡二元等问题(赵俊超、孙慧峰、朱喜,2005)。

　　五是从公平与效率的角度,提出以各种模型解释和解决现实中发生的农村劳动力迁移等问题;通过促进经济发展的产权制度和土地财产权制度来解决"三农"问题。

　　六是从国家一社会框架角度进行研究,通过考察国家权力对乡土社会的渗透过程,研究中国农村的社会结构、社会秩序、社会变迁以及权威来源、类型和运行方式等(徐勇,1997;王铭铭,1997;于建嵘,2001;何包钢、郎友兴,2002;彭勃,2002)。

　　七是从权利与利益角度分析保护农民合法权益的建议,保障农民的土地权利、财产权利、迁徙自由权、人身权利等。还有一些学者从国家能力、精英理论、自主空间的表达、基层组织的角色等各方面来论证政府与农民的关系,并提出解决的方案。或者从粮食问题、土地问题、税费改革问题、村民自治等问题入手分析。农民问题涉及方方面面,因此在具体的论述过程中,很多研究者不是仅以自己的学科知识来做纯经济学或社会学或法学的分析,而是以某一学科为理论基础,并融合其他学科的知识来论述的。

　　八是从农民思想观念角度来分析农民。近年来的研究成果在对在农村建设中如何加强经济建设、政治建设、社会建设都进行了深入地探讨,提出了很多具体的措施,而对于文化建设,学术界围绕着"乡风文明"提出了如何促进农民"从传统社会的生活方式、思维方式以及价值观念向现代化的方向转变"并由此展开了初步的理论探索。其中具有代表性的成果有:杨国强(1995)对当代中国农民的思想特征的研究,林添溢(1996)对发达地区农民思想观念变化研究,王景花(2000)对当代农民思想政治意识的调查分析,河北省社会科学院论题组(2007)对河北农民思想观念的调查与思考,苏全有、张喜顺(2007)对黄泛区农民思想观念的近代嬗变研究等成果;河北省委宣传部(2009)对当前部分农民思想状况的调查与思考等,这些成果能从各个地区的实际出发来考察当地农民思想观念的变化情况,为本书研究提供了一定的理论研究基础。

国外学者关于农民问题的研究[1],形成了一些理论观点,有代表性的综述如下:一是认为农民社会地位低下的观点,主要代表性人物及著作有美国的沃尔夫(1966)的《农民》、格尔哈斯·伦斯基(1988)的《权力与特权:社会分层的理论》、英国的特奥多·沙宁(1987)的《农民与农民社会》等;二是分析了农民的落后性特点及原因,主要代表性人物及著作有埃里克·霍布斯鲍恩的《农民与政治》、罗伯特·霍德菲尔德的《农民社会与文化:关于文明的文化人类学解释》、哈姆詹·阿拉维的《农民与革命》等;三是关于农民社会关系的研究,主要有梅·迪亚兹、杰克·波特的《农民社会生活导论》等;四是从人类学角度研究农民的文化思想;五是从经济学角度研究农民,并形成某些学派,如所谓的"自给小农学派",代表人物及著作为恰亚诺夫(1996)的《农民经济组织》以及詹姆斯·斯科特(2001)的《农民的道义经济学——东南亚的反叛与生存》[2],所谓的"理性小农学派",代表人物及著作为西奥多·舒尔茨(1987)的《改造传统农业》[3]等。

国外学者对中国农民问题的研究,主要关注重心多在农业、农村、村民自治、民俗文化等方面的历史、社会和文化研究。[4] 在改革开放前,国外的研究中以美

[1] 参见李强:《当代中国社会分层与流动》,经济管理出版社,1993年版,第82—86页。
[2] [俄]恰亚诺夫:《农民经济组织》,中央编译出版社,1996年版;[美]詹姆斯·斯科特:《农民的道义经济学:东南亚的反叛与生存》,译林出版社,2001年版。
[3] [美]西奥多·舒尔茨:《改造传统农业》,商务印书馆,1987年版。
[4] 参见周晓虹:《当代中国研究的历史与现状》,《南京大学学报(哲学·人文科学·社会科学版)》,2002年第3期;俞可平等主编:《马克思主义研究论丛:农业农民问题与新农村建设》第5辑,中央编译出版社,2006年版。

国的弗里德曼(1957)的《东南中国的宗族组织》以及弗里德曼(1966)《中国的宗族和社会》、韩丁(1980)的《翻身——中国一个村庄的革命纪实》为代表性。改革开放以来,国外学者对中国的研究逐渐升温,阿尼达·陈、安格尔、马德生(1984)的《陈村:毛泽东时代一个农民社区的现代史》以及马德生(1984)的《一个中国村落的道德与权力》;美国学者黄宗智(1985)的《华北的小农经济与社会变迁》以及黄宗智(1990)的《长江三角洲小农家庭与乡村发展》,黄宗智在分析长江三角洲小农家庭及乡村发展后提出了不同于西方观念的具有中国特色的过密型商品化概念,此外,还有《中国农业面临的历史性契机》、《制度化了的"半工半耕"过密型农业》等著作。周雪光对中国组织制度研究,杜赞奇(2004)在《文化、权力与国家——1900—1942年的华北农村》提出了权力的文化网络和"经纪人"角色等重要理论。其核心概念为"国家政权内卷化"以及"经纪人"。他在论述中把"经纪人"分为"赢利型经纪"以及"保护型经纪"两种类型,深化了国家与乡村社会互动理论研究。李连江有对村民自治与政治参与问题的研究。美国学者戴幕珍在《当代中国的国家与农民》中分析了国家、生产队和农民之间的庇护—依附关系。萧凤霞(1989)在《华南的代理人与受害者》分析了国家权力与乡村社会之间的互动,进而提出了农村社区国家化理论问题。美国学者弗里曼、毕克伟、塞尔登(2004)在《中国乡村,社会主义国家》一文中主要分析了集体化时期中国农村干部的权力基础问题。此外,陈向明关于中国城市化的研究、阎云翔对中国村庄的互惠原则与社会网络的研究,卢西恩·派伊对中国南部的农业变迁与农民经济的研究和B.哈扎德对中国农民的组织问题研究等构成了国外学者对中国研究的基本生态。

(二)学界有关农民政治意识问题的研究

长期以来,学界更多的是从经济、政治层面上关注农民,而从精神、意识形态方面对农民的关注和研究不太多。20世纪90年代以后,学界开始关注农民的意识、心理、精神等方面,其中对农民政治意识的关注散见于各类论著中。归纳起来看,主要有以下几种研究理路:

一是从农民意识形态角度来分析农民政治意识。这种说法认为农民的政治意识就是农民意识形态。学术界将对农民政治意识问题的研究与探讨主流意识形态的影响相联系,邢贲思(1992)、俞吾金(1993)、宋惠昌(1993)、姚大志(1993)、阎志民等(1993)、胡隆辉(1996)、俞可平(1998)、朱虹(1998)、叶汝贤(1999)、李会滨(1999)、郑永廷(1999,2002)、王东(2001)、王绍臣(2002)、林泰(2002)、王永贵等(2005)、朱兆中(2003)、周宏(2003)、牟成文(2005)、季广茂(2005)、邓光辉(2005)、田改伟(2005)、邹放鸣(2005)等在我国意识形态建设方面的研究成果,对于本书深入研究中国农民政治意识问题提供了重要的启示。此外,主要代表性研究有于建嵘(2001)关于中国农村政治问题的研究、牟成文(2008)关于中国农民意识形态的变迁等。

二是从农民政治心理角度来分析农民政治意识。主要研究成果是20世纪90年代以来的,主要代表有徐勇(1992)关于《非均衡的中国政治:城市与乡村的比较》中对农民政治心理的分析;袁银传(2000)关于小农意识与中国现代化问题研究;程贵铭(2000)关于当代中国农民社会心理的研究;张鸣(1998)关于中国近代化过程中农民意识的变迁的研究;孙达人(1996)关于中国农民变迁的研究;周晓虹(1998)关于江浙农民的社会心理及其近代以来嬗变的研究;陈桂棣等(2004)关于中国农民问题的调查研究;吴敏先(2000)关于中国共产党与中国农民关系问题的研究。其他有谭泳鑫(1997)、严荣(2001)、叶笑云(2001)、郭惠川(2003)、赵爱庆、孙建军(2009)、王琪瑛(2008)、王连生(2005)、吕普生(2006)、彭前生(2009)、包美娇、章伟(2005)、骆正林(2008)等。

三是从农民政治认同或政治信仰角度来分析农民政治意识。随着20世纪90年代以来"三农"问题的不断升温和国家农村政策的变化,一些学者把研究目光投向农民这一社会群体,农民政治信仰意识问题逐渐进入研究视野,取得了较丰富的理论成果,主要代表有王晶(2004)关于中国农民信仰问题的研究、乌丙安(1996)关于中国民间信仰的研究。其他重要的还有彭正德(2007)、孔德永(2006)、吕传振(2009)、李云(2008)、季丽新、南刚志(2007)、郭正林(2002)、别红暄(2004)等的相关研究。

四是从农民民主意识角度来分析农民政治意识。具体参见杨海蛟(1993)关于农民民主意识的研究;文小勇、夏群娜(2002)关于社会转型过程中农民民主意识分析——江西省遂川县基层民主建设调查报告;尹德志、顾航宇(2004)关于社会主义初级阶段中国农民民主意识的现状分析及对策研究;崔朝阳、董琼华

(2005)关于村民自治背景下国家与农民民主意识分析;张丽超、皮海峰(2006)关于我国农民民主意识的现状及其制约因素的分析;冀恩科(2006)关于村民自治与农民民主意识培育等相关论述。

五是从农民权利意识角度来分析农民政治意识。如郑磊(2003)从利益体验角度的初步审视论农民的权利意识;张学亮、杨军(2006)关于提高农民权利意识的思考;李斌、连宏萍(2008)关于征地政策转型与失地农民权利意识的发展;阙祥才、种道平(2005)对农村土地流转中的农民权利意识研究;王佳慧(2007)对当代中国农民权利保护的法理研究;邢乐勤、刘涛(2011)对农民的权利缺失与保护的研究;李春海(2006)对构建农民权利保障机制的研究;姚梅娟、王志永(2005)对农民权利缺失的理性思考;郭哲(2006)从人本发展观视角对农民权利保护与权利救济的研究;钟丽娟(2003)对农民权利保障的法律思考;贾静(2008)对中国农民权利保护途径及成因分析;邢亮(2006)对农民权利缺失的宪政分析;杨帆(2011)对农民权利保护实现的研究;王方玉、杨春福(2003)对中国农民权利保护途径及其成因分析等。

六是从政治意识本身通过个案来研究农民政治意识。主要有邵冬霞(2002)关于《影响农民政治意识的三种文化传播渠道》分析;蔡文学(2002)关于《从当前农民政治意识的缺失看参与意识的培养》,该文借用公民意识的理论来分析农民的政治意识,主要认为现行的村民自治实践所暴露的农民公民意识的不足主要表现在:缺乏法治观念、缺乏合作意识以及缺乏权利责任意识和独立人格;潘庆月、王燕(2003)对我国农民政治意识建设的简要分析;刘伟(2005)关于《黄陂三自然村农民政治意识与政治参与状况的调查与思考》;赵文正(2006)关于《城镇化过程中农民工政治意识考察——以孝感市 1000 个案的调查为例》,该文借用郑慧(2002)关于"政治意识"的定义分析了农民工的政治意识在沿着传统—现代的主路径演进的同时,其非现代性政治意识,如政治参与意识的严重功利性、传统臣民政治意识依然较浓、政治价值在一定层面上的扭曲、反体制和反规则的流民政治意识潜生等仍然存在而且滋长着。王智、王龙玉(2010)的《对新农村人政治意识的调查分析——以三峡库区青年为表述对象》以及陈晓莉(2003)的《对农民政治意识嬗变中若干问题的思考》也是采用郑慧(2002)关于"政治意识"的定义类分析政治意识的。

由于对农民政治意识界定存在多学科的阐述,理论界在如何提升农民政治意识路径问题上存在诸多视角,归纳如下:

一是合作的路径。国内早期学界代表人物如费孝通、陈翰笙、梁漱溟以及晏阳初等。乡村建设派的重要代表人物梁漱溟(1989、1990)认为传统中国是一个分散的、无组织的社会,农民之间缺乏合作的传统,只有农民联合起来才能实现中国现代化。人类学的重要代表人物费孝通(1997、1998、1999、2006)则用社会结构功能理论对中国农村社会作学理上的分析,给我们清晰地展示了乡土中国的图景。而马克思主义者对农民合作的研究服从于其革命与建设的需要,因此赋予了农民合作以浓烈的政治意义。自 20 世纪 60 年代起,萧公权(1960)、施坚雅(1965)、马若孟(1970)、黄宗智(1985)、杜赞奇(1989)等研究涉及农民合作问题。改革开放以后,以王铭铭为代表的人类学以对转型期国家与社会的关系的探讨来分析农民互助合作,说明了民间文化在促进农民合作中的作用。二是以曹锦清为代表的社会学和政治学者对"农民善分不善合"命题的探讨,认为中国传统村落里的农民没有"共同体意识",为农民合作理论提供了重要的支撑。曹锦清(2000)通过对河南农村的几个月走访调查,指出中国村落农民历来"善分不善合"。贺雪峰从农民的公私观念角度来解释了这种看似怪诞的农民行动逻辑的合理性,认为需要进行村庄建设,从政治、经济、社会、文化等所有方面展开,利用外部资源培育农村的自组织力量,促进农民合作。张鸣(2007)强调了诚信文化对农民合作的重要性。金太军(2005)提出通过建立农民组织来提升农民合作能力。

二是教育的路径。国外学者如萨伊、阿弗里德·马歇尔、西奥多·舒尔茨、刘易斯、舒马赫等借助人力资本理论论证了农民教育的重要性,为农民教育提供了理论视野。其中有代表性的有舒尔茨在《改造传统农业》[①]一书中专门阐述了对农民教育的迫切性和重要性。舒马赫针对发展中国家农村发展的症结在于农民教育缺失,认为培养"完整的人"的教育是真正促进第三世界国家农村发展的关键所在。[②] 裴斯泰洛齐、苏霍姆林斯基、郎格朗也都论证了农民教育在农村发

① [美]西奥多·舒尔茨:《改造传统农业》,商务印书馆,1991 年版。
② [英]舒马赫:《小的是美好的》,商务印书馆,1984 年版。

展中的特殊使命。国内早期如毛泽东、费孝通、黄炎培等均对提升农民教育水平进行了阐述。黄炎培提出必须重视乡村教育，实施农民再造工程。新时期，胡鞍钢、刘玉来、陶少刚、李恺等对提高农民的思想素质、文化素质、科技素质等做了探讨。其他如朱酞武(2006)认为要充分发挥党员干部的道德楷模作用；李书娟(2006)认为要着眼实际，构筑新时期农民思想道德品质的新内涵，构筑完整的、系统的新时期农民的思想道德体系，从而有效加快传统农民向现代农民转变的历史进程，不断适应"市场经济就是道德经济"的客观需要。贺先平(2006)认为，应该在广大农民中大力弘扬民族传统美德，认为民族传统美德是构建社会主义新型道德体系的基石。由此可见，学界的分析主要重点在于强调农民教育与农民发展之间的关系和路径，探讨了农民思想道德变化，同时也对如何加强农民的思想政治教育提出了相关对策。

三是治理的路径。从治理的基础理论来看，国外关于政府创新的研究主要包括以下几个方面：第一，在基础理论研究方面，学者们多从国家与社会、政府与公民关系的角度，探讨治理与民主、治理与公共管理关系以及治理艺术等基础要素(Donald F. Kettl，2002；Patricia W. Ingraham & Laurence E. Lynn，2004；Arthur Benz & Yannis Papadopoulos，2006 等)；第二，在动因研究方面，主要集中在对政府创新怎样扩散的研究(J. Walker，1969；F. S. Berry and W. D. Berry，1999；Walker，2006)，创新推广的动力研究(F. S. Berry and W. D. Berry，1999；Robert Arthur Vau,l Jr.，2003；John D. Donahue，2005)以及政府创新的可持续性问题研究(莱特，2004)等；第三，在模式和建构路径方面，一些学者在新管理主义指导下，集中于官僚制的改革和政府流程再造(戴维·奥斯本，2002；拉塞尔·M. 林登，2002；麦克尔·巴兹雷，2002；简·E. 芳汀，2004)，另一批学者从公共行政范式转换的角度来探讨政府与市场、政府与社会的新型关系，寻求新的治理模式(如 B. 盖伊·彼得斯，2001；E. S. 萨瓦斯，2002；保罗·C. 莱特，2004；欧文·休斯，2007)。国内学界出现了如杨瑞龙、俞可平、谢庆奎、刘靖华、郭小聪、陈天祥、金太军、乔耀章等一批有影响的学者，并出版了大量研究成果。具体体现在以下方面：第一，在基础理论研究方面，学者们主要是对地方政府治理创新研究的一些基本要素如内涵、作用意义、形式分类等予以界定(刘靖华，2002；乔耀章，2002；俞可平，2005；谢庆奎，2005)；第二，在动因研究方面,制度经济学中的"第一行动集团"理论得到了广泛应用(杨瑞龙,1998;郭小聪,2000;陈天祥,2000;傅大友,2003;陈国权,2009 等);第三,在模式和建构路径方面,一些学者注重从实际案例中推演出政府治理方式的变迁模式(俞可平,2003;傅大友,2004;陈家刚,2004;沈满洪,2005 等)。

从农村治理的层面来看,自 20 世纪 80 年代末以后,国内外学者们普遍关注农村基层民主政治生活与农村公共秩序建构问题,涉及农民的政治参与农村选举、农民集体行动、农民政治文化等一系列主题。国内出现了如陆学艺、景天魁、李培林、施雪华、林尚立、徐勇、贺雪峰、党国英等一批有影响的学者。唐鸣(2003)、彭向刚(2001)、刘广登(2003)等认为从农村政治发展的角度要变革当前农村治理结构,避免"过度自治化"和"附属行政化"两种极端倾向。徐勇等学者认为农村有序发展的价值定位是扩大基层民众的政治参与,党国英等学者则认为应强化行政控制。在具体的研究视角上,费孝通的农村经济和文化视角、吴毅的村治变迁中的权威视角、毛丹的村落单位化视角、贺雪峰的农村秩序均衡视角以及于建嵘的国家—社会分析视角对提升农民政治意识,促进农村有序发展的基本价值目标实现提供了诸多有益的理论指导。

(三)简要述评

从上述国内外学术界研究内容的梳理和回顾,笔者认为上述学界研究成果为本书研究至少提供了三方面的帮助:一是多视角的研究成果有助于拓宽理论视野;二是较丰富的调查资料有助于夯实实证基础;三是多种可行的研究方法有助于提升理论深度。但是由于学界不同的理论视野和理论关怀,存在不同理论逻辑和侧重点,尽管涉及了农民政治意识问题,但是,未能也不可能把农民政治意识单独列出来进行系统完整的研究。概括来看,当前关于农民政治意识问题的研究,尚存在以下几方面的问题:

第一,对农民政治意识问题的研究还处于初始阶段。如前所述,学界虽有一些学术论文发表,但迄今为止,国内直接以农民政治意识为研究对象的论著极少,仅有"涉及式"的提到政治意识,而没有把农民作为对象进行系统、专门研究。

第二,从研究的内容层面来看,对农民意识研究的相对较多,成果相对丰硕,但对农民政治意识层面的研究较少。就农民政治意识研究本身来看,从国家主体层面或者说从国家驱动层面研究较多(如华中学派),而从农民主体层面研究也就是说把农民作为政治意识的主体来研究的较少;从单一内容研究较多,综合研究较少。若能通过研究农民政治意识变化的地方性差异、历史发展阶段差异、不同因素的影响差异,特别是重点研究农村经济社会和谐有序持续发展体系,将有助于推动中国特色的社会主义农村建设,探索出马克思主义与中国农村发展有机结合的新路径和新成果。此外,由于中国社会发展的区域性差异,很多方案并不具有同样的效果,如能着力探讨农民政治意识思想变化的一般性规律,并将其与党和政府的农村政策制定及中国特色社会主义建设结合起来分析,将凸显研究内容的实践运用价值。

第三,从研究方法来看,有关农民意识的实证研究有很多,更多的是着眼于个案研究,但综合分析较少。可见,关于农民政治意识问题研究还存在较大空间,需要我们通过比较系统的研究和理论阐述来弥补。

三、基本思路与结构安排

(一)研究思路

第一步是提出问题,研究农民政治意识变迁与农村和谐有序发展道路是必要的,也是有价值的。第二步是通过梳理农民政治意识的基本理论内涵以及马克思主义关于农民政治意识问题及其治理的基本理论和思想,为后续章节进行理论分析提供思路和理论支撑。第三步通过历史分析综合评价农民政治意识的发展历程,为分析新时期农民政治意识分化提供理论溯源。第四步利用实地调研数据、档案资料以及历年统计年鉴,收集和整理各类相关数据,进行实证分析,勾勒出当代中国农民政治意识变迁的多维线索,探求破解农村加快发展所面临困局的对策。第五步在此基础上,根据实证分析的结果,提炼和把握农民政治意识变迁规律,加强农民政治意识的引导和教育,进一步明确农村发展的方向,为建构农村和谐有序发展提供长效机制和相关策略。最后对本书的研究结论进行总结,并提出研究的展望。

(二)结构安排

本书以国家建构农村社会为宏观背景,以农民政治意识为纵坐标,以农村有序发展为落脚点。

第一章是导论。导论部分是全书的纲领,它探讨了本书选题的背景意义、方法和内容等。主要围绕四个板块展开:问题缘起与研究意义、研究现状与简要评述、基本思路与结构安排以及研究方法与研究区域等。

第二章是农民政治意识的概念体系。本章是全书分析的重要理论准备。通过对农民政治意识的概念、农民政治意识的类别、内容、特征和功能等的界定,为全书的理论与实证研究提供概念基础。

第三章是农民政治意识分析的理论基础。本章是全书分析的重要理论准备。本部分通过对马克思主义农民意识理论及其主要观点的梳理和阐述为全书的理论与实证研究提供理论指导。此外,本章还专门分析了农民与国家、社会之间的观念建构与互动博弈,为下一步实证分析提供分析维度。

第四章是改革开放前农民政治意识的历史演进。通过对中国农民政治意识的发展历程变迁的梳理,分析农民政治意识变化的基本轨迹,不仅有助于我们对当前农民政治意识现状进行分析和解读,同时也必将对引导农民政治意识有序发展提供有益的启示。

第五章是改革开放以来农民政治意识的分化。通过对当代中国农民政治意识的两个层面即农民政治信仰认同意识以及农民公民意识的实证分析,总结了当代中国农民政治意识变化的特点,为本书分析打下坚实的实证基础。

第六章是分化后当代中国农民政治意识走向的价值分析。本部分首先提出农民政治意识走向的理论假设,构建了一个理论模型,提出了农民政治意识强弱化理论,并针对农民政治意识成型阶段、扩张阶段、成熟与转换阶段不同时期的特点和规律,分析了强引导和弱引导的不同指向。通过阐述,希望能够回答农民的政治意识究竟在多大程度上、是在什么意义上成为农村发展的重要动力,政府应如何把握和驾驭农民政治意识变迁带来的冲击波,如何正确引导使之良性发展,从而推动农村发展。如何在以往实践的基础上,依据中国农民政治意识发展的内在逻辑,科学把握农民政治意识在中国政治发展中的重要作用,也就客观地成为新时期中国政治发展必须思考与回答的问题。

第七章是结论和展望。基于农民政治意识的既有特点以及农民政治意识的自主、多元、理性等新的变化,结合农民政治意识强弱化理论,借鉴国内外对农民政治意识教育与整合的基本经验,重点分析新时期如何加强对农民政治意识的教育和整合,提出了引导农民政治意识良性发展,加强政府治理创新,从而促进农村和谐有序发展的若干对策建议。

四、研究方法和研究区域

（一）研究方法

本书在马克思辩证唯物主义和历史唯物主义方法论的统领下,借用政治学、社会学、公共管理学的方法展开研究。具体有:

1. 地方性知识解释法

本书将通过实证调查的方法,结合社会问卷调查和入户个案访谈,通过地方性知识解读为切入点,以点带面,力图比较真实地反映出农民政治意识变迁的轨迹与当代中国农民政治意识的现状,为新时期提升现代农民政治素养提供决策参考和理论依据。具体说来,通过抽取中部地区江西5县(区)13镇数十个农村农民作为主要研究对象,同时辅之以东部地区浙江和西部地区新疆的部分调查,运用深度访谈、问卷调查等方法获取农民对政治系统、农村建设、农民意识和信仰等思想方面的数据,进行资料类聚和系统分析。

2. 规范研究方法

本书以科学发展观和社会主义新农村理论为指导,借鉴多中心治理理论、公共物品理论,探讨农村有序发展的多元主体模式;利用政治学的合法性理论、民主政治理论以及建构主义理论,分析政治系统及其权威在农村信仰认同情况,理顺国家(政府为代表)和农民之间的关系,建构农村合理有序的民主政治的新路径;通过对农民公民意识的文献分析,借用社会学的共同体理念以及管理学的竞争合作理论,强化对农民政治意识的改造。

3. 比较分析方法

本研究采用了历史比较的方法,分析农民政治意识变化的各种原因以及产生这些原因的多维因素;采用横向比较和个案比较的方法,分析东、中、西部地区农民政治意识变迁的不同特点及其影响因素,寻求提升农民政治意识的一般规律。

（二）研究区域

如前所述，本书研究的区域范围重点选择中部地区的革命老区江西，在有关对比研究中，也涉及西部地区的新疆以及东部地区的浙江加以分析，以期通过地方性知识研究来管窥当代中国农民政治意识的变化。

1. 选择江西作为样本区域的理由

为什么选择江西来重点分析农民政治意识变迁呢？有无普遍意义呢？笔者拟从革命老区的代表区域、宗族活跃的典型区域、中部崛起的重要区域来加以分析。

（1）革命老区的代表区域

江西，自古以来享有"物华天宝、人杰地灵"的盛誉。在我国革命斗争的历史上又作出了重大贡献。第二次国内革命战争时期，中国共产党领导劳苦大众在江西及其毗邻地区，先后建立了中央苏区和江西、闽浙赣、湘鄂赣、湘赣、粤赣、闽赣等6个省苏维埃政权和110个县苏维埃政权，形成了包括江西省1/2以上人口、2/3以上土地面积的革命根据地。1927年，毛泽东同志率领秋收起义部队在罗霄山脉中段建立的井冈山革命根据地包括了现今吉安市所属的井冈山、宁冈（2000年后纳入井冈山市管辖）、永新、莲花（1992年划归萍乡市管辖）、遂川、吉安、安福等县、市的全部或一部分，革命圣地井冈山被誉为"中国革命的摇篮"。

江西富有光荣的革命传统，这种革命传统是今天建设和开发老区的巨大精神财富。在战争年代，老区人民坚定地跟着党走，追随老一辈无产阶级革命家，进行了长期的艰苦卓绝的斗争。

党在江西老区教育和改造农民的历史经验，也是今天建设和开发老区的巨大精神财富。农民问题一直是中国革命和建设的根本问题，而教育农民则是其中最重要的原则。无论是新民主主义革命时期还是社会主义革命时期，党和政府都十分重视和强调农民在中国革命和建设中的主力军作用。在工业不发达的半殖民地半封建的中国，由于无产阶级人数少，"除了无产阶级是最彻底的革命民主派之外，农民是最大的革命民主派"[①]。外加中国革命又必须走农村包围城

---

① 《毛泽东选集》第3卷，人民出版社，1991年版，第1075页。

市的道路等原因,农民成了无产阶级政党和无产阶级军队的主要来源,也是中国革命胜利后新中国建设的主要承担者。但是,农民阶级是一个需要改造的阶级,其本质特征是非主体性,即:在政治上表现为极权主义意识和家长制作风,崇拜权力;在经济上表现为平均主义;在思想文化上,深受封建文化和各种宗教的影响;在人格上表现为依附意识等。为消除小资产阶级思想对党和军队以及中国革命走向的影响,充分发挥农民的动力作用,取得民主革命的胜利,保证中国的社会主义前途,必须用无产阶级的思想改造农民、教育农民,使农民转变为无产阶级的先锋战士和社会主义的建设者。因此如何提高农民的组织程度和觉悟程度,如何教育农民,这是摆在中国共产党面前的一个重大课题。井冈山时期根据地农民思想政治教育主要围绕打土豪分田地以及建立武装和政权的目标进行,毛泽东指出,"真心实意地为群众谋利益,解决群众的生产和生活的问题,盐的问题,米的问题,房子的问题,衣的问题,生小孩子的问题,解决群众的一切问题。我们是这样做了么,广大群众就必定拥护我们,把革命当作他们的生命,把革命当作他们无上光荣的旗帜"①。随着中央苏区的扩大,苏区农民思想政治教育主要围绕实现党的中心任务服务进行。中国共产党通过农民协会、贫农或农民团等群众集体性团体把农民组织起来,改变了传统社会组织结构,提高了农民组织和农民觉悟程度,使农民在各种斗争实践中得到了实践锻炼。这种围绕中心任务加强对农民政治意识的培养和教育的经验,对今天来说无疑具有十分重要的指导意义。

选择江西吉安革命老区作为研究区域,通过对井冈山斗争时期以及中央苏区时期农民政治思想的了解以及农民政治教育的经验分析,不仅有助于我们全面准确地把握这段历史,而且也能够为我们今天厘清江西老区农民政治思想变迁、构建社会主义和谐社会及建设社会主义新农村提供有益借鉴。

---

① 《毛泽东选集》第 1 卷,人民出版社,1991 年版,第 138—139 页。

（2）宗族活跃的典型区域

新中国成立前，江西省的宗族活动异常活跃。拿江西万载来看，1933年，《申报》特派记者陈庚雅在一篇通讯中用超过三分之一的笔墨来描述万载县的宗族。当时的万载"各姓氏之宗祠家庙，林立栉比，颇有宗法社会之意识"。那时的宗族一般均有族产，族人经常在祭祀或做寿之时欢会聚餐。宗族内存在着一定程度的经济援助，这其中包括对老者的赞助和对学子的嘉奖。据《株潭镇志》，1949年7月18日，解放军43军128师解放株潭，随后成立中共株潭区工作委员会、株潭区政府和区中队，址设"龙祥英祠"。此后，政府接收宗族、地主、祠堂、庙宇店面3.3万平方米，作为公产店面，由株潭区人民政府管理。"文革"结束后，株潭镇龙姓的三座祠堂——龙祥英祠、巨舟公祠和龙志霖祠分别被株潭镇政府、株潭镇红星村村委会及一家镇办农具厂使用。

在20世纪90年代初，宗族活动开始出现复兴迹象，很多姓氏开始重修族谱。据江西万载株潭镇党委书记喻阳青介绍，到2000年前后，各姓氏欲收回祠堂的意愿开始强烈起来。但在2000年前后，龙姓的巨舟公祠和龙志霖祠都回到了龙姓手中，他们随即开始对祠堂进行重建。与龙姓祠堂回归相伴随的，是全县范围内的祠堂重建和新建风潮。

宗族理事会开始活跃，同宗族人士的联系日益密切。祠堂更多成为了大家聚餐的地方，族人的婚筵和寿筵多在这里举行，杯盏交错间，宗族内部强势的凝聚力日渐形成。各级政府和村委会也开始感觉到宗族对地方治理的影响，因此，"打击宗族派性"运动和新农村建设紧密地结合起来。

如前所述，江西是中国一个宗族势力非常强的省份，但近年来，与宗族相关的恶性事件不断发生，江西省上饶地区1990年7月至9月，共发生宗族械斗案件126起，大型械斗案件45起，死亡43人，伤280人，其中重伤79人；九江市都昌县余晃村与上饶地区鄱阳县金家村长期以来械斗不断，伤亡严重。1989年"8.21"械斗，双方死亡8人，伤数十人。仅1991年上半年，江西省发生各种械斗案件214起，参与人数2600余人，死亡17人，伤916人，直接经济损失逾百万元。① 特别是 2006 年"4.26"事件②的发生更引发了学界对江西宗族制度与宗族势力问题的思考。无论是从江西的宗族特色来看,还是就其目前状况而言,研究中国江西省农民宗族意识对政治意识的影响都是一个重要的研究课题。

(3)中部崛起的重要区域

江西是中国内陆省份之一,是我国典型的中部地区,是中部 6 省(江西、湖

---

① 余红:《对农村宗族械斗的忧思》,《南昌大学学报(哲学社会科学版)》,1993 年第 31 期,第 62—68 页。

② "4.26"事件指的是江西万载扫墓引起 600 人宗族派性聚众闹事事件。

2006 年 4 月 26 日,万载县株潭镇的龙姓不顾潭埠镇池溪丁姓的反对,纠集近千人准备强行前往池溪村虎形山举行祭扫活动,并在龙姓祠堂打灶做饭,还预备了铁棍钢管等不少凶器。潭埠的丁姓也动员了数百名群众,手持梭镖、砍刀等严阵以待,双方还到处串联同姓同宗人帮斗。25 日以前一直在做双方工作的万载县委、县政府,眼见说服教育工作无效,一方面迅速向上级组织汇报,请求警力支援,一方面立即启动突发事件应急预案,组成 8 个工作组连夜开展工作。4 月 26 日一早,万载县组织 260 多名警力、500 多名机关干部赶到株潭和潭埠,成立了现场处置总指挥部。在宜春市委的统一调度下,由宜春市公安局和周边县市抽调的 400 多名特警、武警等警力也赶到了现场,和万载县的警力一起,在株潭往潭埠的公路上,设置了 3 道防线。万载的机关干部带着一万份《万载县人民政府关于严禁利用潭埠池溪虎形山墓地纠纷寻衅滋事破坏社会稳定的通告》,到群众中散发,继续做群众的思想教育工作。上午 10 时左右,株潭龙姓 600 多人打着旗帜,手持凶器敲锣打鼓强行冲过了公安人员的第一道防线,又先后 3 次冲击第二道防线,部分带头闹事者还用铁棍等殴打公安人员。现场总指挥果断下令,依法将 2 名为首分子当场抓捕,龙姓队伍这才一哄而散。万载县乘胜追击,27 日上午一鼓作气清理了潭埠丁姓祠堂和株潭的龙姓祠堂、高姓祠堂,将所有封建迷信的东西一扫而光,万载县委决定将全县几十所宗姓祠堂改作农民夜校,要配合新农村建设,用社会主义健康文明的活动,取代封建落后的残渣余孽。万载县通过宣传车,宣传传单,召开党员、村组干部会,逐户上门等,到丁姓、龙姓集中居住地宣传党和政府的政策,开展政治攻心,深挖聚众闹事的幕后组织者、策划者、指挥者和肇事者。到 27 日止,共收缴铁棍、刀、梭镖等凶器 200 多件,拘捕和传讯近 10 人,迫于政治攻势的压力,丁、龙两姓的会长等人均投案自首。为扩大成果,加强基层组织建设,万载县成立了"4.26"事件处置领导小组,设立办公室与县"打黑除恶"工作活动办公室合署办公,正出台一系列规章制度,从严禁党员干部参与宗族派性活动抓起,加强党的基层组织建设,坚决遏制愈演愈烈的宗族派性的非法活动。万载县还决定从 5 月份起,开展一次干部整顿作风活动,将干部下派到农村,与农民同吃、同住、同劳动、同学习、同进步,以实际行动帮助农民致富。

南、湖北、安徽、河南、山西)唯一同时具有中部地区①、长三角区域②、泛珠三角区域③3个区域身份的省,既可以享受到国家给予中部地区农业发展的政策优惠,又可以享受到与长三角区域、泛珠三角区域农业经济合作带来的利益;江西是我国历史悠久的农业大省;江西是我国著名的山区省,江西"六山一水两分田,一分道路和庄园";江西是我国工业化后起省;江西是我国13个粮食主产省之一。④ 与江西城市和内地发达乡村比较,江西乡村经济水平、市场化程度较低,生产方式单一,市场开放度低,贫困乡村的比例较大,生活水平低,脱贫任务繁重,农民人均纯收入仍低于全国平均水平,许多纯农户的收入持续徘徊甚至下降,城乡居民收入差距不断拉大。如何在革命老区大力发展农村经济是当代中国农村社会建设的重要课题,既是推动农村社会经济发展的重要内容和保障,更是体现加快推进革命老区农业和农村现代化建设的客观要求。

综上所述,江西兼具革命老区、宗族活动特色、中部崛起的典范以及我国的农业大省等几大特点,在全国具有较强的代表性。通过深入分析江西农民政治意识对分析全国农民政治意识的情况也具有较强的借鉴意义。

---

① 中部地区包括山西、安徽、江西、河南、湖北和湖南六省在内的中部地区,是中国重要粮食生产基地、能源原材料基地、装备制造业基地和综合交通运输枢纽,在经济社会发展格局中占有重要地位。实施促进中部崛起战略以来,中部六省发展速度明显加快,城乡人民生活水平稳步提高。但是,中部地区也面临着诸多制约长远发展的矛盾和问题。在应对国际金融危机冲击、保持经济平稳较快增长过程中,要进一步发挥中部地区比较优势,增强对全国发展的支撑能力。

② 泛长三角作为一种理论提法,众多专家曾多次讨论其范畴,主要有两种意见:一是"1+3"模式,即以上海为龙头,把江苏、浙江和安徽三省全部纳入泛长三角经济区;二是"3+2"模式,即在上海、江苏、浙江三省市的基础上,把长江中下游地区的安徽、江西也纳入泛长三角经济区。范围虽未最后确定,但安徽应占有一席基本达成共识。2008年初,胡锦涛在视察安徽时,第一次明确提出了"泛长三角"的概念和"泛长三角区域发展分工与合作"问题;之后不久由国务院常务会议审议并原则通过了《进一步推进长江三角洲地区改革开放和经济社会发展的指导意见》;同年7月底由苏浙沪相关方面主办的首届泛长三角区域合作与发展论坛在上海举办。来自各方面的信息表明:在国际经济一体化日益深入和国内经济转型升级压力加大的宏观背景下,"泛长三角区域发展与分工合作"问题,再次引发人们的广泛关注和热烈讨论。

③ 泛珠江三角洲地区概念(即知名的"9+2"经济地区概念)是2003年7月在国内正式提出来。泛珠江三角地区包含了中国华南、东南和西南的九个省份及两个特别行政区,它们是:福建、广东、广西、贵州、海南、湖南、江西、四川、云南、香港和澳门特别行政区。泛珠江三角地区覆盖了中国1/5的国土面积和占1/3的人口。2004年泛珠江三角地区GDP达到6353.6亿美元。推动"泛珠三角"区域合作,符合中央提出的关于"形成东、中、西部经济互联互动、优势互补、协调发展的新格局"的战略方针,同时也是实践科学发展观的必然要求。

④ 刘谟炎:《农村政策指南——中共中央(江西省委)1号文件研究》,江西人民出版社,2008年版,第304—309页

2. 选择新疆作为样本辅助区域的理由

新疆是中国多民族的边疆自治区,总面积 166.49 万平方公里,约占中国国土总面积的六分之一,为中国最大的省级行政区。新疆是一个多民族聚居的地区,共有包括维吾尔族、汉族、哈萨克族、回族等 47 个民族。截至 2010 年 11 月,新疆总人口为 2181.3 万,其中少数民族人口约为 59.9%。① 目前新疆全疆有 853 个乡镇,其中包括 43 个民族乡。新疆乡村人口 1250.80 万人,城镇化率 44.0%。② 农村少数民族约占 90% 以上比例。新疆全疆农村经济水平低,农村生产方式比较低层次且缺少多样化,整个农村市场化程度较低,到 2012 年底,农村居民人均纯收入 6394 元,③ 与城镇及内地农村相比,还存在较大差距,此外,南北疆社会发展极端不均衡,农业经济与牧业经济之间的差异大。新疆位于中国的西北边陲,周边与俄罗斯等 8 个国家接壤;陆地边境线长达五千多公里,占全国陆地边境线的四分之一,为亚欧大陆桥必经之地。众多的民族、悠久的历史,为新疆带来了丰富多彩而又底蕴厚重的特色民族文化,并由此形成了新疆鲜明的社会特色。但近年来,与民族相关的事件不断发生,特别是 2009 年"7.5"事件④的发生更引发了学界对新疆民族纠纷问题的思考。如何在边疆多民族地区大力发展农村,提升农民政治意识,是当代中国农村建设的重要课题,既是推动农村社会经济发展的重要内容和保障,更是体现民族区域自治制度优越性的客观要求。

3. 选择浙江作为样本辅助区域的理由

浙江省地处中国东南沿海长江三角洲南翼,面积约 10 万平方公里,据 2012

---

① 《新疆区发布第六次人口普查主要数据公报》,新疆维吾尔自治区统计局,2011 年 5 月 10 日。

② 《新疆维吾尔自治区 2012 年国民经济和社会发展统计公报》,《新疆经济报》,2013 年 2 月 28 日,http://news.hexun.com/2013—02—28/151578659.html.

③ 《新疆维吾尔自治区 2012 年国民经济和社会发展统计公报》,《新疆经济报》,2013 年 2 月 28 日,http://news.hexun.com/2013—02—28/151578659.html.

④ 2009 年发生在新疆的"7.5"事件是显然不是简单的民族纠纷,而是一个貌似民族纠纷的境内外民族分裂势力相互勾结,由境外策划煽动,境内组织实施,有预谋、有组织的打砸抢杀烧严重暴力犯罪事件。单是伤亡人数就令人震惊,这一事件造成了 197 人死亡(无辜死亡的 156 人,其中汉族 134 人、回族 11 人、维吾尔族 10 人、满族 1 人;在其他死亡人员中,有的是因为实施暴力犯罪活动被当场击毙的暴徒,有的身份还有待辨认),1721 人受伤,331 个店铺、627 辆汽车被砸烧,造成生命财产重大损失,给当地正常秩序和社会稳定造成严重威胁。

年人口变动抽样调查,年末常住人口 5477 万人,是中国面积最小、人口密度最大的省份之一。改革开放以来,浙江工业经济增长迅猛,到 2012 年底,浙江省全省全年生产总值 34606 亿元,其中第二产业增加值达到 17312 亿元,人均 GDP 为 63266 元,在全国来说首屈一指。中小企业和乡镇企业取得了飞速发展。据对城乡住户抽样调查,全省城镇居民人均可支配收入 34550 元,农村居民人均纯收入 14552 元,全年城镇居民人均可支配收入中位数为 30613 元;农村居民人均纯收入中位数为 12787 元。① 最为重要的是,浙江省社会主义市场经济运行机制已基本形成,市场化程度较高,在全省实际运行中已形成市场导向的现代意识。因此,选择这样一个东部沿海、市场经济非常发达的地区研究农民政治意识的变迁,有助于我们了解该区域农民政治意识的现状、趋势及走向,对于提升当代中国农民政治意识具有十分重要的参考价值。

---

① 《2012 年浙江省国民经济和社会发展统计公报》,浙江省统计局,国家统计局浙江调查总队,2013 年 2 月 7 日,http://zjrb.zjol.cn/html/2013—02/07/content_1998549.htm? div=—1.

第二章　农民政治意识的概念体系

概念是逻辑的起点,相关概念及其内涵的限定是我们理论研究的开始,因此,研究必须对所涉及的相关概念及其内涵进行厘清和限定。现有的文献和说法中,在谈到农民政治意识时,我们常常看到和听到的是,农民政治心理或政治文化等概念。虽然对农民政治意识的关注不乏其人,但究竟何为农民政治意识,目前尚未有比较清晰的解释和系统的研究。在目前农民逐渐分化、利益主体多元化、农民诉求多样化的情况下,为了使研究能够有一个统一的标准和尺度,有必要对相关的概念予以解释和界定。本章通过对农民政治意识的概念及内涵、农民政治意识的类别、基本内容、特征及功能等的界定为全书的理论与实证研究提供概念基础。

一、农民政治意识的含义

(一)什么是政治意识

什么是意识呢?马克思主义认为,"意识在任何时候都只能是被意识到了的存在,而人们的存在就是他们的现实生活过程"①。对于政治意识来说,国内外理论界对它的理解很不一致,众说纷纭,尚无定论。

1. 政治意识的国外表述

国外学者关于政治意识的表述基本上来自政治文化概念的表述。

---

① 《马克思恩格斯选集》第 1 卷,人民出版社,1995 年版,第 72 页。

"政治文化"概念源于阿尔蒙德。1956 年,美国政治学家 G.A. 阿尔蒙德首次使用"政治文化"一词。此后,这个概念很快取代了传统政治学中常见的"民族精神"、"民族性格"、"国民性格"等意义相近但难以用实证性方法予以研究的术语,成为西方政治学最重要的概念之一。问卷调查、访谈等实证方法被广泛地应用于政治文化的研究,著名学者主要有阿尔蒙德、维巴、L.W. 派伊、G.B. 鲍威尔(小)等,最有影响著作有:《公民文化》(1963)、《政治文化与政治发展》(1965)以及《比较政治学:发展研究途径》(1966)等。① 阿尔蒙德认为,政治文化是一个民族在特定时期流行的一套政治态度、政治信仰和感情,它由本民族的历史和当代社会、经济和政治活动进程所促成。② 维巴认为,一个社会的政治文化由经验基础上形成的一系列信念、符号和价值所构成,它决定了人们行为的条件,为人们提供了参与政治的主观意向。派伊认为,政治文化是政治系统中存在的政治主观因素,包括一个社会的政治传统、政治意识、民族精神和气质、政治心理、个人价值观、公众舆论等等,其作用在于赋予政治系统以价值取向,规范个人政治行为,使政治系统保持一致。③ 据此,我们可以看出,政治意识在政治文化结构中处于主导地位,是一定社会中的人们关于社会政治制度、政治生活以及国家、阶级、社会政治集团及其相互关系问题的观点、思想、理论的总和。④

2. 马克思主义对政治意识的解读

马克思主义对政治意识的看法主要置于社会意识与社会存在的关系中来解读。一般说来,政治意识在三个层次上起作用,即国家机构(政治决策)、概念理论(政治学领域的研究)和群众政治(由于受宣传工具的影响形成的公众意见)。政治意识作为社会意识的一种形式(只与法律的、哲学的、伦理的、美学的和宗教的意识一起存在)具有由这样一个事实所表现出来的特征,即似乎政治意识被纳入了政治体系,并从内部发挥它的作用。相反,政治的意识和活动除了在政治体系的运转中存在以外,不能以其他形态存在。这样,政治意识就不仅仅限于反映政治生活,而且还积极地影响它,是起重要作用的构成因素。形成一个社会政治

---

① 《中国大百科全书:政治学》,中国大百科全书出版社,1992 年版,第 504 页。
② [美]阿尔蒙德、鲍威尔:《比较政治学》,上海译文出版社,1987 年版,第 29 页。
③ [美]派伊、维巴:《政治文化与政治发展》,普林斯顿大学出版社,1965 年版。
④ 李晓伟:《政治学范畴探析——政治文化与政治意识》,《昆明大学学报》,2008 年第 19 期。

意识的通用标准看来还是可能的,这取决于政治体系的运转方式,即政治统治的广泛的(坚实的)民主基础的真正保证,全民的高度的政治文化,建立在科学基础上的政治决策及其对政治进程的客观规律的依赖。①

3. 政治意识的国内表述

国内理论界关于政治意识的含义存在着诸多的意见和看法。从较早期权威的教科书来看,我国并没有直接使用"政治意识"这一概念,较常使用的是"政治思想"、"政治心理"等概念,而且均是在"政治文化"定义下使用。中国政治学界在 20 世纪 80 年代初开始对"政治文化"进行研究。《中国大百科全书:政治学》卷收入了"政治文化"专条,在政治文化条目下设有"政治意识形态、政治规范、政治价值、政治道德、政治心理、政治社会化以及政治认同"等七个二级条目,②各类权威教科书均有"政治文化"专章,从内涵上来看,"政治文化"涵盖了"政治意识"概念。王邦佐(1998)认为所谓政治文化,就是一个国家中的阶级、民族和其他社会团体,以及这个国家中的成员,在一定的生产方式基础上,于一定的经济、政治和文化的历史和现实的环境中形成的关于国家政治生活的政治心理倾向和政治价值取向的总和。③ 王浦劬(1995)在《政治学基础》一书中第五篇专门分析"政治文化",认为政治文化是政治关系的心理的和精神的反映,它是人们在社会政治生活中形成的对于政治的感受、认识和道德习俗规范的复杂综合。政治文化一般由政治心理、政治思想两个层次构成,政治心理(包括政治认知、政治情感、政治动机、政治态度)是政治文化的表层和感性部分,政治思想是政治文化的深层和理性部分。政治文化通过政治社会化得以传习,因此政治社会化是政治文化研究的重要内容。④ 郁建兴(2003)在所编写的《政治学导论》一书中设"政治态度"专章,下设"政治文化"、"政治意识形态"和"政治社会化"三节。⑤ 从北大、复旦和浙大的教科书来看,政治意识应该就是属于政治文化内容中的政治心

① [苏]B. B. 姆什韦尼耶拉泽:《政治现实与政治意识——评当代西方政治学》,王浦劬等译,杨淮生校,中国社会科学出版社,1990 年版,第 18 页。

② 《中国大百科全书:政治学》,中国大百科全书出版社,1992 年版,第 1—2 页。

③ 王邦佐、孙关宏、王沪宁、李惠康:《新政治学概要》,复旦大学出版社,1998 年版,第 332 页;1986年版《政治学概要》无"政治文化"章节,但有"政治思想"专章。

④ 王浦劬:《政治学基础》,北京大学出版社,1995 年版,第 307 页。

⑤ 郁建兴:《政治学导论》,浙江大学出版社,2003 年版,第 164 页。

理倾向,包括政治认知倾向、政治情感倾向、政治态度倾向。随着国内研究的深入,国内理论界对政治意识和政治文化的关系理解更透彻,从较早的理论文献来看,就有郑慧(2002)发表在《政治学研究》中的《政治文明:涵义、特征与战略目标》一文,专门就政治意识文明作了深入细致的解读;①反映在权威教科书中,王惠岩(1998)在其所著的《当代政治学基本理论》②一书中认为政治意识就是政治心理意识,即人们对政治生活的非理性的情感认识因素。此外,杨光斌(2004)在其主编的《政治学导论》一书中第二篇专门讲"政治意识",且在该篇中下设独立的三章,分别为"政治文化"、"意识形态"和"政治社会化"。③

基于马克思主义关于"社会存在与社会意识"以及西方理论界关于"政治文化"的理论传统,仔细分析比较我国理论界的现有成果,主要有五种不同的理解思路:第一,从社会存在决定社会意识角度理解政治意识,政治意识作为政治领域的精神现象,是一定社会存在的反映,社会存在的变迁推动着政治意识的发展。郁建兴(2003)提出要围绕政治态度与社会存在之间的关系来展开政治意识的研究,并从意识形态角度来谈政治意识。④ 杨光斌(2004)认为政治意识是一定政治主体所具有的政治认知、政治态度和政治信仰,它既包括民族和个人的政治心理(政治文化),又包括社会阶级集团的意识形态,政治意识影响着政治生活中正在发生的活动,构成这些活动的基础,同时也被这些活动所影响。⑤ 从层次来看,人类的政治意识大体分为三个层次:政治心理、政治思想和政治学说。⑥ 第二,从国家层面和社会层面来理解政治意识,李朝祥(2007)认为公民政治意识和国家意识形态属于社会层面和国家层面两种不同层面的政治意识范畴。⑦ 第

---

① 郑慧:《政治文明:涵义、特征与战略目标》,《政治学研究》,2002 年第 3 期。

② 王惠岩:《当代政治学基本理论》,天津人民出版社,1998 年版,第 142 页。

③ 杨光斌:《政治学导论》,中国人民大学出版社,2004 年版。

④ 郁建兴:《政治学导论》,浙江大学出版社,2003 年版,第 164 页。

⑤ 杨光斌:《政治学导论》,中国人民大学出版社,2004 年版,第 46 页;此外,参见虞崇胜:《论政治文明的内在灵魂》,《湖北行政学院学报》,2002 年第 3 期;文永林:《论我国政治意识文明的建构》,《求实》,2011 年第 9 期。

⑥ 关于三个层次的分类,较早由王邦佐等人提出,但是置于政治思想概念下,并没有提出政治意识概念,参见王邦佐、孙关宏、王沪宁:《政治学概要》,复旦大学出版社,1986 年版,第 247—248 页。

⑦ 李朝祥:《公民政治意识和国家意识形态的背离与整合》,《南京邮电大学学报(社科版)》,2007 年第 4 期;李朝祥:《国家政治意识形态与公民政治意识的互制性及其契合的条件性》,《理论月刊》,2010 年第 5 期。

三,从纯意识形态角度来理解政治意识,如牟成文(2008)认为,意识形态是统治阶级、社会利益集团(包括国家和国家集团)和社会关系共同体(包括各种正式组织或非正式组织)在对社会经济形态、政治制度和文化生活等作出自觉反映过程中所运用的思想观念、价值体系、心理认知、精神指向和理论学说等的总称。[①]张秀琴(2007)认为政治意识形态,并不仅仅意味着政治思想或理论意识形态,还包括政治理论、政治制度以及政治实践。也就是说,我们可以从政治理论、制度和实践这三个维度探讨作为意识形态的政治问题,以及它所反映出的政治与意识形态之间的关系问题。[②]管爱华(2007)也认为政治意识形态可以分为以下几个层面:国家的组织制度以及国家权威的形成;国家的政治、经济、法律制度;支持以上组织和制度的合法性的基本原则和政治价值理念。第四,从纯公民政治意识角度来理解,公民政治意识主要表现为人们的政治立场、政治方向、政治思想、政治心理及政治道德等各方面。[③]张国平(2011)也认为当代公民意识是个人对自己在国家中的地位的自我认识,是公民自觉地以权利和义务为核心内容,把对国家的主人翁责任感、使命感和权利义务观融为一体的自我认知。它围绕公民的权利与义务关系展开,反映了公民在政治生活中的身份、地位、价值取向和理想追求,是公民的一种自我的政治认同与理性自觉,主要包括权利义务意识、参与意识、监督意识等。[④]第五,从政治角色角度来看,政治意识是政治角色关于政治关系和政治活动的思想观点、知识和心理的总称,包括政治角色对政治起源、本质和作用的看法,对现代政治的要求和态度,对政治行为的评价,以及政治知识和政治观念等。

　　4. 我们的界定

　　综上所述,政治意识有不同的内容和表现形式。政治意识是人们在特定的社会条件下形成的政治认知、政治情感、政治态度的复合存在形式。它构成政治系统的基础和环境,是政治的隐性结构。其作为一种无形的精神力量,驱动和指

---

①　牟成文:《中国农民意识形态的变迁——以鄂东 A 村为个案》,湖北人民出版社,2008 年版,第 3 页。

②　张秀琴:《政治意识形态的理论、制度与实践》,《北京大学学报(哲学社会科学版)》,2007 年第 4 期。

③　管爱华:《试论道德信仰与政治意识形态的关系》,《社会科学辑刊》,2007 年第 5 期。

④　张国平:《当代政治认同研究》,湖南师范大学博士学位论文,2011 年。

导着政治主体的政治行为,进而影响社会的政治面貌,促进或制约政治发展。[①]通俗来讲,政治意识的内容主要包括国家意识、法律意识、权利与义务意识、民主参与意识以及自由平等意识等。

可见,政治意识实际上属于政治文化中的政治心理倾向,不同于意识形态,从内涵上来看,包括政治认知、政治情感和政治态度三个方面;从外延上来看,包括政治信仰认同意识(从国家层面来看,主要指对国家的意识)和公民意识(从公民层面来看,主要指对公民的意识,包括权利与义务意识、民主参与意识、自由平等意识以及法律意识)两个层面。

(二)什么是农民政治意识

我们已分析了意识与政治意识的含义,那么什么是农民政治意识? 由于当前整个社会处于转型期,社会转型使农民发生了分化,农民分化成多个阶层,那么本书的农民是特指农民的哪一阶层,还是一个较宽泛的概念? 为了厘清本书政治意识主体的范围,有必要对农民概念加以分析与限定。

1. 农民及农民分化

关于农民定义的研究,国外大体上有三种意见和看法。[②] 第一种看法也是从职业角度即农业生产者的角度来解释的,即农民是指从事农业生产的个体农业生产者,不包括非农业生产者的居民。第二种看法是从社会结构或社会形态的角度,认为"农民"是社会发展在一定阶段的文化体现者,从而把"农民"与"城市"、"农业社会"与"城市社会"相对来分析。这里的农民指的是农业生产者,但不包括非农业社会的农民。因此,农民就成为前工业社会的代名词。第三种看法是从阶级层面上来解释的,其代表是马克思主义者对"农民阶级"的经典表述,即中世纪的农民阶级。

在国内,对农民进行定义更为复杂。林后春(1991)共总结出了 13 种不同的农民概念[③]:(1)农民是指居住在农村的人;(2)农民是指农村户口的人;(3)农民是指与城市居民相对应的不吃商品粮油的人;(4)农民是指独立从事农业(狭

---

① 郑慧:《政治文明:涵义、特征与战略目标》,《政治学研究》,2002 年第 3 期。
② 方江山:《非制度政治参与:以转型期中国农民为对象分析》,人民出版社,2000 年版,第 42 页。
③ 林后春:《当代中国农民阶级阶层分化研究综述》,《社会主义研究》,1991 年第 1 期。

义农业)生产的劳动者;(5)农民是指从事农林牧副渔(广义农业)生产的劳动者;(6)农民是指与土地等农业生产资料结合并从事农业生产经营活动的劳动者;(7)农民是指与土地公有制相联系的社会主义集体农民;(8)农民是指实行联产承包责任制的农业劳动者;(9)农民是指农村合作经济组织和与合作经济相联系的社会主义劳动者;(10)社会主义初级阶段的农民就整体而言,既不是传统概念中的"旧农民",也不是同发展商品经济要求相适应的那种新型农民,而是正处于由传统农民向新型农民演化、过渡过程中的农民;(11)农民有广义和狭义之分,狭义的农民指从事狭义农业生产经营活动的劳动者;广义的农民指从事广义农业生产经营活动的劳动者;(12)狭义的农民是指从事农林牧副渔生产经营活动的劳动者,广义的农民指农村居民或具有农村户口的人;(13)农民的概念有三个层次:第一层仅指从事狭义农业生产的人,这是最狭义的农民;第二层指从事广义农业生产的人;第三层次是指农村总人口,这是最广义的农民,这种观点稍处主导地位。

国内对"农民"一词一般来说可以从以下几个层面来理解:

一是从职业群体角度对"农民"的描述性释义。农民就是"直接从事农业生产的劳动者"(不包括农奴和农业工人)。在我国现行宪法中也可以看到相应的规定,如《宪法》序言中规定了"社会主义的建设事业必须依靠工人、农民和知识分子,团结一切可以团结的力量",《宪法》第 19 条:"国家发展各种教育设施,扫除文盲,对工人、农民、国家工作人员和其他劳动者进行政治、文化、科学、技术、业务的教育,鼓励自学成才。"

二是制度层面的定义,我国人口是依照户籍制度以农业人口和非农业人口即农民和非农民来区分的,国家并以这两种分类规定了不同的工资、住房、社会保障、公共资源分配等政策和制度。1958 年 1 月实施的《中华人民共和国户口管理条例》确立了农村户口和城市户口"二元结构"的户籍管理体制,"农业户口"在实践中就等同于农民了。从这个意义上来说,农民是作为身份意义上的农民。从 2007 年以来,全国各地贯彻落实中共中央、国务院及公安部有关户籍制度改革的文件精神,从本地实际出发,不断深化户籍制度改革,逐步取消了农业户口和非农业户口的二元户口性质划分,统一了城乡户口登记制度,统称为居民户口,实现了公民身份法律意义上的平等。

三是政治层面的定义,即从阶级的角度理解农民。在中国封建社会,不占有土地或只有极少数土地,在生产、生活、政治、经济上均依附于地主的阶级即农民阶级。1956 年社会主义改造完成以后,单个农民就是指居住在农村并以农业生产活动为主要收入来源的社会成员,整个农民群体就称之为"农民阶级"。改革开放后,农民阶级先后分化出农民工、个体劳动者、私营企业主、乡镇企业职工等几个相对独立的社会利益群体,而农业劳动者则是这一分化过程中的基本母体和最终沉淀下来的一个阶层。《宪法》序言以及《宪法》第 1 条确定了农民作为一个阶级的基础性质,从而成为国家建设中极为重要的基础阶级。

从我国社会实际来说,农民的含义主要有三种说法,即:"农业劳动者说"、"人口说"和"户口说"。如从职业角度划分则有"农业劳动者说"、"农业人口说";从户籍角度划分则有"农村劳动者说"、"农村人口说"、"农业户口说"。因此多年来有关农民问题分析研究的统计资料,一般都是指"农业户口说"。[①]

著名社会学家陆学艺等认为,中国的农业劳动者是指具有农村户口,承包集体所有的耕地,主要从事种植业或养殖业,并以此为唯一或主要收入来源的劳动者,他们是真正意义上的中国农民,也可以说是狭义上的农民。[②] 陆学艺还把中国农民分成农业劳动者阶层、农民工阶层(即农民工人)、雇工阶层(即雇佣工人)、农民知识分子阶层(智力型职业者)、个体劳动者和个体工商户阶层、私营企业主阶层、乡镇企业管理者阶层(集体企业管理者)以及农村管理者阶层等 8 个主要阶层。

本书所指"农民"是从较宽泛意义上来谈,既指农业劳动者,又指农村居民,也指长期流动在外但户籍仍在原地的农民工,还指保有一份集体所有的土地、在乡村从事非农行业的工作者。[③] 在设计调查问卷时,还包括部分农村干部人群(绝大多数为村委层面的农村干部,仅有极个别乡镇干部)。

---

① 刘洪仁:《我国农民分化问题研究》,山东农业大学博士论文,2006 年。

② 参见陆学艺:《当代中国社会阶层研究报告》,社会科学文献出版社,2002 年版,第 10~23、252 页以及《当代中国社会结构》,社科文献出版社,2010 年版,第 396 页;谢志强:《现阶段中国社会阶层结构研究》,《中共中央党校学报》,2002 年第 4 期;朱光磊:《当代中国社会各阶层分析》,天津人民出版社,2007 年版,第 206 页。

③ 陈胜祥:《分化与变迁——转型期农民土地意识研究》,经济管理出版社,2010 年版,第 32 页。

2. 农民政治意识的多学科解读

我们对农民概念界定之后,在仔细分析已有研究农民政治意识的成果来看,理论界运用农民政治意识这一概念时,实际上"单独使用"或者"交叉使用"政治意识的内涵和外延。邵冬霞(2002)关于《影响农民政治意识的三种文化传播渠道》分析,主要就农民的公民意识、国家意识以及法治观念三方面来谈农民政治意识。蔡文学(2002)关于《从当前农民政治意识的缺失看参与意识的培养》,该文认为农民的政治意识就是农民的公民意识,认为现行的村民自治实践所暴露的农民公民意识的不足主要表现在:缺乏法治观念、缺乏合作意识以及缺乏权利责任意识和独立人格。郭惠川(2003)在《我国现阶段农民政治意识的现状及对策研究》一文中采用的农民政治意识主要指农民民主意识,包括民主选举意识、民主决策意识、民主管理意识、民主监督意识、平等意识、自主意识等;潘庆月、王燕(2003)对我国农民政治意识建设的简要分析;刘伟(2005)关于《黄陂三自然村农民政治意识与政治参与状况的调查与思考》主要从更宽泛意义上来谈农民政治意识,分别是国家意识、选举意识、参与意识、维权意识以及主体意识等;王瑞芳(2006)从农民参与土地改革的意识来谈农民政治意识的觉醒;赵文正(2006)关于《城镇化过程中农民工政治意识考察——以孝感市 1000 个案的调查为例》,该文借用郑慧(2002)关于"政治意识"的定义分析了农民工的政治意识在沿着传统——现代的主路径演进的同时,其非现代性政治意识,如政治参与意识的严重功利性、传统臣民政治意识依然较浓、政治价值在一定层面上的扭曲、反体制和反规则的流民政治意识潜生等仍然存在而且滋长着;王亚新(2007)在《论农民工政治意识的缺失及对策研究》中从民主选举意识、政治参与意识、法治意识、维权意识等四个方面对农民工政治意识的现状进行了深入的分析。陈晓莉(2003)的《对农民政治意识嬗变中若干问题的思考》以及王智、王龙玉(2010)的《对新农村人政治意识的调查分析——以三峡库区青年为表述对象》也是采用郑慧(2002)关于"政治意识"的定义类分析政治意识的,其中王智、王龙玉(2010)是从政治认知、政治态度、政治信任三方面内涵来分析农民基于现代民族国家的身份认同和基于社会主义民主制度的政治权利意识、政治参与意识和政治秩序意识;牟成文(2010)在《转型期我国农民政治意识变迁的特征分析》一文中认为农民的政治意识就是农民意识形态,即主流意识形态作用到农民自身所反映的意识;李朝祥

(2010)在《新农村建设中农民政治意识结构的失衡及其优化》中延续了其关于公民政治意识和国家意识形态属于不同层面的政治意识范畴的分类,从农民参与意识角度来分析农民政治意识结构的失衡及其优化。

3. 农民政治意识的界定

基于政治意识的理论分析,结合上述理论界关于农民政治意识的运用,对于农民政治意识的具体含义,我们认为,从内涵上来说,就是指农民的政治认知、政治情感以及政治态度三个方面。从外延上来看,我们认为应从两个层面来分析和把握:一是农民的政治信仰认同意识或称国家意识层面,它要求公民正确认识和处理国家利益、政党利益、民族利益、其他形式的集体利益与个人利益的关系,并视国家利益高于一切,这是不同政治体系对公民政治意识的共同要求。二是农民的公民意识层面,农民作为主体所享有的民主社会所有的一切权利以及参与权力运行的自我意识,是国家意识的延伸和促进国家认同的重要思想基础。一般来说又可细分为两个方面:一方面是农民的权利意识,主要指认识和理解依法享有的权利及其价值,掌握如何有效行使与捍卫这些权利的方式,自觉把行使权利的行为规约于法律规范之中,以免损害其他主体的合法权利。另一方面是农民的民主意识,包括民主选举、民主决策、民主管理、民主监督等意识。对农民而言,农民民主意识中最有进步意义的首先是政治参与意识。农民的权利意识是参与意识生成的逻辑前提。没有权利及权利意识,农民就会丧失主体地位,也就不会主动实现自我管理的权利。农民民主意识尤其是农民的政治参与意识,它是农民权利得以实现的重要方式,反映着农民在政治生活中的地位、作用和选择范围。因此,本书的农民政治意识不同于系统地、自觉地、直接地反映社会政治现象的政治意识形态,而是属于政治文化中的政治心理倾向,且是从农民本身来看的,包括农民对国家层面即政治体系的认知、情感和态度,以及农民对自身作为公民层面的认知、情感和态度。

二、农民政治意识的类别和内容

(一)农民政治意识的类别

怎样给农民政治意识分类,关键是看我们选择什么样的分类标准,标准不同,分出的类别也不一样。从主体差别来划分,可分为个体政治意识与社会政治意识(群体意识);按客体内容来分,可分为国家意识与公民意识;按对政治生活的关心程度来分,可分为冷漠型政治意识与参与型政治意识;按发展阶段来分,可分为萌芽期政治意识、成型期政治意识、扩展期政治意识以及成熟期政治意识;按历史发展来分,可分为传统社会时期、民主革命时期、新中国成立后至改革开放前与改革开放以来农民的政治意识。总之,人们对问题的观察角度、采取的分析方法不同,对农民政治意识的分类也不一样。

1. 个体政治意识与社会政治意识(群体意识)

对农民政治意识的分类,最基本的是从主体差别来划分。政治意识的主体不同,政治意识的要求和表现就会有所差异。按照主体可以划分为农民个体意识和社会政治意识。个人政治意识以个人为主体,但不是局限于个人的政治意识,而是以个人为认识主体对包括个人在内的社会的意识。社会政治意识(群体意识)是由个人意识组成的,但不能把社会政治意识归结为个人意识的简单总和或不断重复。社会政治意识在个人自我表达的许多形式之外而独立存在的,它形成一种更高级的"综合"和一种新的"特性",这些"综合"与"特性",与社会的物质文化和精神文化发展水平、与历史和意识形态传统密不可分,它清楚地体现在每个人的个人意识中。意识的形成,与自然和社会中发生的客观"自然历史"过程几无差别。① 透过个人政治意识的特殊表现,可以看到其中的社会性的本质。在社会政治意识(群体意识)的熏陶下形成个人政治意识的过程,其中就包含着社会政治意识(群体意识)向个人政治意识的转化。

2. 国家意识与公民意识

按照政治意识的客体内容,农民政治意识可以划分为国家意识、法律意识、权利与义务意识、民主参与意识以及自由平等意识。进一步分类可以包括政治信仰认同意识(从国家层面来看,主要指国家意识,包括对国家、政党、民族的认同意识)和公民意识(从公民层面来看,主要指公民意识,包括权利与义务意识、民主参与意识、自由平等意识以及法律意识)两个层面。

---

① [苏]B. B. 姆什韦尼耶拉泽:《政治现实与政治意识——评当代西方政治学》,王浦劬等译,杨淮生校,中国社会科学出版社,1990年版,第115页。

3. 冷漠型政治意识与热情参与型政治意识

依据农民对政治生活的关心程度,可以划分为冷漠型的政治意识与热情参与型的政治意识。冷漠型的政治意识一般对政治生活态度冷淡,对政治活动缺乏兴趣,对公众事务和利益甚少关心,在某些情况下,甚至对政治社会化过程持有抵触和反抗情绪。热情参与型政治意识对政治生活和政治事件十分敏感,对政治活动具有积极的强烈参与欲望,热衷于公共事务,在某些情况下,对公共权力亦有很大兴趣。在不同时期、不同政治环境和不同利害关系下,两者易于呈现相互转变或交叉作用的状态。

4. 萌芽的政治意识、成型的政治意识、扩展的政治意识与成熟的政治意识

按照政治意识的发展阶段维度来分,农民政治意识可以划分为政治意识萌芽期、政治意识成型期、政治意识扩展期以及政治意识成熟期。

5. 传统社会时期、民主革命时期、新中国成立后至改革开放前与改革开放以来农民的政治意识

依据历史发展维度,可以划分为传统社会时期农民的政治意识(1840 年以前封建时期)、半殖民地半封建时期农民的政治意识(新旧民主主义革命时期,1840—1949)以及新中国成立后至今农民的政治意识(可以分为改革开放前1949—1978 和改革开放后)。

（二）农民政治意识的内容

本书主要采纳根据政治意识客体内容的不同的分类法来研究农民政治意识。根据国家与社会、个人关系作用的不同,政治意识通常包括国家意识、民族认同意识、政党认同意识、公民意识四大部分。农民政治意识的基本内容通常由国家意识、民族认同意识、政党认同意识、公民意识四大意识构成。具体分为政治信仰认同意识(从国家层面来看,主要指国家意识,包括对国家、政党、民族的认同意识)和公民意识(从公民层面来看,主要指公民意识,包括权利意识、民主意识)两个层面,其中"权利意识"主要指平等权意识(包括地权平等、社会保障平等权以及空间平等权)、自由权意识(主要指迁徙自由权),而"民主意识"主要指参与意识。政治信仰认同意识或称国家意识在农民政治意识中居于首要地位,这是不同政治体系对公民政治意识的共同要求。而公民意识是对现代形态的国

家政权实现认同的有效途径,是社会主体精神和物质生活共同的思想基础,是社会主体思想和道德发展的基本依据。农民的国家意识与农民的公民意识是从不同层面来解读农民政治意识,两者从不同层面、不同领域反映了农民政治意识的具体内容,它们之间相互联系、相互依存、相互促进。

1. 农民政治信仰认同意识的解读

信仰,作为一种深层次的精神导向和精神支柱,从根本上影响着人们的实践活动和精神生活,体现了主体对人生的终极依据、根源、意义、价值目标的追求和寻找。信仰反映的是信仰主体与信仰客体之间的一种价值关系。从共时态的角度看,不同的国家、民族、地区的人们,其信仰各不相同。从历时态的角度看,同一个国家、民族、地区的人们在不同的社会历史时期,也有不同的信仰。信仰在人类文化系统中具有多方面的作用和功能。其一,信仰能够为人的精神提供寄托和终极关怀,为人的行为提供确定性。其二,信仰是社会稳定和发展的调节器。其三,信仰能给人以追求,转化为主体的内驱力,激发出主体的本质力量和创造欲望。① 一般来说,信仰包括政治信仰、宗教信仰和人生信仰三种基本形式。社会始终存在着各种信仰,而政治信仰则关系到社会的整合程度。西方社会在中世纪神权当道的时候,政治不过是神学的婢女,政治信仰也就是宗教信仰。在现代社会,政教分离,两者在信仰上分道扬镳。因此,我们不能将政治信仰与宗教信仰混为一谈。关于政治信仰的概念理论界存在多种说法,②归纳起来,至少有以下几种:政治合法性说、政治认同说、政治理性说以及政治准则说等。上述有代表性的四种观点、说法虽然论证角度不同,但是基本内容相一致。

可见,所谓政治信仰就是对政治合法性的一种认同心理反应和情感倾向,进而内化为一种日常政治行为准则,促进社会政治稳定。

从内涵上来看,政治信仰由政治信仰认知、政治信仰情感、政治信仰态度三个要素构成。政治信仰认知是对政治实施与政治现象的一种主观反映。政治信仰情感是在政治认知的基础上阐述的对政治事实与政治现象的一种内心体验。政治信仰态度则是在上述两种心理基础之上产生的,通过对政治事实与政治现

---

① 袁银传:《当代西方人的信仰危机探析》,《淄博师专学报》,1996 年第 3 期。
② 参见成为杰:《政治信仰研究综述》,《甘肃理论学刊》,2009 年第 6 期。

象的评价来体现的一种综合性的心理反应。①

从外在结构层面来看,政治信仰观主要从国家意识、民族认同意识和政党认同意识来分析的。国民对本民族和国家的认同感、归属感、亲和感,由此产生心理上的民族向心力与凝聚力,从而自觉维护国家的主权和领土完整和民族尊严,甚至不惜为此付出牺牲。广大民众对本国制度的合理性与政权的合法性有广泛的认同感,这样才会赞成、接受、拥护、支持现存制度和政权。没有广大社会成员对执政党权威与政府合法性的广泛认同,就没有执政党地位、政府以及政局的稳定。总之,没有社会政治信仰心理的稳定,就没有真正的社会政治稳定。

从功能上来讲,主要包括以下方面:为政治体系的建立和完善提供心理支持;是政治凝聚力和向心力的重要体现;为政治秩序的稳定提供意识支持。② 对于农民政治信仰认同培育来看,有助于实现社会有效整合、增强民族凝聚力和推动社会政治秩序稳定。③

从影响因素来看,正向主流政治信仰认同意识的构建通常会受到来自多种因素的制约和影响,进而产生所谓的信仰认同危机:一方面来自主流政治信仰内在因素,另一方面来自诸多外在因素的影响和制约,其中最主要的就是来自传统社会遗存宗族认同对主流政治信仰的消解和解构作用。

2. 农民公民意识的解读

公民权是构成现代国家认同的关键所在。菲利克斯·格罗斯指出:"公民权创造了一种新的认同,它提供了一种将种族上亲族认同(文化民族)与和国家相联系的政治认同(国家民族)相分离的方法,一种把政治认同从亲族关系转向政治地域关系的途径。"④现代国家的国家认同,亦应由"公民认同"取代传统的王朝认同或"族裔认同",即主要由国民对国家政权、国家的宪法和法制以及平等的公民权利的重视与认同来实现。这种意识必然会能动地外化为某种政治力量,改造客观政治世界,成为推动政治进步与人类社会发展的动力。

张国平(2011)认为当代公民意识是个人对自己在国家中的地位的自我认

---

① 参见马振清:《中国公民政治社会化问题研究》,黑龙江人民出版社,2003年版,第95页。
② 李蓉蓉:《试论政治信仰》,《理论探索》,2004年第4期。
③ 刘明:《论社会变迁中的政治信仰认同》,《思想理论教育》,2007年第1期。
④ [美]格罗斯:《公民与国家》,新华出版社,2003年版,第32页。

识,是公民自觉地以权利和义务为核心内容,把对国家的主人翁责任感、使命感和权利义务观融为一体的自我认知。它围绕公民的权利与义务关系展开,反映了公民在政治生活中的身份、地位、价值取向和理想追求,是公民的一种自我的政治认同与理性自觉,主要包括权利义务意识、参与意识、监督意识等。[①] 他认为,权利、义务意识是国家与公民之间关系的体现,参与意识是公民为践行主体地位和个体权利而积极参与公权力运行的主人翁意识,而监督意识是人民主权原则的体现,它是一种公民以权利来监督公共权力的规范行使、维护共同体健康发展的道德责任。

农民的公民意识层面,是在民主体制下的人民应有的权力责任意识、独立人格、法治意识、自由公平的合作意识、契约精神、集体主义观念等融为一体而形成的自我意识。一般来说又可细分为两个方面:一方面是农民的权利意识;另一方面是农民民主意识。理论界时有把权利意识和民主意识互换使用,从内涵上又有所交叉。[②]

依据"农民的权利意识是参与意识生成的逻辑前提,农民民主意识是农民权利得以实现的重要方式"这一划分标准,从本书的观点来看,采用权利意识与民主意识并列来分析农民的公民意识。其中"权利意识"主要指平等权意识(包括地权平等、社会保障平等权以及空间平等权)、自由权意识(主要指迁徙自由权),而"民主意识"主要指参与意识。

(1)农民的权利意识

权利是人类文明史上的古老概念。在中国,"权利"一词最早出现于《荀子·君道》,意指权势和财物。西方学术界对权利的研究十分丰富,[③]对权利的定义也十分繁多,归纳起来主要有:天赋权利说、权利自由说、权力利益说、权利力量说、权利平等说、权利资格说以及权利可能说等。

第一种观点是天赋权利说,认为权利是人的与生俱来的天赋,个人权利是一

①　张国平:《当代政治认同研究》,湖南师范大学博士学位论文,2011 年。

②　参见下文关于农民权利意识和农民民主意识的论述。

③　相关论述参见王浦劬:《政治学基础》,北京大学出版社,1995 年版,第 102—103 页;张文显:《法理学》,高等教育出版社、北京大学出版社,1999 年版,第 85 页;张文显:《法哲学范畴研究》,中国政法大学出版社,2001 年版,第 300－308 页;夏勇:《人权概念的起源——权利的历史哲学》,中国政法大学出版社,2001 年版,第 46－58 页。

种天然权利,是人的本性的有机构成内容,它先于国家的权力。这一学说的主要代表人物为古典自然法学派的代表洛克。

第二种观点是权利自由说,用自由表征权利,认为权力是法律允许范围内人们所享有的种种自由,也就是能作为和能不作为的自由。代表人物有霍布斯、洛克、康德、黑格尔等。从中衍生出权力意志说,即认为权力就是人们的意志自由,就是人们的自主性。

第三种观点是权力利益说,认为权利就是受到法保护的利益。利益是权利的本质,权利的基础是利益。代表性人物主要有边沁、奥斯汀、耶林等。

第四种观点是权利力量说或法力说或能力说,认为权利就是法律赋予权利主体的强制力量,权利由此成为一种法律规范。

第五种观点是权利平等说,认为权利意味着政府对人民的平等关心和尊重。主要代表人物新自然法学派的 J. B. 罗尔斯和 R. M. 德沃金等。在 R. M. 德沃金看来,人们不仅有权利,而且有一个基本的甚至是不言自明的权利,即"受到平等关心与尊重的权利"。这一抽象的权利可以包括两种不同的权利:一是受平等对待的权利,即同样地分享利益和机会。二是作为平等的人受到对待的权利,即在有关利益和机会应当如何分配的政治决定中受到平等地关心和尊重的权利。

第六种观点是权利资格说。持此种学说的代表人物是英国的米尔恩,他认为:"权利概念之要义是资格,说你对某物享有权利,是说你有资格享有它,如享有投票、接受养老金……的权利。"①

第七种观点是权利可能说。这种学说把权利理解为法律规范规定的有权人做出一定行为的可能性,要求他人做出一定行为的可能性以及请求国家强制力量给予协助的可能性。主要代表为苏联法学家。

马克思主义经典作家通过批判资产阶级权力观,从多角度解读了权利:首先,权利(人权)是历史的产物。马克思指出,"人权"不是天生就有的,而是历史地产生的。②"社会的经济进步一旦把摆脱封建桎梏和通过消除封建不平等来确立权利平等的要求提上日程,这种要求就必定迅速地扩大其范围。……由于

---

① [英]A. J. M. 米尔恩:《人的权利与人的多样性——人权哲学》,夏勇、张志铭译,中国大百科全书出版社,1995 年版,第 111 页。

② 《马克思恩格斯文集》第 1 卷,人民出版社,2009 年版,第 313 页。

人们不再生活在像罗马帝国那样的世界帝国中,而是生活在那些相互平等地交往并且处在差不多相同的资产阶级发展阶段的独立国家所组成的体系中,所以,这种要求就很自然地获得了普遍的、超出个别国家范围的性质,而自由和平等也很自然地被宣布为人权。"①"平等的观念,无论以资产阶级的形式出现,还是以无产阶级的形式出现,本身都是一种历史的产物,这一观念的形成,需要一定的历史条件,而这种历史条件本身又以长期的以往的历史为前提。所以这样的平等观念说它是什么都行,就不能说是永恒的真理。"②"权利决不能超出社会的经济结构以及由经济结构制约的社会的文化发展。"③权利和义务是统一的。"没有无义务的权利,也没有无权利的义务。"④

综上所述,所谓权利,就是在特定的社会经济基础上,由社会公共权力确定的社会成员获取自身利益的特定资格。这种资格是权利和义务的统一,本质上是一种社会利益的分配关系。权利由利益、资格、主张、力量或权能以及自由五个要素构成,以其中任何一个要素为原点,以其他要素为内容。公民可以自由选择行使或放弃该项权利,不受外来干预或胁迫,为了避免权利丧失和受侵害,要真实享有权利,就必须积极主动争取权利和维护权利。

农民是推动历史变革的动力,农民问题历来是国家建设的首要问题,如果农民问题不能得到及时解决,就有可能阻碍正在进行的经济与政治改革,并导致更深层的社会矛盾。农民问题的核心是农民权利问题。那么,什么是农民权利呢?理论界主要有以下几种观点:第一种观点认为农民权利是农民作为公民的具体权利或各种具体权利的组合。认为农民权利就是农民的公民权问题,其基本构

---

① 《马克思恩格斯选集》第 3 卷,人民出版社,1995 年版,第 447 页。
② 《马克思恩格斯选集》第 3 卷,人民出版社,1995 年版,第 448 页。
③ 《马克思恩格斯选集》第 3 卷,人民出版社,1995 年版,第 305 页。
④ 《马克思恩格斯选集》第 2 卷,人民出版社,1995 年版,第 610 页。

成包括农民的政治权利、经济权利和社会权利。① 或者说包括经济收益权、社会管理权、社会福利权以及政治权利。具体说，要认真确立农民的下述几项基本权利：农民的土地财产权；农民平等的公民身份权利；农民的经营自主权利，以及为发展经济而自主组织的权利；民主选举权利。② 第二种观点认为农民权利是与城市居民权利相对应的一种权利分类。其权利主要可分作为职业农民的土地权利和作为身份农民的平等权利两大类。③ 第三种观点认为农民权利主要是指农民作为权利主体的利益，即农民的实体权利和诉讼权利。④ 第四种观点是认为农民权利涉及农民的应有权利、法定权利和现有权利，即农民享有人权意义上的应受到平等对待的权利，农民作为公民享有的权利和作为弱势群体应受到重视的权利。人权层面上应受到平等对待和尊重的权利；农民作为公民应享有的

---

① 参见刘云升、任广浩：《农民权利及其法律保障问题研究》，中国社会科学出版社，2004年版，第6、12页；这方面的论文参见，陈洪连：《当前农民权利缺位与失衡的现状分析及对策思考》，《宁夏社会科学》，2005年第5期；程宗璋：《我国现代化进程中农民权利及保护机制综述》，《中国农业大学学报》，2003年第2期；张屹山、齐红倩：《"三农"问题与农民权利研究》，《学习与探索》，2005年第2期；崔连香：《农民权利与社会公正》，《内蒙古农业大学学报（社会科学版）》，2006年第1期；吴静波、吴春庚：《论我国农民权利的缺失及其保障》，《华东经济管理》，2005年第7期；陈永梅：《中国农民的权利贫困分析》，《湖北经济学报》，2005年第2期；陈峰、杨俊：《农民权利保障问题探析》，《中共青岛市委党校、青岛行政学院学报》，2006年第5期；韩树军等：《农民权利的宪法保护》，《当代经济管理》，2006年第1期；张英洪：《当代中国农民与经济、社会、文化权利》，《湖南公安高等专科学校学报》，2005年第3期；高新军：《保护农民权益，须厘清农民的权利体系》，《中国合作经济》，2011年第7期；任政：《试论十六大以来农民权利的实现》，《重庆科技学院学报（社会科学版）》，2010年第19期；吴兴国、兰松：《略论农民权利的性质和表征——兼及实现农民权利的路径选择》，《安徽农业大学学报（社会科学版）》，2009年第1期；季建业：《农民权利保障与新农村建设》，《法学家》，2007年第1期；林兴初：《公正视野中的农民权利》，《理论与改革》，2007年第2期；张屹山、齐红倩：《"三农"问题与农民权利研究》，《学习与探索》，2005年第2期；洪朝辉：《论中国农民土地财产权利的贫困》，《当代中国研究》，2004年第1期。

② 王克勤：《以确立农民平等权利为核心改造中国农村社会——访中国社会科学院研究员党国英》，《中国经济时报》，2002年11月08日。

③ 这方面论文参见，邢乐勤、刘涛：《论农民的权利缺失与保护》，《浙江工业大学学报（社会科学版）》，2011年第3期；李春海：《解决"三农"问题的关键：构建农民权利保障机制》，《理论界》，2006年第5期；姚梅娟、王志永：《农民权利缺失的理性思考——乡土社会中的法律缺位和法律恐惧》，《兰州学刊》，2005年第4期；郭哲：《农民权利保护与权利救济的人本发展观视角》，《求索》，2006年第9期；钟丽娟：《农民权利保障的法律思考》，《理论学刊》，2003年第2期。

④ 这方面的论文参见贾静：《中国农民权利保护途径及成因分析》，《世界农业》，2008年第11期；邢亮：《农民权利缺失的宪政分析》，《马克思主义与现实》，2006年第5期；杨帆：《浅析农民权利保护之实现》，《农业经济》，2011年第3期；黄小虎：《关键在转变政府职能——依法保障农民土地财产权益之我见》，《中国土地》，2003年第2期；冯兴元：《论农民权益保护》，《中国经济时报》，2003年6月17日；王方玉、杨春福：《中国农民权利保护途径及其成因分析》，《南京社会科学》，2003年第3期。

基本权利即政治权利、经济、社会和文化权利;以及农民作为弱势群体应受到特别重视的权利即发展权和环境权。从性质上看,农民权利是一种群体权利、类人权。[①] 可见,对于我国的广大农民来说在拥有这些最基本人权的基础上,根据我国宪法的规定,还享有充分的参政权、迁徙自由权、结社权、就业权、受教育权、社会保障权、自由选择身份权、空间权、文化权等诸多权利。

在政治意识中最基础的当属权利意识。权利意识强调社会生活秩序的法律化、制度化。理论界对于农民权利意识的研究,主要有以下几种方法和思路:一是从农民的权利认知、农民的权利环境、农民的维权行为三个维度来分析农民的权利意识。[②] 二是着眼于利益体验维度来考量农民权利意识。[③] 三是从生存伦理(刺激—反应)角度来考量失地农民权利意识。[④]总之,基于上述理论分析,本书农民权利意识主要指平等权意识(包括地权平等、社会保障平等权以及空间平等权)和自由权意识(主要指迁徙自由权),是农民对上述主要权利的认知、理解和态度,以及实现方式的选择和维权方式选择的心理反应。

(2)农民的民主意识

民主意识是中国人清末从西方引进的观念。民主一词,源于希腊文,是由人民和权力组合而成,意为人民主权,强调国家、政府权力,应该掌握在人民手中。所以"民主"总是和"权力"、"统治"紧密联系着的。历史上有原始公社时期不带政治性质的"原始的自然产生的民主制",即只有社会性的民主。随着生产力的发展,资产阶级提出了"民主"、"自由"、"平等"的口号,为民主赋予了较深层次的内涵。马克思主义的民主观告诉我们:第一,民主的发生发展同社会生产力的发展、经济制度的演变和阶级斗争的发展紧密联系在一起,没有超阶级、超历史的民主。第二,民主作为一定阶级统治形式即国家形式,是一定经济制度的上层建筑。它由经济基础决定,并为它服务。第三,历史上民主制度的发展和不同民主制度的更替,依赖于社会历史的进步;任何一种民主制度的建立、发展和完善,又

---

①　参见王佳慧:《当代中国农民权利保护的法理》,吉林大学博士学位论文,2007年。
②　阙祥才、种道平:《农村土地流转中的农民权利意识研究》,《湖北社会科学》,2005年第6期。
③　参见郑磊:《论农民的权利意识——从利益体验角度的初步审视》,《浙江社会科学》,2003年第6期;张学亮、杨军:《关于提高农民权利意识的思考》,《湖南公安高等专科学校学报》,2006年第3期。
④　李斌、连宏萍:《征地政策转型与失地农民权利意识的发展》,《新疆社会科学》,2008年第2期。

都依赖于一定的经济文化条件和政治形势。①

民主意识是政治意识的一种，包括对自身民主权利、义务的认识，以及对社会政治生活中自我价值、自我人格的评判，并由此产生的政治情感和民主心理及民主思想体系。它是人们对社会的经济、政治制度以及自己的社会地位的反映。社会主义民主意识是广大人民群众在正确认识社会主义经济、政治制度的基础上，对自己的主人翁地位以及与之相适应的权利和义务的正确反映。一般来说，民主意识包括平等意识、主人意识、参与意识和竞争意识以及民主与法制相统一的意识。其核心内容是平等、自由、参与的观念，从这个意义上来说，民主意识与权利意识是一致的。

在人类历史发展长河中，民主意识是被压迫者或进步阶级反抗压迫的旗帜，推进了社会的发展。与此同时，民主意识也逐步推进个人的解放：一方面，民主意识强调人格独立，荡涤了历史上人身依附的观点。另一方面，民主意识使人们有了权利感和义务感，努力运用自己的政治权利、经济权利、生活权利，捍卫自己应有的利益和尊严。同时也明了自己应尽的义务。这就极大地调动了个人的积极性，使个人潜力充分发挥出来。另外，民主意识更重要的是强调在法律面前人人平等。② 民主意识的强弱，不仅关系到个人权利，而且涉及民族大业，它是民族智慧和创造力的源泉，是深化改革，加快社会主义市场经济体制建设的动力源泉，是社会主义民主政治发展的助推器。

农民民主意识主要是指农民为主张民主权利，保护合法利益而提出的自己当家做主、管理国家、集体和公共事务的思想主张。依据民主意识的基本要义以及结合村民自治强调的民主选举、民主决策、民主管理、民主监督等中国共产党关于人民民主权利内容的概括，农民的民主意识至少应包括以下几方面内容：农民的主体意识、农民的权利意识、农民的参与意识、农民的法治意识以及农民的

---

① 参见李绍德：《谈谈民主意识和法制意识问题》，《云南师范大学学报（哲学社会科学版）》，1990年第1期。

② 厉复魁、吕雅范：《中国的民本思想与民主意识》，《长白学刊》，1998年第5期。

监督意识。[①] 按照杨海蛟先生的观点,如果要从实际来量化我国农村民主的真正含义,可以量化为 5 个主要向度,即参与村长、支书的选举;对村务的监督;自由上访;罢免村长和支书;被选举权的行使等。[②] 对农民而言,最有进步意义的首先是政治参与意识,它是农民政治权利得以实现的重要方式,反映着农民在政治生活中的地位、作用和选择范围。

（三）农民政治意识的指标体系

基于上述分析,根据农民政治意识的内容来看,我们可以勾勒出农民政治意识的指标体系,作为本论文分析农民政治意识的基本框架。

表 2.1　农民政治意识分析指标体系

项目	一级指标		二级指标	三级指标	四级指标
农民政治意识	农民国家意识	农民对国家层面即政治体系的认知、情感和态度	农民的政治信仰认同意识	国家认同意识	
				民族认同意识	
				政党认同意识	
	农民公民意识	农民对自身作为公民层面的认知、情感和态度	农民权利意识	平等权意识	农民的土地权利平等意识
					农民的空间权利平等意识
					农民的社会保障权利平等意识
				自由权意识	农民的自由迁徙权利意识
				权利保护意识	法律意识、权利救济意识等
			农民民主意识	政治参与意识（核心）	参与村长、支书的选举和罢免意识;对村务的监督意识;自由上访意识;行使被选举权意识等

资料来源:作者自绘

---

① 具体参见文小勇、夏群娜:《社会转型过程中农民民主意识分析——江西省遂川县基层民主建设调查报告》,《江西师范大学学报(哲学社会科学版)》,2002 年第 3 期;尹德志、顾航宇:《社会主义初级阶段中国农民民主意识的现状分析及对策研究》,《西南民族大学学报(人文社科版)》,2004 年第 9 期;崔朝阳、董琼华:《村民自治背景下国家与农民民主意识分析》,《聊城大学学报(社会科学版)》,2005 年第 3 期;张丽超、皮海峰:《我国农民民主意识的现状及其制约因素分析》,《长江大学学报(社会科学版)》,2006 年第 2 期;冀恩科:《村民自治与农民民主意识培育》,《社会科学论坛》,2006 年第 11 期。

② 参见杨海蛟:《农民民主意识》,《政治学研究》,1993 年第 1 期。

三、农民政治意识的特征及功能

（一）农民政治意识的特征

1. 自发性和直接感受性

农民政治意识是政治心理的一种,农民政治意识是农民作为政治主体对一定社会政治现象自发产生的、感性的、非系统的、非定型的主观反映形式,具体表现为政治认知、政治情感、政治意向、政治意志、政治个性等。因此,自发性和直接感受性是农民政治意识的一个显著特征。

2. 动态性或不稳定性

农民政治意识是在政治过程中自发形成的,以感性与情绪的因素为主,能极敏感地反映社会政治过程中的细微变化,并且随政治的发展而变化。不同农民在智力、文化、心理、机遇及所处生活环境等方面的差异,必然使他们政治意识在更新过程中出现时间上的不同步及方向上的不一致。随着农民政治阅历和政治视野的变化,农民关于政治的意识也会发生变化。这种动态性特点使得我们在研究农民政治意识影响农村发展目标方面存在较大的不确定性。

3. 社会历史性

农民政治意识是人们对社会存在的一种反映,受一定社会存在的制约。由于经济、政治、文化、传统习惯等因素的差异,不同社会、国家、民族和阶级的人们对于同一政治现象的反映存在着许多差异;即使是同一国家、民族或阶级,由于社会历史条件的变化,对于不同时期类同的政治现象也会有不同的反映。

（二）农民政治意识的功能

1. 引导和规范的功能

农民政治意识是直接反映社会政治生活的感性认识,是形成理论化的社会政治思想的重要基础。恩格斯指出,"外部世界对人的影响表现在人的头脑中,反映在人的头脑中,成为感觉、思想、动机、意志,总之,成为'理想的意图',并且以这种形态变成'理想的力量'"[1]。这表明,心理是外部世界与人之间的作用力

---

[1] 《马克思恩格斯选集》第 4 卷,人民出版社,1995 年版,第 232 页。

（即刺激）和反作用力（行为）的中介。在社会政治生活中，任何政治行为均要受到一定政治意识的影响和支配，极大地影响着人们参与政治行为的内容、方向和方式。因此，一方面，政治体系除了在发生过程中必须以政治意识与其他社会意识为依托外，在发挥理论引导作用的过程中，也必须通过相应的政治意识形成人们的政治动机、政治态度、政治热情、政治信念，才能更广泛地直接作用于人的政治行为。另一方面，通过对农民政治意识的教育和整合，激发和培养农民的民主意识和参政意识，约束农民的政治行为，提高农民参与国家事务和社会生活的积极性和政治责任感，使农民以主人翁的态度投身到国家政治生活中去，为农村和谐有序发展注入强大的精神动力。

2. 预警和调控的功能

农民政治意识支配着农民自身的政治行为，影响着其对现实政治制度、政治组织、政治事件的态度和看法。农民政治意识通过农民的情绪、公共舆论等表现出来，从而为一定社会的统治阶级制定路线与政策以及采取政治措施提供重要的社会意识依据。同时，它对社会政治生活有预告作用，即依据政治意识的内容和表现，使人不仅能判断它所反映的客体的情况，而且可以判断主体的状况，包括主体在政治上与精神上的健康状况。社会的统治阶级可以利用农民政治意识促进政治认同，稳定社会情绪、维护政治安定；也可采取一定措施引导与调适农民政治意识，防止农民政治意识的消极作用，克服其阻滞政治认同、抗逆社会要求的倾向。通过对农民政治意识的正确引导，可以廓清农民对国家政治生活的误解，提高农民对国家政治制度、政治决策、政治组织的信任感、认同感和支持度，为农村政治发展的实现奠定理论和心理基础。

3. 学习与创新功能

列宁曾说，"人的意识不仅反映客观世界，并且创造客观世界"[①]。农民政治意识具有明显的学习和创新功能，突出表现为农民政治意识在被动学习中逐渐变为主动学习，并在主动学习中不断创造出新观念，以及在新观念指导下改造世界，创造新的社会状态。农民政治意识在真实地反映社会存在的同时，还创造出现实中并不存在或不如此存在的事物的观念形态，这是农民政治意识内容上的

---

① 《列宁专题文集·论辩证唯物主义和历史唯物主义》，人民出版社，2009年版，第138页。

创新。这种状况一方面促进了农民对政治体系的认同度强弱变化,另一方面也促进了农民对公民意识的认同强化。在一般条件下,农民的社会公民身份通过政治体系提供建立在法律和其他形式权利的基础上社会成员身份的规范性手段而成为社会整合的条件,行为体根据有意义的他者对待自己的方式作出相应的反应,这种反应同时又加强了习得的身份和利益,并根据这种反应制定不同的行为模式,[①]通过社会习得、模仿或其他类似的过程,将决定行为的因素从个体到个体,或者说从一代人到另一代人的传播,[②]并且进一步强化对政治体系的认同;但另一方面,农民与政治体系之间通过一种"反射评价"或者"镜式反映"来实现互动,农民的公民身份为农民提供了许多促进社会冲突和社会斗争的条件,而往往产生这些冲突和斗争的根本原因都是由于农民作为公民身份所应该享有的社会权利没有得到满足。因此,在现实政治实践中,政治体系要提升农民政治意识水平,利用农民政治意识的学习和创新功能,促进农民政治意识的正向学习和正向创新,实现农民政治意识的现代化,为农村和谐有序发展提供人的基础。

---

① 〔美〕亚历山大·温特:《国际政治的社会理论》,秦亚青译,上海世纪出版社集团,2008 年版,第 318 页。

② 〔美〕亚历山大·温特:《国际政治的社会理论》,秦亚青译,上海世纪出版社集团,2008 年版,第 320 页。

第三章 农民政治意识分析的理论基础

无论是马克思主义经典作家还是中国马克思主义者都高度关注农民思想意识，高度重视农民的最终解放。通过对马克思主义改造农民意识理论及其主要观点的梳理和阐述为全书的理论与实证研究提供理论指导。农民政治意识有其自身发展的逻辑，对农民政治意识的解读归根到底就是分析农民与国家、社会之间的关系，尤其是农民与国家的关系，农民与国家关系互动是按照身份、观念与行为的逻辑来运作的，在农民与国家、社会之间的观念建构与互动博弈中，其最终结果或者说评价依据只能是共识—秩序—目标标准，即农民对国家是否达成了政治共识，是否促成了稳定政治秩序的建立，是否实现了农村和谐有序发展的最终目标。农民政治意识分析的理论关注焦点包括马克思主义改造农民意识理论、社会存在决定社会意识理论、国家认同与公民权认同理论、现代化及现代政治人理论、建构主义理论以及农民政治意识的目标定位等。

一、马克思主义改造农民意识理论

马克思、恩格斯关于农民的基本观点是围绕着小农意识、农民的解放这个价值关怀展开研究的，[①]马克思、恩格斯集中论证小农的阶级特性、经济特性以及思想特性，从阶级特性来看，小农是一盘散沙，缺乏

---

① 参见何增科:《马克思、恩格斯关于农业和农民问题的基本观点述要》,《马克思主义与现实》,2005 年第 5 期。

组织纪律性;从经济特性来说,小土地所有制是小农经济所追求的基本目标;从思想特性来看,缺乏现代社会的集体意识以及民主自由意识;因此,在马克思、恩格斯的思想中,农民并不代表先进生产力。由于农民的态度有时会对斗争能否胜利起着相当大的作用,因此无产阶级及其政党应该区分不同历史情况和斗争形势,以此决定对农民的态度。毛泽东借鉴经典作家们的思想,结合中国农民所具有的落后的思想和小农经济意识的根本特点,提出了"严重的问题是教育农民"的重要思想,指明了从政治上解决农民的落后思想意识,通过经济手段,走互助合作化道路,把农民组织起来走集体化道路,从经济上消除农民落后思想的改造途径和方法,以便实现农民的最终解放的重要思路。邓小平、江泽民、胡锦涛、习近平紧紧依靠马克思经典作家关于农民问题的理论以及毛泽东同志对中国农民问题的深刻认识,提出了一系列关于新时期正确处理农民思想意识问题的重要的理论观点,对于新时期认识农民问题具有重要的理论指导意义和实践意义。无论是马克思主义经典作家还是中国马克思主义者都告诫我们要高度重视农民意识问题,既要充分调动农民意识的积极因素,尊重农民利益,保护农民权利,给予农民自主权,从而实现农民阶层的现代化;又要克服农民意识的消极和落后的因素,用无产阶级思想改造农民意识,从而实现农民思想意识的现代化。

二、社会存在决定社会意识理论

马克思主义认为:"思想、观念、意识的生产最初是直接与人们的物质活动,与人们的物质交往,与现实生活的语言交织在一起的。人们的想象、思维、精神交往在这里还是人们物质行动的直接产物。表现在某一民族的政治、法律、道德、宗教、形而上学等的语言中的精神生产也是这样……意识在任何时候都只能是被意识到了的存在,而人们的存在就是他们的现实生活过程。"[①]"物质生活的生产方式制约着整个社会生活、政治生活和精神生活的过程。不是人们的意识决定着人们的存在,相反,是人们的社会存在决定人们的意识。"[②]马克思主义关于社会存在决定社会意识的原理成为我们研究农民政治意识的理论基点。

---

① 《马克思恩格斯选集》第 1 卷,人民出版社,1995 年版,第 72 页。
② 《马克思恩格斯选集》第 2 卷,人民出版社,1995 年版,第 32 页。

　　这里可以看出：第一，意识并不是独立于存在之外，也不存在某种"纯粹的"、"彼岸的"形式之外。第二，意识的内容不仅仅是一种心理活动，更重要的在于意识的"物质性"，即决定意识的实际的、活生生的过程，以及这种决定性过程借以进行的方式。第三，还必须把握意识的多种形式和意识的能动作用的具体体现。可见，农民政治意识的形成和发展要受到其本身的特定传统和其他形式的社会意识（比如道德意识、宗教意识等）的影响。但是，归根到底，农民政治意识是由社会基础即社会经济结构所决定的。也就是说，社会物质生活条件决定了农民政治意识的内容和走向。农民政治意识既不是自发产生的意识形成的，也不是政治现实自然而然地造就的，而是孕育在政治活动中，一种积极而有目的的主客观相互作用的辩证统一。农民政治意识既表现为一种由政治关系体系形成的客体，又表现为主体的创造性活动得以进行的知识条件。也就是说，农民政治意识是由实际政治关系的客观本质所决定的。当然，农民政治意识也会随着人们的生活条件、人们的社会关系、人们的社会存在的改变而改变。正如马克思所说，"人们的观念、观点和概念，一句话，人们的意识，随着人们的生活条件、人们的社会关系、人们的社会存在的改变而改变"①。另一方面，社会存在虽然决定并制约着农民政治意识的产生及其功能，但是，政治意识并非消极的，精神活动会在相应的机构、组织和客体中找到其化身，从而变成物质，在社会政治结构中形成政治关系和政治存在的一个重要部分。

　　因此，对农民进行真正的政治教育，一方面要关注农民政治意识变化，更重要的是要分析影响变化的深层次的物质原因，另一方面，根据意识反作用的原理，我们要改变农民原有的社会心理目标，创立新的社会心理目标，最终实现农民政治意识现代化，这是一项复杂的、能动的、充满矛盾的长期过程。社会经济和政治发展水平越高，对于农民政治意识和政治文化的要求就越高，而农民政治意识的现代化程度高低直接关系到农村有序发展目标的实现，在某种意义上也决定了农村和谐有序发展的基本路向。

---

　　①　《马克思恩格斯选集》第 1 卷，人民出版社，1995 年版，第 291 页。

三、国家认同与公民权认同理论

如前所述,农民政治意识说到底是一种文化、是一种心理,是对政治体系的认知、情感和态度,本质上是探讨农民与国家的关系,这成为我们研究和解读农民政治意识的理论内核。农民与国家的关系,实际是个体与共同体的关系,[①]涉及农民与国家、民族和政党的关系,亦即农民政治信仰观问题。政治信仰观主要从国家认同意识、民族认同意识和政党认同意识来分析的。所谓国家认同意识就是对国家行为主体这个政治共同体逐渐形成的认知、情感和态度,是人们观察和分析政治现象和政治问题的基本出发点。所谓民族认同意识是人们民族共同体的内在规定性的认知、情感和态度。政党认同意识就是对政党及政治派别的看法。政党是现代政治生活发展的必然结果,是资本主义生产关系和阶级斗争的必然产物。按照马克思主义的观点,政党是一个阶级、阶层和社会集团为执掌国家政权,影响政府决策,以实现各自的根本利益,推动社会政治发展而建立的高度职能化的社会性政治实体。[②] 对国家民族的认同感,是一种视自己为本国和本民族成员的归属感和亲合感,民族情感和认同是非常具有活力的,在危急关头,如被政治诉求激活,产生民族向心力与凝聚力,民族团结往往更加紧密。当今,农民占中国人口的大多数,他们对社会主义的信仰和认同状况直接关系到社会主义事业的兴衰成败,为社会主义制度提供稳定的基础。广大农民对本国制度的合理性与政权的合法性有广泛的认同感,这样才会赞成、接受、拥护、支持现存制度和政权。没有农民对执政党权威与政府合法性的广泛认同,就没有执政党地位、政府以及政局的稳定。总之,没有社会政治信仰心理的稳定,就没有真正的社会政治稳定。

由于公民社会的兴起,公民权的关注,农民政治意识还必须涉及农民作为公民本身以及农民与公民社会之间的关系。我们知道,公民权是构成现代国家认同的关键所在。菲利克斯·格罗斯指出:"公民权创造了一种新的认同,一种与

---

① 褚松燕:《个体与共同体——公民资格的演变及其意义》,中国社会科学出版社,2003 年版,第 155—178 页。

② 李元书:《政治发展导论》,商务印书馆,2001 年版,第 429 页。

族属意识、族籍身份分离的政治认同,它是多元文化的一把政治保护伞。……它提供了一种将种族上的亲族认同(文化民族)与和国家相联系的政治认同(国家民族)相分离的方法,一种把政治认同从亲族关系转向政治地域关系的途径。"①在现代国家,联结个体与国家关系的核心纽带是公民权(公民身份或公民资格)或者说是公民社会。作为公民身份必须关注:(1)社会权利与义务的内容;(2)这种权利和义务的类型与形式;(3)导致形成这些实践的各种社会力量;(4)各种各样的制度安排,它们导致利益在不同社会部门之间的分配。② 而就国家、社会、农民三者之间的关系来说,J. S. 米格戴尔的"国家的社会嵌入与互动论"分析范式为我们进一步解读农民的政治意识提供了理论支撑,该理论认为,国家嵌入于社会当中,并与社会发生互动,而且两者处于一种相互转换过程之中。国家结构本身作为社会组织,需要通过对之解构加以分析,即通过分解为各个政府级次、各个政策领域和各个国家部门来分析。根据"国家的社会嵌入与互动论"可以推断,个人、公民社会和国家的分界是通过互动内生产生的,是相互转变的,不是一成不变的。③ 也就是说,农民(私人领域或称个人权利域)、公民社会、政治体系的形成是通过互动内生而成的,这就表明农民(私人领域)、社会和政府三者之间往往存在着较量推拉关系。农民(私人领域)和公民社会的形成和维护能够促成政治体系,从而达致多赢格局。④ 可见,研究农民政治意识本质上是寻求农民对现代国家的国家认同,但这种认同并非传统的王朝认同或"族裔认同"而是现代的"公民认同",即主要由国民对国家政权、国家的宪法和法制以及平等的公民权利的重视与认同来实现。通过这种认同互动,必然会能动地外化为某种政治力量,改造客观政治世界,最终成为推动农村政治的进步与农村社会发展的动力。

① 参见[美]格罗斯:《公民与国家》,新华出版社,2003年版,第32页。
② [英]布莱恩·特纳:《公民身份与社会理论》,郭忠华、蒋红军译,吉林出版集团,2007年版,第3页。
③ Joel Samuel Migdal, Atul Kohli, Vivienne Shue. *State Power and Social Forces : Domination and Transformation in the Third World*. Cambridge University Press. 1994:1029—1031.
④ 冯兴元:《农民权益保护:一种"国家的社会嵌入与互动论"和立宪分析》,http://www.china-review.com/gao.asp? id=10650。

四、建构主义理论

既然农民—国家—社会的关系是解读农民政治意识的理论内核,那么,三者之间尤其是农民与国家之间是如何互动和博弈的呢?换句话来说,农民政治意识是如何建构农民政治行为从而影响农村发展的呢?这里,亚历山大·温特的"身份—观念—行为"建构主义理论分析范式为我们理解农民政治意识建构政治行为提供了一个解析框架。

该理论认为规范、观念、制度、文化是人类在长期的历史发展过程中建构起来的,观念的存在是不容忽视的重要因素,观念是共有知识,即行为体共同持有的关于某一事物的看法,也可以称为文化。具体的文化状态,如规范、规则、制度、习俗、意识形态、习惯法律等,都是由共同知识建构而成的。[①] 身份的类型分为四种,即:个人或团体身份、类属身份、角色身份和集体身份,[②]而身份的形成受三种因素的影响:结构背景、体系进程和战略行为。结构背景起着框架性的作用,体系进程是指相互依存的进程和共有威胁的存在,战略行为指行为体在行为上和言语上的互动。在结构背景的框架中,通过外部体系进程和内部行为体战略行为的互动努力,它们共同促成了行为体身份的形成。温特也给出了一个行为体相遇时,行为体身份和利益所呈现的状态:第一情节,自我根据对情景的预设定义开始采取某种行动;第二情节,他者思考自我采取的行动的意义;第三情节,他者根据自己对情景的新的定义,开始采取行动;第四情节,自我解读他者行为,准备作出回应。[③] 在这个不断互动的过程中,行为者把原来自己所独占的知识分配变成一种共有知识的分配状态。在结构产生之后,行为体之间就会在这一文化背景下进行不断地互动,一方面使身份不断得以造就和再造;另一方面又会不断使文化得到巩固和加强。温特认为,任何内化文化的结构都是与一种集

① [美]亚历山大·温特:《国际政治的社会理论》,秦亚青译,上海世纪出版社集团,2008 年版,第11 页。

② [美]亚历山大·温特:《国际政治的社会理论》,秦亚青译,上海世纪出版社集团,2008 年版,第220 页。

③ [美]亚历山大·温特:《国际政治的社会理论》,秦亚青译,上海世纪出版社集团,2008 年版,第322—323 页。

体身份联系在一起的。集体身份是对自我和他者的认同,是一种认知过程,需要重新界定自我和他者的界限,将他者纳入到自己的认知领域之内。① 温特建立一种集体身份形成的简单因果理论,包括四个"主"变量,即:相互依存、共同命运、同质性和自我约束。② 每一个变量都可以有多种实现方式,当多种实现途径集体再现到一个定点时,新的结构便可以产生。

观念引导行为,行为产生结果。农民政治意识基本按照这一逻辑思路来建构农民政治行为。随着农村经济社会的发展,农民收入大幅提高,农民生活水平和质量已实现了本质性飞跃,农民政治意识变迁呈现出多维性,农民政治意识是在过去和现在的社会、经济和政治过程中形成的种种观念。农民在过去的经历中形成的态度类型对未来的政治行为有着重要的作用,因此农民政治意识影响着政治体系中每一个政治角色的行为,农民的国家意识影响着农民政治稳定,农民的公民意识影响着农村的政治整合,农民政治意识影响着政治生活中所有正在发生的活动,构成这些活动的基础。特别是在当前整个中国社会发生深刻变革的大背景下,农村社会各个阶层的政治、经济利益诉求日益强烈,社会分化明显加剧,各种社会矛盾显性化,农村加快发展面临着诸多问题。如何引导农民政治意识良性发展,克服农村发展的"无序"状态,将农村发展纳入"有序"的轨道,需要认真理顺身份、观念、行为之间的关系,是解决上述问题的一个值得重视的思路。同时,政治体系的运行过程也影响着政治意识的形成和变化。政府的态度,它所提供的信息、教育、宣传从未被设计来削弱大众的支持与忠诚。国家的每一件事都为公民所关注,许多行为都明确地向公众解释或展示了政府的态度。不过,政府控制农民政治态度的能力是有限的,因为几乎所有的信息和经验都要通过与亲属、伙伴等小群体的谈话,用他们自己的兴趣或既定的态度来解释,才能到达个人。在与社会分离的异化群体中,通常是家庭和共同体的"社会化"使他们的孩子不喜欢政府,无论政府在相反方向作出多大的努力。③ 在一个政治

---

① ［美］亚历山大·温特:《国际政治的社会理论》,秦亚青译,上海世纪出版社集团,2008 年版,第328 页。

② ［美］亚历山大·温特:《国际政治的社会理论》,秦亚青译,上海世纪出版社集团,2008 年版,第334 页。

③ ［美］迈克尔·罗斯金等:《政治科学》,华夏出版社,2001 年版。

体系中,农民始终是一个重要的决定力量。可见,政治体系必须以包容性发展理念,从农民政治意识变迁切入,关注农民身份与国家身份的互动,以及农民对国家认同观念的习得、模仿和内化,要高度关注农民的国家意识和公民意识的培养和生成,高度关注政治社会化,建立新型农村社会治理方式,争取最终获得农民对其制度的内心认同,有效激发社会活力、增加和谐因素、减少不和谐因素,化解各种政治风险,从而最终实现农村社会安定和谐有序的发展。

五、现代化及现代政治人理论

农村社会进步从政治层面来看,既表现为农民政治意识的现代化,更表现为农民政治稳定。现代化是一个多层面的过程,既包括生产方式的转变或工艺技术的进步,也包括一个民族历史变迁中经济、社会、政治、文化各层面在内的文明结构的全方位转型和重新塑造。从心理的层面讲,现代化涉及价值观念、态度和期望方面的根本性转变,这就是意识的现代化。用勒纳的话说,持现代观念的人,有一种能适应所处环境变化的"转换性人格"。它意味着人们在态度、价值观和期望等方面与传统社会的人们分道扬镳,并向现代社会的人们看齐。这些变化要求人们把自己对具体和与己直接相关的集团——家庭、宗族和村社——的忠诚及认同扩展成为对更大和更抽象的集团的忠诚。随着这种忠诚范围的扩大,人们就会愈益依靠具有普遍性而非个别性的价值观,衡量个人的标准是其成就,而非其地位。①

亚历克斯·英格尔斯提出了衡量"现代政治人"的九大标准:(1)现代人准备经受新的政治经历,比他的传统先辈更愿接受政治革新和改革。(2)他喜欢对不仅是他周围环境中而且还有环境以外所发生的数量众多的问题形成或持有政治看法。他在政治上也更为容忍。他更意识到他周围的态度和观点是五花八门的。他可以毫不担忧地承认这些差异,不需要专制地或按等级制度对待这类差异。他既不机械地接受在权力等级中高于他的那些人的意见,也不机械地拒绝低于他的那些人的意见。(3)他倾向于现在或将来,而不是过去。时间是不应浪

---

① [美]塞缪尔·亨廷顿:《变化社会中的政治秩序》,王冠华、刘为等译,沈宗美校,上海人民出版社,2008年版,第25—26页。

费的资源。(4)他倾向于并参与政治规划和组织,认为这是处理生活的一种方式。(5)他认为,人可以学会支配他的环境,以推进他的目的和目标,而不是受环境的支配。(6)他更为确信,他的世界可以依赖,可以期待他周围的其他人和政治机构履行他们的义务和责任。命运或一时的奇想并不支配行为。(7)他更意识到别人的尊严,更愿意对别人表示尊重。(8)他更相信科学和技术。(9)他相信分配正义,这就是应该根据贡献,而不是根据一致的奇想或个人的特点。① 根据英格尔斯,农民政治意识现代化程度的评价标准可以这样来表述:政治上是否积极、专注和有理性。具体来说,是否超越狭隘和原始观点的领导人和组织认同,并效忠于他们;是否对公共事务感兴趣并熟知其情;是否积极参加政治;是否了解可以认识的政治和政府进程,并持肯定态度;是否接受合理的规则和章程结构并认为是可取的等。这一标准也成为区别传统农民政治意识与现代农民意识的分水岭。

从农民政治意识现代化来看,改革开放以来,由于改革开放和社会主义市场经济的确立,极大了解放了社会生产力,农村经济保持了长期高速增长,农村居民的生活水平有了极大提升。与此同时,中国农民政治生活发生了新的变化,尤其是实行村民自治制度以来,村民逐渐认识政治参与的重要性,由原来的"事不关己"转变到现在"政治参与",通过政治参与来表达意愿,进行民主管理和民主监督,影响政府的政治决策、政策制定、制度变迁,以争取、实现和维护自己的利益。农民政治意识的发展一方面促进政治稳定,另一方面,现存政治体系不能满足随着农民自我意识的唤醒后对政治体系的期待值和需求水平,从而导致社会挫折感,引起社会政治动荡,带来政治不稳定。因为,"现代性产生稳定性,而现代化却产生不稳定性"②。可见,农民政治意识现代化发展也具有双刃剑的作用。因此,要实现农村的可持续进步,政治体系就必须以包容的思路,"吸收农民参加政治体系的方式,能够决定今后的政治发展方向。……在一个政治意识和政治参与不断扩大的体系内,农民阶级则变成了关键性的集团"③,进一步创新

① 〔美〕格林斯坦、波尔斯比:《政治学手册精选》下卷,储复耘译,王沪宁校,商务印书馆,1996年版,第181—182页。

② 〔美〕塞缪尔·亨廷顿:《变动社会的政治秩序》,上海译文出版社,1989年版,第45页。

③ 〔美〕塞缪尔·亨廷顿:《变动社会的政治秩序》,上海译文出版社,1989年版,第137页。

农村有序发展机制,提高农村治理的科学化水平,增强农村社会的整合程度,从而推进农村社会进步。

六、共识 — 秩序 — 目标:农民政治意识分析的目标价值

如前所述,农民政治意识借助身份—观念—利益的内在逻辑及各种方式帮助农民对政治统治体系形成正确的认识,进而形成情感心理的认同,在正确认识、情感认同的基础上,政治意识帮助农民对政治统治作出正确的评价从而形成一种政治秩序的稳定,最终促进农民和谐有序发展目标的实现。这三个方面的作用效果综合起来,最终在农民的政治行为中体现出来,即形成自觉的内心认同感和行为上的一致性。判断农民政治意识水平高低的根本标准就是"三个有利于",即是否有利于促进政治共识的达成,是否有利于促进稳定政治秩序的建立,是否有利于和谐有序发展目标的实现。

从第一层面来看,农民对政治统治体系形成正确的认识,进而形成情感心理的认同,这就是达成政治共识,也就完成了农民政治意识的第一层级任务。政治共识就是以非暴力方式解决社会问题,特别是利益分配问题。因此,人们认为,"共识通常被视为政治的真正要义。因为政治至少在某种意义上是一种特殊的解决冲突的非暴力方式"。正如有人所说:"社会的统一建立在对该政治观念的共识基础之上;而只有达成共识的各种学说得到政治上积极行动的社会公民的确认,而正义要求与公民的根本利益又没有太大冲突的时候,稳定才有可能。"[1]唯有政治理念与公民的利益没有太大冲突,公民才有可能达成共识,才有可能实现稳定[2]。

从第二层面来看,农民政治共识一旦形成,它就会转化为某种有效的政治力量,变成政治进程中的一个组成部分,这种力量就体现在农民政治共识能激起农民积极有效的政治行为,固定化为一种行为规范,支配人们对政治行为目标和政治行为方式的选择,时时处处指导着人们的政治行为,促进稳定政治秩序的建立,也就完成了农民政治意识的第二层级任务。在当前中国农村社会利益分化

---

① [美]约翰·罗尔斯:《政治自由主义》,译林出版社,2000 年版,第 134—135 页。

② 高新民:《政治共识与中国政党制度》,《党政干部论坛》,2009 年第 8 期。

加剧、社会结构转型加速的情况下，加强对农民政治意识的正确引导，寻求农民政治行为的正向发展，防范农村社会的矛盾与冲突向政治的动荡滑行，建立与完善稳定的农村政治秩序，无论从农村来说还是从全国来说，意义重大。

从第三层面来看，农民形成了对政治体系的政治共识，政治体系不断激发和培养农民的民主意识和参政意识，约束农民的政治行为，提高农民参与国家事务和社会生活的积极性和政治责任感，使农民以主人翁的态度投身到国家政治生活中去，农民、社会、国家三者之间不断良性互动，正向博弈，农民、国家、社会在不断地互动和博弈中，寻求一种平衡点，从而形成一种良性循环，最终实现农村社会和谐有序发展的目标。这也就完成了农民政治意识的第三层级任务，也是最高的目标。共识、秩序、目标三者之间既是一个递进关系，也是一个包含关系，在每一个层面实现过程中，都存在其他两个层面的阶段性实现。

第四章　改革开放前中国农民政治意识的
　　　　历史演进

过去是现在的一面镜子。本章从历史发展维度,以农民政治意识觉醒程度,按照传统社会时期农民的政治意识(1840 年以前封建时期)、半殖民地半封建时期农民的政治意识(新旧民主主义革命时期,1840—1949)以及新中国成立后至改革开放前农民的政治意识(1949—1978)三个时期对改革开放前农民政治意识进行历史考察,分析农民政治意识变化的基本轨迹,不仅有助于我们对当前农民政治意识现状的分析和解读,同时也必将对引导农民政治意识有序发展提供有益的启示。

一、传统社会时期农民政治意识的冷漠(1840 年以前封建时期)

在古代中国,社会结构是以家庭为劳动单位的小农经济,以宗法制度、大一统皇权极权专制、官本位制为核心的政治制度规范与社会关系网络,以礼教文化为主体的传统政治文化。这些要素之间有着很强的互动作用,使得中国社会产生超强集合机制。这种社会环境,促使中国的传统政治意识生成、发展、传袭。几千年来,传统政治意识在中国人的头脑中根深蒂固,成为传统文化的一个重要组成部分,同时它又在超稳定的社会结构中起了黏合剂的作用。在这种背景下形成的社会政治意识表现为政治自我意识丧失,等级意识、崇拜权威、顺从依附的臣民意识盛行。这些落后心理在中国农民身上表现尤为突出。

（一）农民没有独立的政治意识

农民缺乏主体意识，自己不能解救自己，把国家的命运和自己的命运寄托在"圣明天子"和"青天老爷"的身上。这是因为在小农经济社会里，农民抵御天灾人祸的能力十分弱小，他们的经济状况决定了"他们不能代表自己，一定要别人来代表他们。他们的代表一定要同时是他们的主宰，是高高站在他们上面的权威，是不受限制的政府权力，这种权力保护他们不受其他阶级侵犯，并从上面赐给他们雨水和阳光。所以，归根到底，小农的政治影响表现为行政权支配社会"①。

小农经济是中国国民丧失自主意识的重要原因，也是君主集权政体产生的温床。君主政体一经形成，又成为超乎社会之上的异己力量，它剥夺了人民的一切权利，将大权集中到朝廷及皇帝个人手中，这又促使了臣民心理的产生。同时，中国传统社会的组织细胞是宗法家庭，宗法制不仅把伦理权力化，导致血缘关系发展成赤裸裸的统治，而且把权力也伦理化了，使得每个个体服从、认可这种统治。在宗法制下，每个家族成员"其人格自我不是小自我，而是家族式大自我，家族的命运就是个人的命运，他们没有个性的自我意识"②。在家国一体的政治构架下，基于对家族及父权的高度认可与依赖，映射皇权的绝对尊严。因此，"中国文化精神在政治方面只有治道，而无政道，君主制，政权在皇帝，治权在士，然而对于无政治法律的内在形态之回应，则皇帝即代表政权，亦是治权之核心"，"中国以前只有吏治，而无政治"③。中国人从来没有近代国家的概念，只有在宗法和地域基础上形成的"天下"概念。中国两千年以来封建专制文化造成了以皇帝为中心的官僚系统的专制，普通老百姓对政治是始终漠不关心④，只有在生活的重压下，他们对现状的自发反抗才会起到政治上的作用。

---

① 《马克思恩格斯选集》第 1 卷，人民出版社，1995 年版，第 678 页。
② 转引自沙莲香主编：《中国民族性》（一），中国人民大学出版社，1989 年版，第 165 页。
③ 牟宗三：《中国文化之特质》，转引自金耀基：《从传统到现代》，广州文化出版社，1989 年版，第 26 页。
④ 金耀基：《从传统到现代》，广州文化出版社，1989 年版，第 26 页。

（二）农民臣民意识根深蒂固与政治冷漠普遍存在

中国传统政治是等级政治，社会主体根据身份、血统、财产和知识等分成不同的等级，成正金字塔形的稳定社会架构。专制主义时代，中国人并没有"公民"争取权利的自觉，只有"子民"的感恩和顺从。儒家所主张的"君君、臣臣、父父、子子"的等级观念已渗透到社会生活的各个领域。这种等级思想的流行所带来的严重后果就是平等意识的丧失以及臣民意识的根深蒂固。作为一种政治意识，臣民心理表现为老百姓接受统治者的专制统治，认可自己地位低贱，没有自觉的政治意识，没有对人权、政治权利的普遍要求。等级观念深入人心，在上下尊卑之间，只允许绝对的专制和绝对的服从，人们对权力既畏惧又崇拜。人民将命运寄托在少数清明的统治者身上，缺乏自救意识。从政是一种身份象征，它是政治人的特权，其他人都置身于政治场之外，最多也只是政治边缘人。因此，政治冷漠主义的出现和普遍就成了必然。"人们对清官越是向往和依赖，人们的政治自主意识和独立人格就越发萎缩，其权威人格就愈牢固，最终作了君主政治的驯服良民。"①在协调人际关系上，强调和为贵，守为高，处处安分守己，时时服从温驯，这导致了农民对政治冷漠、麻木，缺乏积极的参与意识。②

（三）农民具有普遍的平均主义政治信仰

平均主义是小生产者要求平均享有社会一切财富的思想，是农民在长期的生产生活实践中产生的一种朴实的政治理想与信念，它是农民小生产者平等观和价值观的一种反映。平均主义者企图用小型的分散的个体经济的标准来改造世界，幻想把整个社会经济都改造为整齐划一的平均的手工业和小农经济，进而要求消灭一切差别，在各方面实现绝对平均。在长达数千年的封建社会里，农民要求平分地主阶级的土地财产，幻想通过财富占有和分配上的平均主义达到政治上的"大同"和生活上的"太平"，从而摧毁和瓦解封建所有制，最终建立一个有饭同吃、有地同耕的理想社会。这一政治信仰和政治追求，支配着中国农民的历次起义行为。在对待国家的政治态度上，也主张"均贫富"，形成了建立一个平等

①　葛荃:《权威崇拜与政治参与意识》,《学术研究》,1989 年第 2 期。
②　许之微:《试析近代农民的政治意识》,《广州研究》,1987 年第 8 期。

的社会的政治理想。

二、旧民主主义革命时期农民政治意识的萌芽(1840—1919 年)

进入半殖民地半封建社会后,随着帝国主义列强侵略势力的逐步深入,西方文化与中国传统文化的不断碰撞,社会结构缓慢地变革着,农民阶级政治意识也发生了一些变化。由于农民的政治舞台的表现不同,我们分析时把民主革命时期分为旧民主主义革命时期和新民主主义革命时期两个时期加以区分。在旧民主主义革命时期,农民阶级在反抗外国侵略者和本国封建统治时民族认同意识开始普遍觉醒,在洋务运动、戊戌变法以及辛亥革命的洗礼下,权利意识开始启蒙。

(一)初步的国家民族认同意识与权利意识的启蒙

在鸦片战争以来的近代社会,整个国家处于剧烈的震动之中。基于这种大变局,先进的中国人苦寻自救的良方。林则徐《四洲志》、魏源《海国图志》和徐继畬《瀛环志略》是代表这个时期中国人对西方认识所能达到的最高水平的主要著作。林则徐和魏源提出的"师夷之长技以制夷"的著名主张,反映出他们向西方国家觅获新知的理智精神和创新勇气,启迪后来的中国人对西学采取积极的态度。进入 1860 年代,英法联军盘踞北京,使清朝统治者深切感到"夷祸之烈极矣",而"发捻交乘",又成为动摇王朝统治的"心腹之患"。[①] 1890 年代,在维新运动的鼓荡下,翻译西书、发行报刊,蔚成社会风气,出版译著激增,翻译队伍也迅速扩大。康有为、梁启超出于变法的政治需要,极力将他们接触到的西方政治社会学说介绍到中国。[②] 严复在《主客平议》一文中说:"夫自由、平等、民主、人权、立宪、革命诸义,为吾国六经历史之不言故也。然即以其不言,见古人论治之所短。"戊戌政变的发生,阻挡不住思想解放的潮流,特别是随着新的知识分子群的出现,中国人对权利内涵的认识显然更加深入。对于农民来说,受政治、经济、文化以及一次又一次的革命反抗运动的冲击和洗礼,农民政治意识产生了剧烈

---

① 《筹办夷务始末》第 8 册,中华书局,1979 年版,第 2674 页。
② 陈绛:《西学传播与晚清社会的蜕变》,《复旦学报(社科版)》,1993 年第 3 期。

震荡,开始有了国家意识,产生了爱国情感,逐渐改变了麻木、认命的心理状态,民主自由的意识开始启蒙。

（二）强烈的革命反抗意识与传统均平理念的交织

把经济要求归为社会政治意识,是因为它隐藏在反抗意识的背后,支配着反抗意识的发展。它又经常以政纲的形式出现,是农民社会政治理想的有机组成部分。[1] 在近代的冲击与变迁中,中国农民的平均主义信仰仍然保存着它的本色,而且越来越突出。比如,在太平天国激进的理想主义背后,隐藏着狭隘的农民意识,它是传统小农意识与儒家大同理想的产物。《天朝田亩制度》规定"有田同耕,有饭同食,有衣同穿,有钱同使,无处不均匀,无人不饱暖"的理想方案,反映了千百年来生活在苦难中的广大小农要求"等贵贱"、"均贫富"的经济平均、政治平等的愿望。义和团反帝爱国运动本质上也是农民心中根深蒂固的平等、平均主义思想的反映。农民反抗运动从理想到现实,都试图建立一系列崭新的结构,对传统政治权威和政治秩序提出挑战。

三、新民主主义革命时期农民政治意识的启蒙（1919—1949 年）

中国共产党成立后,成为正确引导近代中国政治革命和经济发展的先进政党。中国共产党的反帝反封建纲领正好符合广大的工人、农民和小资产阶级以及民族资产阶级的利益,尤其是中国共产党建立独立、民主、自由、富强的新中国的主张,更是代表了广大人民群众的利益。这一时期,社会性质仍然是半殖民地半封建社会,农民的政治意识从本质上承继了旧民主主义革命时期的主要特征,同时,由于中国共产党的主张以及广泛的政治动员,农民阶级政治意识发生了前所未有的变化。

（一）农民的政治意识得到了广泛的动员和改造,阶级意识得到了前
　　所未有的强化

在新民主主义革命时期,在无产阶级及其政党中国共产党的领导和教育下,农民的政治意识得到了广泛的动员和改造,逐步由传统小农成长为革命的同盟

---

① 许之微:《试析近代农民的政治意识》,《广州研究》,1987 年第 8 期。

军和主力。对于为什么要动员和改造农民，在中共党内，毛泽东早就说过，"农民问题乃是国民革命的中心问题"①的论断，并且认为，农民在中共改造中国的过程中所起的作用要比工人阶级更大些。因为乡村农民"一起来便碰着那土豪劣绅大地主几千年来持以压榨农民的政权（这个地主政权即军阀政权的真正基础）"②，可见，农民成为了中共实现政治目标的最重要力量。由于农民的"小生产的特点，使他们的政治眼光受到限制（一部分失业群众则具有无政府思想），所以他们不能成为战争的正确的领导者"③，此外，也限制农民素养的发展。因此，改造农民被提上重要的议事日程上来。1924 年 1 月，邓中夏在《中国农民状况及我们运动的方针》中指出，"因为一般农民私有观念极深，他们既希望获得土地所有权，又害怕地主报复。农民无相当的教育，文化水平低，每为安全等邪说所迷惑，以为反对压迫是罪恶"④。毛泽东也说："中国历来只是地主有文化，农民没有文化。可是地主的文化是由农民造成的，因为造成地主文化的东西，不是别的，正是从农民身上掠取的血汗。中国有百分之九十未受文化教育的人民，这个里面，最大多数是农民。"⑤因此，应当加强无产阶级的思想领导，用马克思主义来教育农民出身的党员，使之无产阶级化。在实践中，党的领导人通过现身说法，动员广大农民翻身做主。对于广大农民来说，"阶级"和"剥削"等概念与"勤俭持家"、"发家致富"相比，显得是那么的陌生。因而，实际上，土地革命（改革）初期，贫雇农并无分地主、富农财产的要求，革命者和土改工作队员消除农民上述顾虑的办法就是耐心地对农民进行思想教育，组织农民"算剥削账"，教育农民"谁养活了谁"的问题，培养农民的阶级意识，使贫苦农民真正认识到自身贫困的根源。此外，中共苏区中央局在《土地问题与反富农策略》中指出了"保守和私有"是农民的天性，农民参加土地革命的目的"不仅要取得土地的使用权，主要的还要取得土地的所有权"，因此，党适时调整好土改路线，时时刻刻注意整合乡村最大多数的人口。通过"打土豪，分田地"这种反复的斗争实践，充分调动了农民

---

① 《毛泽东文集》第 1 卷，人民出版社，1993 年版，第 37 页。
② 《毛泽东文集》第 1 卷，人民出版社，1993 年版，第 41 页。
③ 《毛泽东文集》第 1 卷，人民出版社，1993 年版，第 37—38 页。
④ 《邓中夏文集》，人民出版社，1984 年版，第 32 页。
⑤ 《毛泽东选集》第 1 卷，人民出版社，1991 年版，第 39 页。

劳动热情和参军参战的积极性,培养了农民的阶级意识,自然也充分促进了农民政治意识的觉醒,为新民主主义革命胜利奠定了坚实的基础。

(二)根据地农民有强烈的"求翻身求解放"、"当家做主人"的民主意识

在中国共产党领导下,大革命时期,农民向地主展开了猛烈的夺权斗争,建立了自己的政权,组织了自己的武装,开始了把农村中的政治权利"由乡村土豪之手,移至农会"的革命行动,做到了"一切权力归农会"。农民协会成为新的政权形式。在实际操作中农会承担了以下职能和作用:(1)组织农民反抗豪绅地主,开展减租抗捐运动。没收土豪劣绅的财产;实现减租、减息和平粜阻禁,以至插标分田等经济斗争;此外,"农民协会有会同乡村自治机关议定最高租额及最低谷价之权"①。(2)参与政权建设。农民在农会的组织和带领下,攻击土豪劣绅,不法地主,旁及各种宗法的思想和制度,农会成了乡村的权力机关。(3)解决乡村纠纷。"一切事情,农会的人不到场,便不能解决","农民的大小事,一概在各级农会里处理",以至于"县公署的承审员,简直没有事做"。②(4)建立农民武装。在农民协会的领导下,推翻土豪劣绅的封建统治,解除地主武装,建立农民武装,地主阶级的武装常备队、团防局等被接收,由各级农协建立农民自卫军。(5)推翻族权和神权。"农会势盛地方,族长及祠款经管人不敢再压迫族下子孙,不敢再侵蚀祠款。坏的族长、经管,已被当作土豪劣绅打掉了。""许多地方,农民协会占了神的庙宇做会所。一切地方的农民协会,都主张提取庙产办农民学校,做农会经费。""农民协会是青年和壮年农民当权,所以对于推翻神权,破除迷信,是各处都在进行中的。"③(6)发展农村经济。兴办合作社,开展筑路修桥,开荒造林,从事农村各项建设。(7)开展文化教育,废除社会恶习。农民协会组织兴办小学,举办农民夜校等公益活动,组织农民铲除吸食鸦片、赌博等各种恶习。基于农民协会性质的变动,1927年7月20日,中共中央发出了农字第9号通告称:"农民协会已经不是一种职业组织,而是以穷苦农民为主干的乡村的政治联盟。因为农民协会,事实上不仅团结了一般农民,包括手工业者、小学教师和小

---

① 《毛泽东选集》第1卷,人民出版社,1991年版,第14、15页。
② 中央档案馆:《中共中央文件选集》(第3册),中共中央党校出版社,1989年版,第218页。
③ 中央档案馆:《中共中央文件选集》(第1册),中共中央党校出版社,1989年版,第513页。

商人：就是一部分脱离大地主影响、而对农会表同情之小地主，也已经联合在农民协会之内。所以农民协会在现时就是乡村中的贫苦农民和其他小资产阶级的革命的政治联盟、农民政权。这是农村政权的一个正确形式。"①有了大革命时期的洗礼，随着国内革命形势的发展，农民再一次被广泛动员起来，表现十分勇猛。1927 年以后根据地和解放区的广大革命群众，不仅有强烈的"求翻身求解放"、"当家做主人"的民主意识，而且用鲜血和生命捍卫自己的红色政权。土地革命时期，农民积极参与到农村革命根据地和红色政权的基层组织及乡村苏维埃建设中来，从而填补了地主政权和宗族势力被推翻所造成的农村权力真空，对于确保党的目标实现起了重要的作用。之后农民积极参与乡村抗日民主政权基层组织的建设以及解放战争时期农民协会和贫农团的建设。

在中国共产党的广泛动员下，农民政治意识得到了启蒙，这一启蒙又促进了党在各个时期目标的实现。农民拥护和支持制订并执行了坚决的土地纲领、为农民利益而认真奋斗的中国共产党，而中国共产党正是紧紧依靠了具有启蒙政治意识的农民的支持，才走出了大革命失败的困境。在苏维埃时期，农民积极参军，补充红军有生力量，自愿开展互助合作运动，成立劳动互助社，犁牛合作社，努力打破敌人的经济和军事封锁。在抗战时期，农民支持党提出的减租减息政策，开垦土地，兴修水利，积极支持党提出的大生产运动，为坚持抗战、争取胜利打下了坚实的基础。解放战争时期，在"保田参军"的口号下，农民积极参与人民军队，各地农民不仅将粮食、被服送上前线，而且成立运输队、担架队等组织，配合解放军作战。正因为有了农民的坚决支持，才为最终打败蒋介石、建立新中国奠定了深厚的群众基础。

四、新中国成立以来至改革开放前农民政治意识的觉醒（1949—1978 年）

在 1949 年后的中国，社会主义制度得到广大群众的欢迎和拥护，这是国家虽历经动荡（如"文革"）而不曾动摇的十分重要的原因。历史经验表明，"中国农民对国家的要求以稳定秩序、保障安定为首。他们的秩序感是很强烈的，能确保

---

① 《第一次国内革命战争时期的农民运动资料》，人民出版社，1983 年版，第 174 页。

秩序稳定,农民对国家的依赖感就强烈,所谓忠义观念则清晰,反之则离心力增加,易于生出'贰心'"①。当今,农民占中国人口的大多数,他们对社会主义的信仰和认同状况直接关系到社会主义事业的兴衰成败,"如果农民默许并认同现存制度,他们就为该制度提供了一个稳定的基础。如果农民积极反对这个制度,他们就会成为革命的载体"②。因此,农民对党和社会主义现行制度的信仰状况直接关系到农村的稳定和发展,而农民公民意识的发展反过来又会促进农民对政治信仰认同意识的强化。

(一)农民获得前所未有的政治地位,农民主动参与意识空前高涨

新中国成立后,国家给予农民较高的政治地位,也提出了建设社会主义民主政治的目标,并以法律的形式确定下来,根本上改变了在过去的大多数历史时期,农民常常迫于求生而忽略甚至不知自己有何种权利的面貌。一方面,满足了农民对土地的渴求,给了农民实实在在的经济利益。之后的土地改革,使3亿多无地和少地的农民无偿获得了7亿亩土地和其他生产资料,免除了过去每年向地主缴纳的约700亿斤粮食的地租。土改完成后,占农村人口90%以上的贫农、中农占有全部耕地的90%以上。土地改革的完成,极大地提高了农民的生产积极性和政治热情,农民在政治上不再受压迫。③ 另一方面,又给予农民前所未有的政治权利。如:组织农会、进行乡人民代表、村干部的直接选举等,从而开启了中国人民真正的民主意识。从1950年起,全国各地陆续建立民主政府,完备国家体制,健全人民民主制度。1953年下半年开始,中国举行了历史上第一次规模空前的普选运动,参加选举的选民占登记选民(3.238亿人)总数的85.88%,选出基层人大代表566.9万人。④

与此同时,还进行了新宪法的起草工作。1954年3月29日,宪法草案先由

---

① 参见张鸣:《乡土心路八十年——中国近代化过程中农民意识的变迁》,陕西人民出版社,2008年版,第193页。

② [美]塞缪尔·亨廷顿:《变化社会中的政治秩序》,上海世纪出版集团,2008年版,第242页。

③ 参见靳德行、秦英君、李占才主编:《中华人民共和国史》(修订版),河南大学出版社,1993年版,第25页。

④ 参见靳德行、秦英君、李占才主编:《中华人民共和国史》(修订版),河南大学出版社,1993年版,第112页。

500 多位全国政协委员分组展开讨论,共提出修改意见 3900 余条;接着是各大行政区、各省、市、自治区以及解放军 8000 多人讨论后,又提出修改意见 5900 余条。1954 年 6 月 14 日,中央人民政府委员会第三十次会议讨论通过了《中华人民共和国宪法草案》。两天后,《人民日报》全文刊登宪法草案并发表社论,号召全国人民讨论宪法草案。一时间,一场大讨论在全国范围内掀起。短短两个月,1954 年宪法草案参加讨论人数达 1.5 亿人之多,占全国人口的四分之一,征集了 118 万条意见。① 总之,在当时中国共产党所发动的一些政治运动中,广大农民表现出前所未有的参与热情,主人翁意识空前强烈。

（二）农民"政治化人格"形成并得以强化

随着 1958 年人民公社的全面建立,我国农村政治生活走上畸形发展的道路。1958 年继"鼓足干劲,力争上游,多快好省地建设社会主义"总路线以及毛泽东发出"人民公社好"批示后,中央通过了《中共中央关于在农村建立人民公社问题的决议》,建立了人民公社制度,造就了一套自上而下的经济控制和政治控制网络,使国家权力深入到社会基层,扩展到社会生活的所有领域,从而造成了农民个人对公社的全面依附。这种依附关系,在很大程度上决定了农民政治化人格的发展程度。农民的个人自由以及农村社会生活受到了有效地控制,农民的自主意识也遭到了严重的压制,农民内心所具有的传统政治依附与盲从心理逐渐显露,进而形成所谓的"政治化人格"。所谓"政治化人格",它是指人们的行为表现出强烈的政治化倾向,其言行举止带有鲜明的政治性。② 一方面,政治上的高压,使每个人力图站在运动的最前沿,说革命话、办革命事,党让怎么办就怎么办;另一方面,又使人变得胆小、自私,担心被运动所抛弃,言行稍有不慎,都随时可能被"插白旗",造成普遍的自危心态。越自危,越没有安全感,人们讳言真实情况,报喜不报忧,说假话者受到重用,反映真实情况者反受打击。50 年代后期以后,尽管群众性的参与热浪呈现出汹涌澎湃的壮丽景观,社会上一切都依附

---

① 参见靳德行、秦英君、李占才主编:《中华人民共和国史》(修订版),河南大学出版社,1993 年版,第 116 页以及郑谦等:《当代中国政治体制发展纲要》,中共党史资料出版社,1988 年版,第 35 页。

② 李伟:《二十世纪五十年代末中国共产党对农业问题的认识和探索》,中共党史出版社,2007 年版,第 275 页。

于政治,从属于政治,广大民众都如痴如狂地忠诚地参与政治运动、政治斗争。但却都是迫于政治压力、基于政治目的的被动性参与。

(三)农民政治性身份分层地位凸显

在政治挂帅的旗帜下,农民的政治意识逐渐走向狂热。新中国成立以后,在向农民宣传社会主义思想的同时,大力宣传以阶级斗争和权力神化为主要内容的政治文化,强调农民以集体的方式占有生产资料,是生产资料所有者和社会的主人,并以政治运动的方式对反叛势力进行强制,使整个社会处于高压之中。[①]人民公社化后,尤其是到"文化大革命"时期,整个社会处于一种政治挂帅的狂热时期,突出表现为"越贫穷,政治地位越高"。在农村社会也不例外,农民是由政治生活中的政治地位所决定,政治压倒一切,农民政治性身份分层地位凸显。这种疾风暴雨式的运动式民主和动员式参与非但没有真正体现农民对民主政治权利的渴求,反而使农民的参与意识受到严重的抑制,乡村的自主性受到压抑。在随后的一段时期,整个社会政治意识处于一种蛰伏和反思之中,农民的政治参与意识也渐趋回归和沉寂。

总之,农民政治意识经历了一个从政治陌生、冷漠到萌芽再到启蒙继而到觉醒,由无意识到有意识,从无主体意识到主体意识凸显的发展历程。贯穿在其中的一条主线就是农民政治意识的觉醒程度或者现代化程度是如何发展的。对于政治体系来说,必须动员、教育和改造农民,农民的政治意识才能走向现代化,农民才能成为革命和建设的主力军。

---

① 于建嵘:《转型期中国乡村政治结构的变迁——以岳村为表述对象的实证研究》,华中师大博士学位论文,2001 年。

第五章　改革开放以来中国农民政治意识的分化

　　通过对改革开放以前农民政治意识的历史考察,可以清晰地看到我国农民政治意识发展变化的脉络和走向。现阶段的农民,可以说温饱无虞。从这点来说,应该是历史发展过程中最好的时期。但随着国家战略的调整以及市场体制的推进,尤其是村民自治的普遍推行,农民政治意识发生了翻天覆地的变化,与此同时,也必然给中国农民的思想意识以及精神世界带来巨大的冲击。那么,农民的政治意识是如何变化的? 农民政治意识出现了哪些问题和挑战,对农民和谐有序发展有哪些影响和挑战? 本章通过对当代中国农民政治意识的两个层面即农民政治信仰认同意识以及农民公民意识的实证分析,总结了当代中国农民政治意识变化的特点,为本书打下坚持的实证基础。

一、改革开放以来农村社会的转型与变迁

　　改革开放三十余年,中国经历了 20 世纪以来最深刻的转型时期。发轫于农村的这种转型给农村带来三大变化:一是体制转轨,即从高度集中的计划再分配经济体制向充满活力的社会主义市场经济体制转轨;二是结构转型,即从农业的、乡村的社会结构向快速走向工业化、城镇化的社会结构转型;三是社会转型,即从封闭半封闭的传统社会向全方

位开放的现代社会转型。[1] 具体来看：

（一）农村体制的变动

1. 经营体制的变动

中共十一届三中全会后，农业和农村经济的发展面临两大问题：一是"政社合一"的人民公社体制亟待改革；二是还有一亿农民的温饱问题尚未解决。这些都涉及农村生产关系的调整问题。

为了解决温饱问题，从 1978 年开始，安徽省凤阳县小岗村等一些地区的农民自发地实行"包产到户"并取得成功。中共安徽省委、四川省委反映农民的意愿，决定实行"放宽政策"、"休养生息"的方针，鼓励基层干部和农民群众探索试行包产到组、包产到户、包干到户等多种形式的农业生产责任制。1979 年 9 月，中共十一届四中全会通过了《关于加快农业发展若干问题的决定》，提出要保障基层干部和农民因时因地制宜的自主权，发挥其主动性。尽管如此，农村能不能实行"包产到户"、"包干到户"，还是引起了党内外的争论。1980 年 5 月，邓小平发表《关于农村政策问题》的谈话，肯定了"包产到户"的做法，指出："有的同志担心，这样搞会不会影响集体经济。我看这种担心是不必要的"[2]，"可以肯定，只要生产发展了，农村的社会分工和商品经济发展了，低水平的集体化就会发展到高水平的集体化，集体经济不巩固的也会巩固起来"[3]。这次谈话，极大地推动了农村改革。从 1982 年到 1986 年，中共中央连续发出五个"一号文件"，指导农村改革有步骤地深入发展。

农村家庭联产承包责任制是在土地公有制的基础上，实行集体经营和家庭联产承包经营相结合（即"统分结合"）的经营管理方式。它没有否定农业合作化特别是土地集体化的积极成果，而是将农民家庭承包经营的积极性和集体经济的优越性结合起来，因而受到农民的普遍欢迎。从 1979 年到 1983 年，农业总产值（包括村办工业）平均每年增长 7.9%，1984 年增长 14.5%，远远超过了 1953

---

① 李培林为《改革开放 30 年丛书》所作序言，袁金辉：《冲突与参与：中国乡村治理改革 30 年》，郑州大学出版社，2008 年版，第 1 页。

② 《邓小平文选》第 2 卷，人民出版社，1994 年版，第 315 页。

③ 《邓小平文选》第 2 卷，人民出版社，1994 年版，第 315 页。

年到 1978 年的 26 年间平均每年增长 3.2％的速度。① 再加上国家提高了粮食和部分农产品的收购价,允许农户自主进行多种经营,农民收入明显增加。农民有了生产经营自主权和对劳动产品、劳动力自由支配的权利,农民的生产资料和生活资料有了最基本的保障,减少了对国家和集体的依附,从而增强了农民行为与思想的自由。

2. 土地关系的变动

我国农村土地关系变革从党的十一届三中全会之后正式开始,经历了由"统一经营"到所有权、承包权"两权分离",再到土地所有权、承包权、经营权"三权分离"的逐步演进过程。1978 年 11 月由安徽凤阳县小岗村村民自发尝试实行土地承包经营,成为中国农村土地集体所有制改革的发端。12 月,中共十一届三中全会通过《关于加快农业发展若干问题的决定(草案)》和《农村人民公社工作条例(试行草案)》,提出建立严格的生产责任制,尽管不允许"包产到户"和"分田单干",但却肯定了包工到组、联产计酬等农业生产组织方式。这样,集体所有、统一经营的生产组织形式和经营方式被打破。1979 年 9 月,党的十一届四中全会通过《中共中央关于加快农业发展若干问题的决定》,将十一届三中全会规定的"不许包产到户"和"不许分田单干"改为"不许分田单干",默许了农民对土地的承包权。1982 年和 1983 年的中央"一号文件",则提出要实行生产责任制,特别是联产承包制,实行政社分设,确认了农民对土地承包权。自此,家庭联产承包责任制在全国范围内逐步推开,持续 20 多年的集体所有、统一经营的土地制度开始退出历史舞台,集体所有、农户承包经营的"两权分离"的土地制度初步形成。此后,中共中央发出《关于 1984 年农村工作的通知》,即第三个"一号文件",强调要继续稳定和完善联产承包责任制,延长土地承包责任制,延长土地承包期一般应在 15 年以上。1986 年 4 月,六届全国人大四次会议通过《中华人民共和国民法通则》,首次提出了农民的承包经营权的概念,在法律上将承包经营权视为一种与财产所有权相关的权利。1993 年 3 月,八届全国人大一次会议通过《中华人民共和国宪法修正案》,对原《宪法》的第一款进行了修改,正式确认家庭

---

① 《当前的经济形势和经济体制改革——一九八五年三月二十七日在第六届全国人民代表大会第三次会议上的政府工作报告》,http://www.people.com.cn/zgrdxw/zlk/rd/6jie/newfiles/c1160.html.

联产承包责任制是农村集体经济的重要基础；2002年8月,第九届全国人民代表大会常务委员会第二十九次会议通过《中华人民共和国农村土地承包法》,正式宣布"国家实行农村土地承包经营制度"。该法还规定,"国家保护承包方依法、自愿、有偿地进行土地承包经营权流转"。至此,农民土地承包权和土地经营权以法律形式被正式确定下来。

3. 管理体制的变动

随着"统分结合"的家庭联产承包责任制的普遍实行,促进了"政社合一"的人民公社体制的解体。1982年12月4日,五届全国人大五次会议通过《宪法》。其中,第95条规定,"乡、民族乡、镇设立人民代表大会和人民政府"。这是按照政社分开的原则,对乡级政权进行的调整,一方面设立乡政权,另一方面保留人民公社作为集体经济组织。《宪法》的规定,否定了人民公社作为基层政权的性质,意味着人民公社不再作为一级基层政权单位,标志着我国乡镇基层政权建设迈入新的历史时期。1983年10月,中共中央、国务院发出《关于实行政社分开建立乡政府的通知》,由此建立了"乡政村治"的治理结构,指出:当前的首要任务是把政社分开,建立乡政府,同时按乡建立乡党委,并根据生产的需要和群众的意愿逐步建立经济组织。此后,全国各地陆续恢复了乡政府的建制,同时成立村民委员会作为村民自治组织。作为当代中国乡村的基础性治理结构,"乡政村治"模式就是"乡镇政权+村委会制"。其特征,一是乡(镇)为国家的一级政权机关,其组织设置与县(或县级市)级组织相一致,采取上下对口、条块结合的组织原则。二是在乡镇以下的村庄,国家不设政权组织,而是依法设立"村委会",由村民直选村委会组成人员。当然,村委会成员不吃"皇粮",其活动经费和工作报酬和由村集体经济收入供给。村委会不是一般的群众性自治组织,而是一个综合性的社会治理单位。①乡村政权的重建和村民自治的推行,既成为保持农村社会稳定的重要杠杆,也成为新时期教育和组织农民的一种最有效形式,为培育现代公民社会奠定了坚实的基础。

---

① 郭正林:《中国乡村的治理结构:历史与现状》,《"公共管理研究与教育"国际学术研讨会论文集》,2001年收入尹冬华选编《中国地方治理现状》,第119—129页。

（二）农业结构的变动

1. 产业结构的变动

改革开放以前,在农业五大业结构中,种植业偏重,在农业12项生产中,粮棉生产偏重,这种状况多年无根本性改变,单一的农业结构构成中国传统农业的重要特点及基本格局。改革开放以来,农业产业结构发生了显著变化。1978年,种植业占第一产业比重的80%,远远超过渔业、牧业和林业的总和。虽然种植业在第一产业中的比重始终处于下降趋势,但是直到2005年,种植业仍然占第一产业的49.7%,大体上仍相当于渔业、牧业和林业的总和。但无论如何,在1978年以后,牧业和渔业发展非常迅速。在农业内部结构方面,种植结构(产品和品种结构)的调整取得了较快进展,粮经比例不断优化,经济作物种植面积不断扩大,蔬菜生产大幅增长,品种结构不断得到优化,产品优质化取得了较为迅速的发展,传统农业向现代农业转变的趋势增强。由于国家放开对农产品价格的管制,大量农民转向发展种植业以外的其他产业。此外,随着经济的快速发展,人民的生活水平不断得到改善,对肉类产品和鱼类产品的需求不断扩大,而随着我国的农产品逐渐进入国际市场,尤其是肉类、禽类和水产品在农产品出口中占据了比较大的比重,这些都显著刺激了牧业和渔业的发展。

2. 所有制结构的变动

废除人民公社体制后,也有部分农村没有实行以分散经营为主的家庭联产承包责任制,而是继续坚持统一经营的集体制经济。这种集体制经济同样摆脱了"政社合一"的人民公社体制,在20世纪80年代乡镇企业发展的黄金时期得到了极大的完善和巩固,逐步发展成为扎根农村、造福于当地农民、适应市场经济和城镇化发展要求的农工商联合体和新型农村社区。这就是乡镇企业的异军突起,既给所有制结构带来异动,也给农村带来了生机和活力。

乡镇企业是从原先人民公社中的社队企业发展而来的,大多从事农产品的初加工和农机维修等,从业人员不足农村劳动力总数的10%。农村改革的迅速发展,乡镇农副产品市场的空前活跃,农村大批剩余劳动力的出现,为乡镇企业的发展开辟了广阔的空间。然而,乡镇企业在发展之初,招来不少非议,主要是由于乡镇企业供销员的某些活动,扰乱了正常的经济秩序。

1983 年 1 月,中共中央印发了《当前农村经济政策的若干问题》,针对歧视以至人为解散乡镇企业等情况指出:"现有的社队企业,不但是支持农业生产的经济力量,而且可以为农民的多种经营提供服务,应在体制改革中认真保护。"[①]1984 年 3 月,中共中央、国务院转发农牧渔业部《关于开创社队企业新局面的报告》,并同意报告的提议,将社队企业改称为"乡镇企业"。从此,"乡镇企业"这个名称被正式确定下来。乡镇企业的"异军突起"和迅猛发展,为农村经济和县域经济的发展提供了重要支撑。1978 年全国社队企业职工只有 2827 万人,只占当年农村劳动力的 9% 多一点。到 2008 年,乡镇企业从业人员达 15451 万人,占农村劳动力总数的 29.34%,比 1978 年的 9.23% 提高了 20.11 个百分点,极大地缓解了就业压力。1978 年社队企业总产值只相当于当年农业总产值的 37% 左右,到 1987 年,乡镇企业产值达到 4764 亿元,占农村社会总产值的 50.4%,首次超过了农业总产值,标志着中国农村经济已经进入了一个新的历史时期。到 2008 年,乡镇企业增加值已占农村社会增加值的 71.21%,成为支撑农村经济最坚实的支柱。[②] 乡镇企业异军突起,不仅带动了农村经济,还带动起一大批小城镇。据国家统计局农调队提供的数字,1985 年全国建制镇占全部乡镇个数的比例为 8.7%,1990 年占 20.4%,1995 年占 36.7%,2002 年占 50.7%,首次超过乡的个数[③],开始改变全国城乡分布的格局,有力地促进了工业化与城镇化、经济与社会的协调发展。

(三)农民结构的分化

改革开放以来,随着农村产业结构的调整及农民的广泛流动,使得农民的社会结构无论从水平结构还是垂直结构都发生了根本变化,而农民水平结构(如职业结构、城乡结构)的变化又进一步促进农民垂直结构(如阶层结构、收入结构)的变化,从总体上来说,农民结构发生了显著分化。

---

① 《十一届三中全会以来重要文献选读》下,人民出版社,1987 年版,第 623 页。

② 《新中国成立 60 周年乡镇企业发展综述》,http://finance.people.com.cn/nc/GB/61154/9804661.html。

③ 国家统计局农村经济调查总队:《我国建制镇发展迅速聚集能力和经济实力不断增强》,《调研世界》,2003 年第 9 期。

1. 农民水平结构的变动

（1）职业结构的变动

马克思曾指出，"直接生产者，劳动者，只有当他不再束缚于土地，不再束缚于他人时，才能支配自己"[①]。随着改革的不断推进，我国经济社会结构、利益格局等各方面都发生了深刻的变化，以市场为导向的经济体制改革推动了中国公民社会的兴起和发展。由原来单一的公有制和集体所有制结构演变成为包括私有制在内的多种所有制并存，社会经济结构的多样性和经济生活的多样性使得职业结构的分化与职业流动发生明显变化。从农村来看，随着农村分工分业的发展，越来越多的人脱离耕地经营，从事林牧渔等生产，在农村劳动力中，1983年农业劳动力占 64.7%，其中林业占 0.8%，牧业占 0.6%，渔业占 0.5%，非农产业占 33.3%，而且还有大部分转入小工业和小集镇服务业。随着社会主义市场经济体制的逐步确立，对农民外出就业的束缚在逐步解除，农村劳动力的跨地区流动日趋活跃，并逐渐成为农村劳动力向非农产业转移的主要形式。据资料显示，1978—1998 年，农村劳动力外出就业人数从不足 200 万人增加到 6500 万人，到 2003 年，实际外出就业人数已达 9900 万人。根据有关调查，外出流动就业农民有 80% 以上进入了城镇。根据第五次人口普查的结果，农业户口人员占二、三产业就业人口的比重已经高达 46.5%，第二产业中农业户口从业者已经占到了 57.6%，建筑行业占到了 80%。[②] 现在，中国社会农民各职业阶层的利益诉求呈现出多元化趋势，并且人们的利益要求与政府满足其愿望的能力之间存在差异，其民主意识和政治参与能力也在发生变化。

（2）城乡结构的变动

随着我国农村商品生产和商品交换的迅速发展，乡镇工商业蓬勃兴起，越来越多的农民转向集镇务工、经商，他们迫切要求解决迁入集镇落户问题。1984年 10 月 13 日，国务院发出《关于农民进入集镇落户问题的通知》，要求积极支持有经营能力和有技术专长的农民进入集镇经营工商业，并放宽其落户政策，统计为非农业人口。通知指出：凡申请到集镇务工、经商、办服业的农民和家属，在

---

① 《马克思恩格斯全集》第 44 卷，人民出版社，2001 年版，第 822 页。

② 《改善农民进城就业环境　增加外出务工收入——访国务院发展研究中心农村经济研究部部长韩俊》，http://www.people.com.cn/GB/shizheng/1026/2336512.html。

集镇有固定住所,有经营能力,或在乡镇企事业单位长期务工的,公安部门应准予落常住户口;为了保护农民进入集镇兴业安居的合法权益,乡镇人民政府要依照国家法律,保护其正当的经济活动,任何组织和个人不得随意侵占他们的合法利益。对新到集镇务工、经商、办服务业的户要同集镇居民户一样纳入街道居民小组,参加街道居民委员会活动,享有同等权利,履行应尽的义务;为了使在集镇务工、经商、办服务业的农民保持稳定,乡镇人民政府和村民委员会对其留居农村的家属不得歧视;对到集镇落户的,要事先办好承包土地的转让手续,不得撂荒;一旦因故返乡的应准予回迁落户,不得拒绝。① 据第六次人口普查资料显示,大陆 31 省、自治区、直辖市和现役军人的人口中,居住在城镇的人口②为 665575306 人,占 49.68%;居住在乡村的人口为 674149546 人,占 50.32%。同 2000 年第五次全国人口普查相比,城镇人口增加 207137093 人,乡村人口减少 133237289 人,城镇人口比重上升 13.46 个百分点。③

2. 农民垂直结构的变动

(1)阶层结构的分化

改革开放以来,中国社会发生了巨大变化,就社会阶层结构而言,农民阶层的分化最显著,最引人注目。结合著名社会学家陆学艺和谢志强的研究,我们把中国农民分化为八大主要阶层④:

一是农业劳动者阶层。他们是以承包集体的耕地,从事养殖业、种植业劳动,生活来源全部或大部分依靠农业生产的收入,他们目前仍是农业群体中的大多数。

二是农民工阶层(即农民工人)。他们是中国农村社会分化过程中形成的一个特殊阶层。农民工阶层的出现始于 70 年代末,是城乡二、三产业发展的结

---

① 《国务院关于农民进入集镇落户问题的通知》,http://www. people. com. cn/item/flfgk/gwyfg/1984/112102198403. html.

② 城乡人口是指居住在我国境内城镇、乡村地域上的人口,城镇、乡村是按 2008 年国家统计局《统计上划分城乡的规定》划分的。

③ 《2010 年第六次全国人口普查主要数据公报(第 1 号)》,人民网,2011 年 4 月 28 日。

④ 陆学艺:《"三农论"——当代中国农业、农村、农民研究》,社会科学文献出版社,2002 年版,第 393 页。

谢志强:《改革开放以来,中国农民阶层发生了怎样的变化》,http://theory. people. com. cn/GB/40764/105054/105055/15275889. html.

果。主要分两类：一类是长期在城镇里打工，既离土又离乡；另一类是农忙务农，农闲做工，离土不离乡。他们是仅次于农业劳动者阶层的人数。

三是雇工阶层（即雇佣工人）。主要指个体工商户、私营企业、外资企业和一部分合资企业的农业劳动者。他们在许多方面与农民工相似，但在劳动强度、劳动环境、劳动保障以及受雇业主等方面有所不同。

四是农民知识分子阶层（智力型职业者）。他们在农村从事教育、科技、医疗、文化、艺术等方面的工作，他们是农村中有知识有文化的一批人。该阶层主要由两大类构成：一类是非农业户口，但在农村工作，收入有保障；另一类如赤脚医生、民办教师等，家有承包田，两头要兼顾。这是一个庞大的群体。

五是私有私营者群体。这是改革开放以后出现的一个新型群体，它由乡村个体劳动者、个体工商户和私营企业主组成。他们自己投资、自主经营管理，自负盈亏。雇工在 7 人以下为工商业户，在 8 人以上的为私营企业。这是一批在 80 年代新产生的并逐步发展起来的新的社会群体。

六是乡镇企业管理者阶层（集体企业管理者）。他们主要指乡村集体所有制企业的经理、厂长、会计以及主要科室管理者、供销人员。这批人在改革开放中受到极大锻炼，是乡村中比较有影响的人物。乡镇企业管理者可分为两种情况，一种是乡（含村/镇）企业隶属于乡、村、镇的行政领导，有的乡、村、镇干部同时兼企业领导，扮演双重角色。另一种是采用租赁、承包等方式，企业领导不在行政系列中，他们拥有完全的自主权、决策权。乡、村、镇企业管理者是发展乡镇经济的骨干力量，是领跑人，起着不可替代的带头作用。

七是乡村管理者阶层。主要指乡、村两级的基层干部，包括村民委员会、村党支部成员、村民小组长。他们是农村政治、经济和社会生活的主要组织者，是国家各项方针、政策的执行者，是协调国家利益与农民利益的纽带与桥梁。农村干部有脱产干部和半脱产干部，有享受常年固定补贴的和只享受误工补贴的干部。

八是其他从业人员群体。主要指家务劳动者。随着农民生活方式的改变和家务劳动社会化水平的逐渐提高，这个群体的规模将会相对缩小。

根据有关抽样调查和有关统计资料推算，上述八个阶层在农民总数中所占的比例分别约为：农业劳动者占 55％—57％，农民工占 24％，雇工占 4％，农民知识分子占 1.5％－2％,个体劳动者和个体工商户占 5％,私营企业主占 0.1－0.2％,乡镇企业管理者占 3％,农村管理者占 6％。①

随着时间推移,上述八个阶层中各个阶层的数量出现此消彼长,而且出现了一些新的职业群体。一是农民工阶层、个体工商户阶层和私营企业主阶层发展迅速,二是乡镇企业管理者阶层和农业劳动者阶层减少,三是雇工阶层的分析已经不再具有实质意义,四是出现了一些新的职业和阶层,如农民经纪人等。②

(2)收入结构的分化

随着农村生产关系的变革,人民公社长期盛行的平均主义、"大锅饭"体制逐渐被打破,近年来,农民的收入结构出现了较大变化。

一是农民年人均纯收入增长较快。2012 年农村居民人均纯收入 7917 元,比上年增长 13.5％,扣除价格因素,实际增长 10.7％;农村居民人均纯收入中位数为 7019 元,增长 13.3％(见下图)。③

二是农民生活水平与生活质量明显改善。以 2010 年为例,2010 年农村居民生活消费支出人均 4382 元,比上年增加 388 元,增长 9.7％,剔除价格因素影响,实际增长 5.9％。其中,商品性支出人均 3120 元,增加 282 元,增长 10％;服务性支出人均 1262 元,增加 106 元,增长 9.2％。④ 农村社会经济生活的各项指标趋向合理。

随着农民阶层的分化,农民阶层与其他社会阶层以及农民阶层内部之间的收入差距也存在不同程度的扩大。

一是全国各地农村发展水平差距拉大。一部分地区农民收入增长迅速;一部分地区农民收入增长缓慢,存在地区差异。

二是城乡之间收入差距较大。从全国看,城乡收入 1985 年为 1.86∶1,此后逐年扩大,2002 年为 3.11∶1,2003 年为 3.23∶1,2004 年为 3.21∶1,2009 年为

---

① 苏长权:《农村劳动力就业结构变化趋势分析》,http://2010jiuban. agri. gov. cn/llzy/t20021029_19342. htm.

② 龚维斌:《我国农民群体的分化及其走向》,《国家行政学院学报》,2003 年第 3 期。

③ 《中华人民共和国 2012 年国民经济和社会发展统计公报》,http://www. stats. gov. cn/tjgb/ndtjgb/qgndtjgb/t20130221_402874525. htm.

④ 国家统计局住户调查办公室:《2010 年农村居民生活消费支出增长 5.9％》,http://www. stats. gov. cn/tjfx/fxbg/t20110310_402710029. htm.

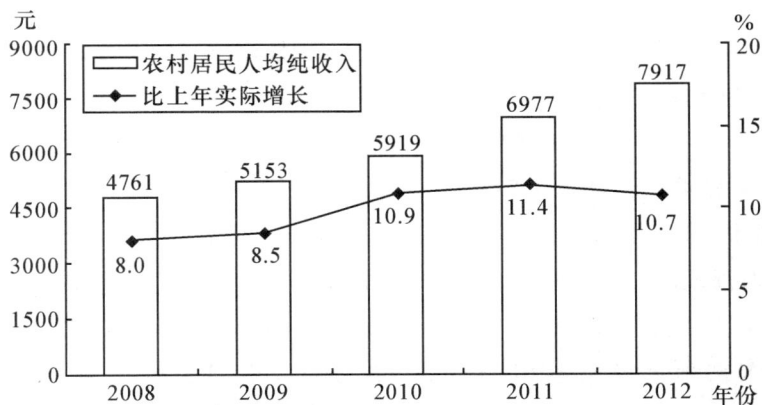

图 5.1　2008—2012 年农村居民人均纯收入及其实际增长速度柱状图

资料来源:中华人民共和国 2012 年国民经济和社会发展统计公报

http://www. stats. gov. cn/tjgb/ndtjgb/qgndtjgb/t20130221_402874525. htm

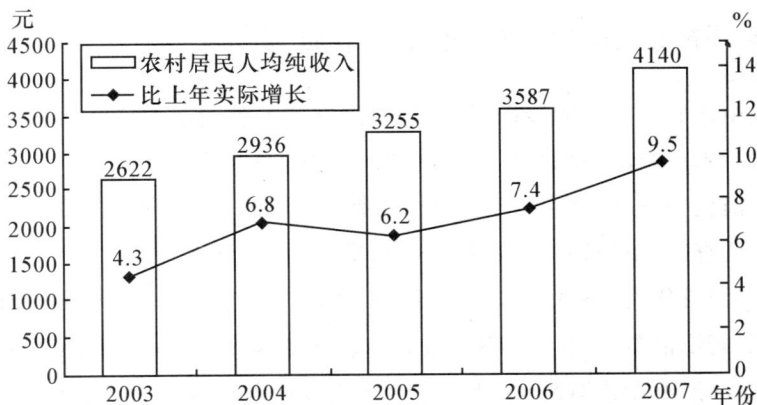

图 5.2　2003—2007 年农村居民人均纯收入及其实际增长速度柱状图

资料来源:中华人民共和国 2007 年国民经济和社会发展统计公报

http://www. stats. gov. cn/tjgb/ndtjgb/qgndtjgb/t20080228_402464933. htm

3.33∶1,2010 年为 3.23∶1,2011 年为 3.13∶1。① 近 20 年来,我国城乡居民收入

---

①　国家统计局历年数据。

差距缓步扩大,近年来,收入差距小幅降低。

三是不同阶层之间收入差别持续拉大,据中国国家统计局披露,内地最富裕的 10％人口占有了全国财富的 45％;而最贫穷的 10％的人口所占有的财富仅为 1.4％。2003 年,中国最富与最穷人群的收入比例是 9.1:1;到 2004 年,最富与最穷人群的收入比例是 9.5:1。①

三是农村贫困人口绝对数量较大。2010 年全国农村贫困人口为 2688 万人,其中西部地区农村贫困人口为 1751 万,贫困人口占全国农村贫困人口的比重为 65.1％;中部地区农村贫困人口为 813 万,占全国农村贫困人口的比重为 30.2％;东部地区农村贫困人口为 124 万,占全国农村贫困人口的比重为 4.7％。②

总之,改革开放作为一场革命,在带来社会全方位变革的同时,也必然给人们的思想意识、思维方式形态、社会心理、精神信仰等方面带来深刻的变化。农村社会的转型与变迁,势必导致农民政治意识的变迁。

二、改革开放以来农民政治意识的特征分析

当代中国农村社会的转型,到底给中国农民的政治意识带来多大程度的影响和冲击? 农民政治意识分化的状况如何? 为进一步分析改革开放以来农民政治意识的演化特征,2009 年 2 月以来,笔者三次组织了《当代中国农民政治意识变迁问卷调查》。采用抽样法,在全国东、中、西部分别选择有代表性的浙江、江西、新疆三个省作为调查区域,在三个省又抽取三个有代表性的区域(浙江萧山、江西吉安、新疆伊犁)③作为问卷调查和访谈重点区域。调查区域涉及面较为广泛,既有东部沿海发达地区、中部革命老区以及西部民族欠发达地区,又涵盖了不同年龄、不同职业、不同民族、不同受教育程度、不同政治面貌及不同经济收入的各类农民。调查中我们主要采取问卷法、结构式访谈法和非参与式观察相结合的方法。

---

① 邵道生:《把维护社会公平放到更为突出的位置》,《济南日报》,2005 年 8 月 15 日。
② 国家统计局住户调查办公室:《2010 年我国农村贫困人口 2688 万》,http://www.stats.gov.cn/tjfx/fxbg/t20110310_402710030.htm.
③ 选择新疆、江西和浙江作为调查区域的理由参见导论第四部分研究区域。

　　本书研究的区域范围重点选择中部地区的革命老区江西地区,在江西吉安实际发放调查问卷 560 余份,收回有效问卷 536 份,问卷有效回收率为 95.7%。全部问卷资料经仔细检查核实后进行编码,输入计算机,运用 SPSS11.5 社会统计软件包进行分析,并得出结果。我们深入到村干部和农民家庭当中进行入户访谈,除此之外,我们还走访了与村镇密切相关的县、乡镇政府等权力机构,并与其负责人进行了广泛的交流和探讨。此外,本书还把新疆伊犁地区以及浙江萧山地区作为西部和东部的代表区域作为研究补充。

表 5.1　江西农民调查样本的基本情况(N＝536)　　　(单位:%)

变量	具体指标	百分比	变量	具体指标	百分比
年龄	15—35 岁	17.7	性别	男	74.5
	36—45 岁	52.0		女	25.5
	46—55 岁	24.2	民族	汉族	99.8
	56 岁及以上	6.1		畲族	0.2
文化程度	小学及其以下	12.8	政治面貌	中共党员	39.2
	初中	41.3		非中共党员	60.8
	中专或高中	28.8			
	大专及以上	17.1			

资料来源:江西实地调查数据(2010)。

　　经过计算机数据统计分析,发现社会转型给农民的行为方式、行为动机、政治意识等思想意识层面带来某种程度上的冲击和影响。但是,就整体来看,农民的国家意识、民族认同意识、政党认同意识以及权利观总体上是健康稳定的,主流是积极向上的。本次调查的主要目的就是希望通过对最新调查数据及有关文献资料的研究,描述当代中国农民政治意识的基本状况,分析农民政治意识变化的特点以及存在的问题及原因,进而对当代中国提升农民政治意识水平,引导农民政治意识良性发展,实行制度创新,促进农村和谐有序发展提供理论参考和现实依据。

(一)当代中国农民具有强烈的政治信仰认同感

　　政治信仰认同意识或称国家层面意识在政治意识中居于首要地位,它要求公民正确认识和处理国家利益、政党利益、民族利益、其他形式的集体利益与个人利益的关系,并视国家利益高于一切,这是不同政治体系对公民政治意识的共同要求。政治信仰认同由政治信仰认知、政治信仰情感、政治信仰态度三个要素构成。农民占中国人口的大多数,他们对社会主义的信仰和认同状况直接关系到社会主义事业的兴衰成败,直接关系到农村的稳定和发展。通过分析考察当前农民对政治体系信仰认同意识状况,寻求构建农村政治稳定的思路和对策。

1. 农民对党和政府具有广泛的认同感

(1)农民对执政党权威具有广泛认同

政党是一个阶级、阶层和社会集团为执掌国家政权,影响政府决策,以实现各自的根本利益,推动社会政治发展而建立的高度职能化的社会性政治实体。[①]没有广大社会成员对执政党权威的广泛认同,就没有执政党地位、政府以及政局的稳定。笔者的调查显示,农民在宏观层面上对党的认识非常到位,显示出国家主流意识形态的权威及其影响力。调查显示,约92%的被调查人员对共产党的宗旨是全心全意为人民服务认识清楚,仅有极少部分认为是"团结友爱"、"艰苦奋斗"以及"实事求是"。据牟成文(2008)调查鄂东 A 村表明,土地承包责任制实施以后,国家主流意识形态对村庄渗透的势头并没有减弱,只是改变了方式。虽然不再进行意识形态挂帅,而是让它回归它应有的位置,但是国家通过对农民的生产经营活动的指导、计划生育政策的执行、村民自治的实施等来显示国家或政党的权威及其影响力的存在。[②]

调查显示,农民对我们党的最终目标这个问题,认为"是实现共产主义"的有354 人,占66.0%,但也有162 人认为是"实现共同富裕",占30.2%,这一比例虽然说明农民对党的最终目标还是有部分不太清楚,但是对邓小平同志提出的共同富裕这一社会主义基本原则却是十分清楚的。

(2)农民对执政党的情感依存度高

我们知道,政治信仰情感是在政治认知的基础上阐述的对政治事实与政治现象的一种内心体验。具体来讲,指政治主体在政治生活中对政治体系、政治活

---

① 参见李元书:《政治发展导论》,商务印书馆,2001 年版,第 429 页。
② 参见牟成文:《中国农民意识形态的变迁——以鄂东 A 村为个案》,湖北人民出版社,2008 年版,第 135 页。

动、政治事件和政治人物等方面所产生的内心体验和感受,是伴随人的政治认知过程所形成的对于各种政治客体的好恶感、爱憎感、美丑感、亲疏感等心理反应的统称。① 为了进一步了解农民对执政党的情感状况,我们设计了六个题目共三类问题来调查农民对党的农村政策、农村基层党员干部以及农村普通党员的满意度调查,以期勾勒出农民对党的情感反应。

1)农民对党中央的农村政策满意度较高

长期以来,三农问题一直受到人们的极大关注,并引起了中央的高度重视。邓小平同志曾指出:"中国社会是不是安定,中国经济能不能发展,首先要看农村能不能发展,农民生活是不是好起来。"②邓小平同志还说过:"农业的发展,一靠政策,二靠科学。"③中国农村的公共政策是在符合中国国情的基础上,遵循民主、法治、公平、高效、开放、文明的公共政策。目前我国农村公共政策正在从传统向现代转型。传统农村公共政策受历史原因影响,不仅封闭而且不平等,而现代农村公共政策的特征是开放和平等。④ 戴维·伊斯顿认为:公共政策是政治系统权威决定的输出,是对全社会的价值所做的权威性分配,而公平分配社会价值是激发社会活力的最重要途径。⑤ 中国共产党的农村政策,就是中国共产党治理农村的策略、方针、措施。

改革开放以来,中国共产党为促进农业发展、农民增收、农村繁荣,先后颁布了 12 个(1978 年至 2009 年)中央"一号文件",有力地促进了农村社会生产力的发展与农村经济的繁荣,缩小了城乡之间的差距,加快了我国社会主义现代化建设的进程。2003 年 12 月 30 日《中共中央国务院关于促进农民增加收入若干政策的意见》发布,标志中央一号文件再次回归农业。2005 年 1 月 30 日,《中共中央国务院关于进一步加强农村工作提高农业综合生产能力若干政策的意见》即第七个一号文件公布。2006 年 2 月 21 日,新华社授权全文公布了以"建设社会主义新农村"为主题的 2006 年中央"一号文件"。2007 年 1 月 29 日,《中共中央

① 马文辉:《论"政治文化"的实质与属性》,《政治学研究》,1996 年第 4 期。
② 《邓小平文选》第 3 卷,人民出版社,1993 年版,第 77—78 页。
③ 《邓小平文选》第 3 卷,人民出版社,1993 年版,第 17 页。
④ 胡星斗:《试论建立现代农村制度》,《中国农业大学学报》,2002 年第 1 期。
⑤ [美]戴维·伊斯顿:《政治生活的系统分析》,华夏出版社,1999 年版。

国务院关于积极发展现代农业扎实推进社会主义新农村建设的若干意见》下发。2008年1月30日,《中共中央国务院关于切实加强农业基础建设进一步促进农业发展农民增收的若干意见》下发。2009年2月1日,《中共中央国务院关于促进农业稳定发展农民持续增收的若干意见》下发。特别是党的十六届五中全会通过的《中共中央关于制定国民经济和社会发展第十一个五年规划的建议》关于建设社会主义新农村的重大历史任务的提出以及2005年12月颁发的《关于推进社会主义新农村建设的若干意见》对建设社会主义新农村的具体部署,使我们看到了农村现代化的曙光。

调查显示,农民对改革开放以来党的农村政策满意度较高,其中,对"三减免、三补贴"政策以及免除农业税等新近提出的农村政策印象最深。"三减免三补贴"政策即:减免农业税、取消除烟叶以外的农业特产税、全部免征牧业税;对种粮农民实行直接补贴、对部分地区农民实行良种补贴和农机具购置补贴。当问及"您对党的农村政策的满意程度如何"时,有217人次,占40.5%的人表示"非常满意";267人次,占49.8%的人表示"基本满意";6.7%的人表示"不满意"。

当问及"关于党的农村政策中对您印象最深的(或者影响最大的)是哪个",选择"三减免、三补贴"政策的占第一位,约226人次,占42.2%;选择"家庭联产承包责任制"的占21.8%;选择"免除农业税"的占20.7%;选择"新农村建设"的占12.1%。

虽然农民对改革开放以来党的农村政策满意度较高,但是,我们还必须看到,长期以来,由于国家工业化的需要,党和政府在对待农民问题上尚存在着制度上和政策上的偏差。国家通过推行户籍制度、粮油供应制度、劳动用工制度和社会保障制度等,把城市人口与农村人口人为分割,形成了二元经济结构的基本制度,忽视了广大农村和农民的利益,在新时期,由于事实中的二元结构的持续发酵,以工农产品价格"剪刀差"为基本形式的价格争夺依然激烈,城乡之间的差距不断扩大,因而农民对于党和社会主义难以有一个积极的认同。

为了破解上述问题,2010年中央一号文件《中共中央国务院关于加大统筹城乡发展力度进一步夯实农业农村发展基础的若干意见》下发。根据文件,在土地确权方面,中央将加快农村集体土地所有权、宅基地使用权、集体建设用地使用权等确权登记颁证工作,工作经费纳入财政预算,力争用三年时间把农村集体土地所有权证确认到每个具有所有权的农民集体经济组织;在户籍制度方面,将加快落实放宽中小城市、小城镇特别是县城和中心镇落户条件的政策,促进符合条件的农业转移人口在城镇落户,并享有与当地城镇居民同等的权益;增加良种补贴,扩大马铃薯补贴范围,启动青稞良种补贴等;把支持农民建房作为扩大内需的重大举措,采取有效措施推动建材下乡;大幅度提高家电下乡产品最高限价,并允许各省(自治区、直辖市)根据本地实际增选一个品种纳入补贴范围。尤其是文件提出"积极稳妥推进城镇化,提高城镇规划水平和发展质量,当前要把加强中小城市和小城镇发展作为重点。促进符合条件的农业转移人口在城镇落户并享有与当地城镇居民同等的权益。鼓励有条件的城市将有稳定职业并在城市居住一定年限的农民工逐步纳入城镇住房保障体系"[1]。这意味着城镇化将接替工业化成为中国经济增长的动力源泉和核心战略,同时也为农村发展提供强劲的动力,有助于农民对党的政策的进一步认同。

2)农民对基层政权的支持度是值得认可的

限于本书的主题,本章不探讨学界热衷的如何强化基层政权建设的问题。但基层政权建设问题确实是一个关乎农村将来发展的重大问题,为了便于从农民思想观念的角度探讨、分析这个严肃的问题,笔者选择了一些可以说明问题的指标体系,其中对村干部的评价、对村干部工作的支持是主要指标。

村干部向农民收缴相关费用是村干部的职责之一,也是农民普遍反感的主要事情。在江西它又体现出特殊性。从全国来看,近年来我国陆续出台了关于农民增收、减负的文件再加上取消农业税,可见我国对农村和农业的重视,但是事实上,这些政策并没有像预测那样尽如人意。在一定意义上说,农民贫困本身就是一种危机,但未归为突发事件,贫困化危机是农村公共危机的一种,是造成江西农村公共危机的一个因素。取消农业税之后的江西农村危机依然存在,因为,任何行为都不可能像天平一样兼顾到事件主体的方方面面,只能说是相对公平不能绝对,所以就不能对事件主体进行有效控制。农民收入低、负担重是导致

---

① 《中共中央国务院关于加大统筹城乡发展力度进一步夯实农业农村发展基础的若干意见》,《人民日报》,2010 年 2 月 1 日,http://politics.people.com.cn/GB/1026/10893985.html.

江西农民贫困化危机的一个重要因素。

我国长久以来形成的城乡"二元经济"结构致使农民生活落后,农村经济发展缓慢,农村与城市经济矛盾加深,主要表现以下几个方面:首先以工农产品价格"剪刀差"为基本形式的价格争夺依然激烈。其次土地资源剥夺,城市化进程使得失地农民生活艰难。不断增加的失地农民队伍,必将严重影响江西地区的社会稳定和粮食安全。最后就业岗位争夺,农民就业率低。二元经济结构加速了农民弱势地位的加剧,公共投入和公共服务都严重欠缺,许多潜伏因素加剧着农民贫困化危机。

就在这种背景下,我们的调查统计却表明,在村干部向农民收缴相关费用的问题上,79.2%的被调查农民表示"积极交纳",14.9%的被调查农民表示"等其他人缴纳了才缴纳",仅有2.7%的人表示"不缴纳"。这个结果说明了农村基层政权组织有着强大的公信力和良好的群众基础。这个结果在问题"村里组织相关的技能培训,您会参加吗"中也有印证。

与"在村干部向农民收缴相关费用"问题所列举的是农民普遍反抗的指标不同,在我们的课题问卷设计中,问题"村里组织相关的技能培训"列举的是我们主观认为的农民普遍欢迎的指标。统计的结果没有出乎我们的预料,85.3%的被调查农民表示积极参加,这说明两个问题:一是江西农民对村组织普遍信任;二是农民有掌握相关技能的迫切需求。

3)农民对农村基层干部总体满意

农村基层干部是贯彻执行党在农村各项方针政策的骨干,是团结带领广大农民脱贫致富奔小康、建设有中国特色社会主义新农村的带头人。[1] 全国农村现有党员3029万名,约占全国党员总数的43%,农村基层干部680多万名,[2]长期工作在农业生产第一线,他们直接联系着广大农民群众。江西吉安吉州区流行着这样一些顺口溜"户看村,村带户,群众看党员干部"、"要想富,找党员干部",这充分表现了群众对党员干部的期盼和发挥党员作用的重要性。

从江西省的情况来看,江西省共17267个行政村,86584名村委会干部。其

---

① 中央办公厅:《中共中央组织部关于加强农村基层干部队伍建设的意见》,1999年3月20日,http://cpc.people.com.cn/GB/64162/71380/71382/71480/4854002.html.

② 倪迅:《农村基层干部民主监督制度广泛建立》,《光明日报》,2007年9月11日。

中村支部书记和村委会主任 30423 名,村支部书记和村委会主任"一肩挑"干部 4569 名,占村支部书记和村委会主任总数的 15％。江西省每个行政村平均有干部 5 名。江西省村干部平均年龄 41.6 岁。年龄在 35 岁以下的和 55 岁以上分别占 17.6％和 10.2％;36—55 岁年龄段的占 72.2％。江西省村级干部初、高中学历占 92.2％,大专、小学学历分别仅占 3.7％和 4.1％。江西省绝大多数村的许多村干部任职时间都比较长,其中任职 5 年以上的占 69.6％。[①]

对于这些基层干部,农民总体上倾向于什么标准才能承担重任呢? 当问及"您认为具备以下什么条件,才能做你们村的党支部书记"时,超过 50％的人认为只有"能力强,带领大家致富"的人才能作为村的党支部书记人选,33.8％的人认为"人品好,办事公正"为根本标准,11.2％的人认为应该"觉悟高,有奉献精神"。可见,我们可以看出,只要符合这样条件的人尤其是能带领大家致富的人做村支书,是一定能够得到绝大多数村民的支持的。

按照隐含的这样的标准,当我们问及"您对农村基层干部的印象如何",有 296 人次回答"基本满意",占 55.2％,有 21.6％共 116 人次认为目前农村基层干部"能及时为民解忧排难";约 18.8％的人表示"不满意"。应该说,农民对生活在自己身边的基层干部是最有发言权的,从调查可见,总体上农民对基层干部还是较满意的。

4)农民对农村普通党员总体满意

据有关调查资料显示,居住分散、流动性大、先锋模范作用意识淡薄,是目前农村党建工作队伍建设面临的一个实际问题。一些党员说:"我们一没职、二无权,只能听听会议、举举拳头。"一些党员也不自觉地降低对自己的要求,混同于一般群众,甚至做了群众的尾巴。当问及"您对村内党员在全村致富工作"上的满意度如何时,116 人次,约占 21.6％的人表示"非常满意",259 人次,占 48.3％的人表示"基本满意",约 135 人次,占 25.2％的人表示"不是很满意",2.4％的人表示"不清楚"。

当问及"您身边有没有您觉得优秀的党员"时,将近 72.6％的人认为有优秀

---

① 刘谟炎:《农村政策指南——中共中央(江西省委)1 号文件研究》,江西人民出版社,2008 年版,第 414 页。

的党员,11.8％的人表示不清楚,近13.6％表示没有。总体上来看,绝大多数党员还是能够带动全村致富,但也有部分党员在这方面做得不够,群众不是很满意。另外,农民还是觉得周围有大量的优秀党员,但也有一部分农民认为身边没有优秀的党员。因此,在实际工作中如何突出农村广大普通党员的主体作用,尤其是提高他们的自律意识和工作能力,使他们真正成为群众心中的一面旗帜具有重要作用,这也将有助于增强农村基层党组织的吸引力、凝聚力和战斗力。

（3）农民对执政党具有较高的信赖度和依存度

调查显示,农民对执政党具有较高的信赖度和依存度,对党的执政充满信心。这可以从以下三个问卷中得到体现。一是多数农民相信共产主义能实现。当问及"您认为共产主义社会能实现吗"时,约有63.8％的人表示"相信"共产主义社会能实现,22％的人表示"不太确定",12.5％的人表示"不相信"。二是绝大多数农民相信党能把改革开放引向深入。当问及"您相信共产党能把改革开放走向深入吗",83％的人表示"相信"共产党能把改革开放走向深入,仅有3.7％的人表示不相信,10.8％的人表示"不清楚"。三是绝大多数农民表示愿意入党。当问及"你愿意入党吗"时,75.9％的人表示"愿意",7.5％的人表示"不愿意",13.6％的人表示"无所谓"。

（4）农民对国家具有较高的忠诚度

调查显示,农民对国家具有较高的忠诚度,对国家充满信心,这同样可以从以下三个问卷中得到体现。一是超过70％的农民表示如果出国后不能再回来的话,义无反顾地选择不出国。当问及"如果您有机会出国,但条件是出国后不能再回来,您会选择什么"时,38.6％选择"不出国",34.7％的人选择"想出国但是不会出国",也就是说,如果出国后不能再回来的话,将近有73.3％的人选择不出国。18.7％的人选择"也许会出国",另有5％的人选择"出国"。二是如果看见有人在村里公开宣传支持国家分裂的言论时,超过80％的农民表示会采取积极主动的方式去制止分裂行为。当问及"如果您看见有人在村里公开宣扬支持国家分裂的言论,您会",33.2％的人表示"会打电话报警",47.4％的人表示"会阻止他"。仅有6.9％的人采取消极应对的态度,"装作没听见"。9.9％的人表示"停下来听他讲"。三是如果中国和外国发生战争,超过90％的人表示会积极支持国家反抗外来侵略。当问及"如果中国与外国发生战争,您会积极支持国

家吗",有 484 人,占 90.3％的人表示会积极支持国家,5％的人表示"有可能"会
积极支持国家。

2. 农民具有较强的民族认同感

(1)农民认为不同民族之间的矛盾存在具有普遍性

当问及"您认为目前不同民族间矛盾程度"如何时,有 223 人认为不同民族
间矛盾其实不大,占 41.6％;约 179 人认为目前不同民族间其实"没有实质性矛
盾",这个比例占 33.4％。也有 12.5％人认为"大",7.5％认为"很大"。可见,老
区农民对不同民族之间的矛盾总体上认为不大,尽管存在矛盾,也不是什么实质
性的矛盾,这与江西是民族小省、江西少数民族在地理上呈典型的"散杂居"分布
以及区域经济发展的不平衡因素有关。江西省有畲族、回族等 51 个少数民族,
12.57 万人口,占江西省总人口的 0.27％,建有 8 个少数民族乡和 80 个少数民
族行政村,400 多个民族村小组。在地理上呈典型的"散杂居"分布,其中畲族聚
居,约 10 万人,占全国畲族人口数的近六分之一,主要分布在赣东北、赣南的边
远山区,瑶族部分聚居,其他各少数民族均为散居性质。

(2)农民认识到了民族团结对中国发展的重要性,十分认同维护民族团结是
中华民族的根本利益

当问及"您认为民族团结对于中国的发展影响"时,有 410 人次认为民族团
结对于中国的发展"十分重要",约占 76.5％,认为比较重要的占 18.5％。可见,
绝大多数农民能较清楚地认识到民族团结对我国发展的作用。从上述调查分析
可以看出,农民十分认同维护民族团结是中华民族的根本利益,也是我们一切有
良知的中国人、中华每一位儿女的一致共识,是最广泛的爱国统一战线最基本的
前提基础。具体到江西来看,江西虽然是民族小省,做的却是民族工作大事,从
讲政治的高度、讲共同奔小康的高度、讲团结的高度重视民族地区的发展,加强
民族工作的建设和发展。

(3)农民认为影响民族团结的最主要因素在于经济问题,"发展经济"是加强
民族团结的最主要途径

当问及"您认为影响民族团结的最主要因素是什么"时,有近 39.4％的人认
为主要原因在于"经济问题";31.7％的人认为主要因素在于"国家政策问题";也
有 21.5％的人认为主要原因在于"种族问题"。

当问及"您认为加强民族团结的最主要途径是什么"时,有 188 人次农民认为"发展经济"是加强民族团结的最主要途径,占 35.1%;约 32.5%的人认为"进行宣传教育"是加强民族团结的最主要途径;也有 27.8%的人认为只有"坚决打击民族分裂分子",才能有效维护民族团结。

加快少数民族和民族地区经济社会发展,是新阶段解决民族问题的根本途径。改革开放初期,江西省民族地区区域性贫困问题相当突出。改革开放以来,民族地区逐步告别贫困、解决温饱。由于少数民族在地理上呈典型的"散杂居"分布,大多分布在边远山区、革命老区、贫困地区和江河源头区,推进少数民族地区经济社会发展的任务还相当艰巨。特别要看到,随着经济社会快速发展,全国各地经济文化交流频繁,就学、务工和经商的少数民族流动人口逐年增加,民族关系日益延伸到社会各个领域。不能因为少数民族人口少而放松对民族工作的领导和支持,不能因为没有发生因民族问题引发的事端而放松应有的警惕,不能因为少数民族和民族地区经济社会发展不断取得进步就降低重视程度和工作的力度。所以要采取一切措施尽快缩小地区间差距,尽快提高少数民族和民族地区的发展能力。

以本次调查的吉安为例,吉安是少数民族散杂居地区,有畲、苗、回、满等 37 个少数民族成分,有 3 个民族乡、27 个民族村、85 个民族村小组。该市对民族地区发展"一村一品"厚爱三分,重点围绕油茶、毛竹、果蔬、食用菌等特色产业,认真落实民族优惠政策,努力营造良好的发展环境。各级对口支援单位以"造血"为主,重点考虑民族地区经济发展项目,每年的扶持资金重点向"一村一品"倾斜,增强民族乡村"造血"功能,形成了全社会支持民族地区发展"一村一品"的良好氛围。在此基础上,吉安市从抓示范入手,以点带面,推动全市民族地区"一村一品"发展。积极组织民族地区"一村一品"专业村参与全市百村推进行动,通过百村推进,一批特色产业村发展加快,成为全市民族地区"一村一品"的示范典型。峡江县金坪民族乡先后投入近 300 万元特色果业扶持资金,完善金坪千亩果业良种场建设,推广"良种场＋基地＋农户"的发展模式,带动 800 多户农户种植果业 4000 多亩。永丰县潭头乡潭头畲族村、卧龙畲族村则充分利用丰富的杂木资源,大力发展香菇、灵芝等食用菌种植,引导 480 多户农户从事食用菌种植,种植面积达 80 万平方米,实现年产值 2000 余万元。此外,吉安市还着力加强农村合作组织建设,积极引导各民族乡村农民创办适应农业区域化、专业化、规模化发展要求的各类农民专业合作经济组织,整合资金、人才、信息等资源,加快"一村一品"发展。截至 2009 年,吉安市民族地区共成立各类专业经济合作组织 32 个,集中资金 2000 多万元,带动农户 1 万多户。①

3. 简要结论

上述调查显示,农民形成了政治共识:农民的国家意识、民族认同意识、政党认同意识总体上是健康稳定的,主流是积极向上的。农民在宏观层面上对党的认识非常到位,显示出国家主流意识形态的权威及其影响力。农民对民族团结和民族矛盾的看法和认知,农民认为不同民族之间的矛盾存在具有普遍性;农民认识到了民族团结对中国发展的重要性,十分认同维护民族团结是中华民族的根本利益;农民认为影响民族团结的最主要因素在于经济问题,"发展经济"是加强民族团结的最主要途径。农民对党中央的农村政策满意度较高,其中,对"三减免、三补贴"政策以及免除农业税等新近提出的农村政策印象最深。农民对基层政权的支持度是值得认可的,这表明农村基层政权组织强大的公信力和良好的群众基础。农民认为只要是能带领大家致富的人做了村支书,是一定能够得到绝大多数村民的支持的。调查显示,农民对执政党具有较高的信赖度和依存度,对党的执政充满信心。一是多数农民相信共产主义能实现;二是绝大多数农民相信党能把改革开放引向深入;三是绝大多数农民表示愿意入党。农民对国家具有较高的忠诚度,对国家充满信心。总之,农民的国家意识、民族认同意识、政党认同意识总体上是健康稳定的,主流是积极向上的。

农民对政治体系之所以有这么高的认同度,有几个重要原因:

一是历史上农民对党的忠诚以及党对农民教育的经验成为重要的历史遗产和精神财富。从江西来看,江西老区富有光荣的革命传统,在战争年代,老区人民坚定地跟着党走,追随老一辈无产阶级革命家,进行了长期的艰苦卓绝的斗争。党在江西老区教育和改造农民的历史经验,也是今天建设和开发老区的巨大精神财富。从浙江来看,调查点萧山衙前是块特殊的土地,特殊处之一在于这

---

① 参见邱玥:《"一村一品"经济引路 吉安市盛开少数民族致富花》,《江西日报》,2009 年 10 月 12 日。

里诞生了中国共产党领导的全国最早的一次农民运动——衙前农民运动。农民运动先驱、中共早期党员沈玄庐就是在自己的家乡衙前村,开始启发当地农民的阶级觉悟,传播马克思主义理想。所以,在这里的农民,有着较早的共产主义理想的深厚熏陶,对中国共产党的各方面认识也是起步较早的。

二是现实中党和国家顺应历史和社会发展规律,制定了一系列的正确方针和政策,得到了广大农民的拥护和支持。从三农政策来看,在这一时期,中国共产党为促进农业发展、农民增收、农村繁荣,先后颁布了 12 个(1978 年至 2009年)中央"一号文件"。这些文件,涉及经济、政治、文化、社会等多项重大内容,每一个主题都是同农民的利益密切相关的,有力促进了农民增产增收,提高了农业综合生产能力,开创了社会主义新农村建设的新局面,也给农业健康发展、农民持续增收和农村长期稳定带来强劲的动力。从民族政策来看,民族关系是多民族国家最复杂、最重要的社会关系,而散杂居民族关系在我国的民族关系中又占有举足轻重的地位,特别是改革开放以来,我国民族关系中的一些问题,比如民族间互融性的增多与民族认同意识增强并存,民族间互助合作的日益发展与民族间的竞争态势并存,经济联系日益加强与利益冲突日益增多并存,各民族日益繁荣与民族间发展差距的扩大并存等等,很大一部分发生在散杂居少数民族身上,"在我国民族关系中有 70%—80% 都是来自散杂居民族关系中的问题"。[①]具体到江西来看,江西虽然是民族小省,做的却是民族工作大事,从讲政治的高度、讲共同奔小康的高度、讲团结的高度重视民族地区的发展,加强民族工作的建设和发展。多年来,江西省民族地区没有发生一起涉及民族关系和影响民族团结的事件,没有发生一起因民族矛盾和利益纠纷而引发的群体上访事件,许多民族乡村连续十几年保持社会治安事件零记录。在经济社会发展过程中,少数民族群众和汉族群众互相尊重、互相学习、互相帮助,形成了共同参与、共同创业、共同致富的良好氛围。针对少数民族散杂居的特点,江西省创造性地开展民族工作,把民族工作融入社会工作中,初步走出了一条省委、省政府领导下"部门主动、社会联动、各方互动、齐抓共管"的民族工作社会化新路子。党和国家解决"三农"问题的举措为农村的政治稳定和发展提供了重要的保证。

---

① 沈林、和佳、王云:《新散杂居民族工作概论》,民族出版社,2001 年版。

随着社会的发展,农民自我意识的增强,农民对政治体系给予了较高的期望值和要求。与此同时,农民政治信仰认同意识还存在一些问题,比如部分人对基层治理的不满意,部分农民对城乡二元结构导致的农民利益受损等,这些问题制约着农民政治信仰认同,需要我们认真思考,积极应对,归结起来主要有以下四点:

一是经济因素影响农民政治信仰认同。目前,我国"三农"工作取得了重大进展,农业持续发展,粮食连年丰收,农民收入持续快速增长,农村面貌得到较大改善,农村经济社会发展出现少有的好势头。但是,必须清醒地看到,农业依然是国民经济发展的薄弱环节,投入不足,基础脆弱。这集中表现在粮食增产、农民增收的长效机制并没有建立;制约农业和农村发展的深层次矛盾并没有消除;农村经济社会发展明显滞后的局面并没有得到根本改观。当前城乡二元结构造成的深层次矛盾依然存在,农村发展仍然严重滞后于城市,农村改革和发展仍然处于艰难的爬坡和攻坚阶段,城乡公共服务水平仍然不均衡,城乡居民的收入差距仍呈扩大趋势,社会主义新农村建设的任务还非常艰巨。这些问题严重制约了农村巨大需求潜力的释放和中国全面建设小康社会的进程,也势必影响农民生活品质的提高,影响到农民公共意识的增强以及影响农民参与农村的政治建设的积极性,最终影响到农民的政治信仰认同。

二是制度因素影响农民政治信仰认同。虽然农民对改革开放以来党的农村政策满意度较高,但是,我们还必须看到,长期以来,由于国家工业化的需要,党和政府在对待农民问题上尚存在着制度上和政策上的偏差。国家通过推行户籍制度、粮油供应制度、劳动用工制度和社会保障制度等,把城市人口与农村人口人为分割,形成了二元经济结构的基本制度,忽视了广大农村和农民的利益,在新时期,由于事实中的二元结构的持续发酵,以工农产品价格"剪刀差"为基本形式的价格争夺依然激烈,城乡之间的差距不断扩大。其次土地资源剥夺,城市化进程使得失地农民生活艰难。不断增加的失地农民队伍,必将严重影响社会稳定和粮食安全。最后就业岗位争夺,农民就业率低。二元经济结构加速了农民的弱势地位,公共投入和公共服务都严重欠缺,许多潜伏因素在加剧着农民贫困化危机。因而农民对于党和社会主义难以有一个积极的认同。

三是教育因素影响农民政治信仰认同。西方国家进行的大量经验性的调查表明,公民受教育的程度对于他们的政治参与能力有较大的影响。阿尔蒙德也曾说过:"一个人是否相信自己具备影响地方或国家法规的能力,很大程度上取决于他在自己的国家里是个什么样的人。他的政治能力随着较高的教育程度和职业地位而增长。"①从本次受调查的农民来说,年龄主要以中年人居多,文化程度主要为初中水平,小学文化水平以下人也占五分之一左右,总体文化水平较低,理论知识较匮乏,民主法制意识也较弱,因而农民的政治行为能力相对较差。此外,农民的社会主义思想道德素质也有待提高,一些地方宗族观念根深蒂固,农村宗族组织及其活动不仅在传统区域而且在中国商品经济最为活跃的东南地区也普遍复兴,一些消极思想和陈规陋习沉渣泛起;一些地方农民大量信教,如在新疆地区,宗教对基层社会发展影响更突出,这也影响农民的政治意识的现代化;此外,还有一些地方如边疆地区由于国外敌对势力的渗透与国内民族分裂主义勾结和分化,影响农村的政治稳定,也进一步影响农民政治意识的变化,这些由于农民所受教育的缺失而导致的不良后果,对社会主义核心价值体系的建构产生了直接影响,也严重影响了农民的政治信仰认同。

四是基层治理因素影响农民政治信仰认同。众所周知,三农问题在相当长时期内是制约中国社会发展的重要因素,也是中国政府面临的重大现实问题。农村治理是中国民主政治的基石,是政治信仰认同意识培育的前沿。改革开放以来,我国基层治理尤其是农村村民自治取得了巨大的成绩,也为农民对政治体系的认同增色不少。但是,基层治理也遇到了不少困难和问题,直接影响农民对政治体系的深度认同。具体表现在如下几个方面:法律规定的乡村自治如选举制度、决策制度、管理制度以及监督制度在很大程度上流于形式,并没有得到真正的贯彻;村民自治程度不高,自我管理的职能严重弱化,政府对村治干预太多等,上述情况非但没有得到有效解决,反而在有些地区农村表现突出,尤其是一些违法行为激起农民的强烈不满,引发了多起集体上访事件,严重影响了农村的社会政治稳定,也严重损害了农民对政治体系的信任度。

(二)当代中国农民具有现代公民意识

公民权是构成现代国家认同的关键所在。塑造国家意识和公民意识是建立

---

① [美]阿尔蒙德、维巴:《公民文化》,东方出版社,2008年版,第199页。

现代民主国家不可缺少的组成部分和基础；公民意识也是对现代形态的国家政权实现认同的有效途径。农民占中国人口的大多数，让农民主动实现自我管理、当家做主和有效参与，直接关系到农村的政治整合和政治发展。通过分析考察当前农民公民意识状况，寻求实现农村政治整合的思路和对策。

农民的公民意识层面，一般来说又可细分为两个方面，一方面是农民的权利意识，即认识和理解依法享有的权利及其价值；掌握如何有效行使与捍卫这些权利的方式；自觉把行使权利的行为规约于法律规范之中，以免损害其他主体的合法权利。另一方面是农民民主意识。对农民而言，农民民主意识中最有进步意义的首先是政治参与意识。农民的权利意识是参与意识生成的逻辑前提。农民的政治参与意识，它是农民权利得以实现的重要方式，反映着农民在政治生活中的地位、作用和选择范围。依据"农民的权利意识是参与意识生成的逻辑前提，农民民主意识是农民权利得以实现的重要方式"这一划分标准，本书采用权利意识与民主意识并列来分析农民的公民意识。其中"权利意识"主要指平等权意识（包括地权平等、社会保障平等权以及空间平等权）、自由权意识（主要指迁徙自由权），而"民主意识"主要指参与意识。

1. 农民的权利意识有较大提高

现代社会是以个人权利为基础的，这种权利受国家法制保护神圣不可侵犯。所以，为与市场经济相适应必然要求建立以公民平等权利为基础的民主国家。农民的权益不仅表现为地权，而且表现于经济社会等多方面的民权。[①]　笔者主要从农民的土地权利平等意识、农民的空间平等权利意识、农民的社会保障平等权利意识、农民的自由迁徙权利意识以及农民的权利保护意识等五个方面多角度宽范围来阐述当前我国农民权利意识的现状。

（1）农民的土地权利平等意识

1）农民对集体经营和承包制等组织形式的认知、情感和态度

人类从事生产从来都不可能是单个人孤立地进行，都要求各成员间在生产中有所分工、相互合作。生产组织制度实际上是要解决生产的基本单位以及各生产成员在这个基本单位中如何分工的问题。生产组织制度的两种极端情况

---

① 　徐勇：《现代化视野中的"三农问题"》，《理论月刊》，2004 年第 9 期。

是：个体分散化生产和集体合作化生产。小农生产实际上是一种有代表性的分散化生产，以家庭或农户为基本生产单位，以家庭成员间的相互分工和配合来完成生产过程。而社会经济发展的大趋势则是社会化、专业化、合作化，这是因为专业化、合作化可以发挥出规模经济的优势，可以节约生产成本，提高经济效益，从而生产出更多更好的产品，符合农业产业化发展的方向。但是也并不完全如此，合作化如果没有解决好监督和激励问题，同样也可能会没有效率，甚至会出现还不如分散生产有效率的情况发生。新中国成立以来，我国农业生产的组织形式的演变历史可以概括为：分层租佃制合作生产组织形式→农户分散生产组织形式→人民公社集体合作生产组织形式→统分结合双层经营农户分散生产组织形式→各种形式股份合作制生产组织形式。

"组织起来"是我党解决农民问题的根本方法。新民主主义革命时期，共产党根据当时中国革命的形势和社会经济状况，提出了农民问题是中国革命的中心问题、解决农民的土地问题是革命的中心内容和最基本的任务这一光辉思想。1943年11月29号，毛泽东在中共中央招待陕甘宁边区劳动英雄大会上作了题为"组织起来"的长篇讲话。毛泽东指出："在农民群众方面，几千年来都是个体经济，一家一户就是一个生产单位，这种分散的个体生产，就是封建统治的经济基础，而使农民自己陷于永远的穷苦。克服这种状况的唯一办法，就是逐渐地集体化，而达到集体化的唯一道路，依据列宁所说，就是经过合作社。在边区，我们现在已经组织了许多的农民合作社，不过这些在目前还是一种初级形式的合作社，还要经过若干发展阶段，才会在将来发展为苏联式的被称为集体农庄的那种合作社"，"只要是群众自愿参加（决不能强迫）的集体互助组织，就是好的。这种集体互助的办法是群众自己发明出来的"。① 全国土地改革完成之后，中国就开始了农民的互助合作，形式上从互助组到初级合作社。初级社的发展显示出巨大的优越性，它一方面克服了分散经营的缺点，同时又在一定程度保留了农民生产资料所有权的权益，因而极大地调动了农民的积极性，农业生产力有了很大的提高。这可以从浙江萧山农民的调查中得到印证：

---

① 《毛泽东选集》第3卷，人民出版社，1991年版，第931页。

南庄王村 69 岁的王某是一名老党员,他对土改有些印象:"土改是毛泽东时代搞的,那时贫苦老百姓没有土地,那就是要分土地。土地分到了,吃饭问题就解决了。富农,我们这里很少的;上中农,下中农,贫农,都分的。地主有很多土地的,就被抓住,最后有被枪毙的,这个土地最后都给老百姓分下来。那时候是贫下中农掌权啊。"①

74 岁的老党员王大爷也是南庄王村人:"建国初期的土改对家庭生活的影响很大。原来没有土地的,国家分给你一些土地,你搞自己的土地,这是很好的。如果没有土地改革,你家租地主的土地要交租费。""毛主席那个时候土地非常重要的,见缝插针,有一点土地就要开荒种菜。现在的人一般都出去打工了,还是那个时候的土地比较重要,对土地十分重视。"②

新林周村 78 岁的李奶奶:"土地是最重要的,农民就是需要土地,不像现在,米是可以自己买的,那时不可以买,所以必须有土地自己种。"③

徐某是"文革"后首批加入组织的中共党员,他对农业合作社的产生、发展有着自己的认识:"农业合作社有当时的客观原因,因为当时土地改革以后,贫下中农的生产资料、劳动力不足,国家分给的土地没有能力耕种,又出现了买田卖地的情况。然后,1953 年搞了互助组,搞了不到一年改为低级社,后来改为高级社。那个时候超越了社会客观条件,但是当时的出发点是好的,毛泽东最怕贫富不公、两极分化。"④

65 岁的陈某,从 1978 年到 1998 年一直在村里工作,曾做过较长时间的妇女主任。"那些年农民加入公社的积极性很高的,三面红旗,'多、快、好、省',积极性很高。""反对的声音还是有的,只是大多数是支持的,即使吃不饱但也没什么大怨言,因为也没谁好怨,国家也很穷,所以积极性还是很高。我们就在最困难的时期也没有想到退出公社。"⑤

---

① 访谈者:王燕丽。被访者:王某。南庄王村,男,69 岁,党员。2009 年 5 月 12 日下午。

② 访谈者:周靖旻、龚凌燕。被访者:王某。南庄王村,男,74 岁,党员。2009 年 5 月 12 日下午。

③ 访谈者:张洪斌。被访者:李某。新林周村,女,78 岁,小学文化。2009 年 5 月 12 日下午。

④ 访谈者:林如。被访者:徐某。螺山村,男,60 多岁,高中文化,党员,曾在村里任职,现经营个人企业,年收入十几万元。2009 年 5 月 13 日上午。

⑤ 访谈者:林如。被访者:陈某。新林周村,女,65 岁,曾长期担任村妇女主任,现个人经营小店铺。2009 年 5 月 12 日下午。

新林周村 66 岁的王大爷:"在当时的时候,这样做也是正确的。共产党在不同时期,有不同的精神。"①

但由于我们把高级社等同于集体农庄,照搬苏联全盘集体化的做法,引起了农民的不满。1957 年导致大批退社,政府不顾农民的反对,采取"大辩论"的高压手段强制推行了向高级社的过渡。1958 年又搞了"人民公社"化,全国在短期内人为地消灭商品经济,取消按劳分配,实行供给制的所谓"共产主义"。人民公社多数以大队为核算单位,实行工农商学兵于一体,政社合一,高度集中的管理体制,彻底否定了农民家庭作为基本生产经营单位的地位。1961 年以后不得不退回到"三级所有、队为基础"②的体制,但集体农庄的模式实际上被进一步固定化了。这一组织制度一直延续到改革开放后的 1982 年。人民公社化运动给农村经济乃至整个国家带来了一场劫难,也给农民造成了心理阴影。这种状况在我们的调研中可以得到体现,下列的数据可能有一些说明性。

在江西,当问及"您对过去的集体经营"的看法时,仅有 82 人认为好,仅占 15.7%,超过 72%以上的人认为不好,为 386 人次。可见,绝大多数被调查者并不赞同过去的集体经营。

在浙江,访谈中农民对当时集体经营也不是很赞同:

65 岁的女性陈某:"低级社(应该是初级社——访谈者注)、高级社的时候,白天劳动,晚上开会、学习,接受教育。因为老百姓的思想转不过来,上面要来做思想工作。萧山派五六个人做思想工作,一起工作、一起劳动、一起学习。他们的工作思路很好的,都想要百姓富起来。""那时候的人没什么积极性,就做一天和尚敲一天钟的状态,出现很多磨洋工的现象,出勤不出

---

① 访谈者:徐皓。被访者:王某。新林周村,男,66 岁,群众。2009 年 5 月 12 日下午。

② 1958 年 8 月中共中央关于在农村建立人民公社问题的决议中就规定:首先由原来各小社(高级农业社)联合选出大社(公社)的管理委员会,统一规划部署工作,把原来的各小社改为生产队,原来的一套生产组织和管理制度暂时不变。1958 年 12 月党的八届六中全会关于人民公社若干问题的决议中明确规定:人民公社应当实行统一领导、分级管理的制度,并且规定一般可以分为公社管理委员会、生产队(即基本核算单位)、生产小队(即组织劳动的基本单位)三级。随后,1959 年 3 月,党中央进一步明确规定:公社应当实行"三级管理,三级核算,并且以队的核算为基础",也就是说生产队的所有制还是公社的主要基础。1962 年召开的中共八届十中全会通过了《农村人民公社工作条例修正草案》,正式确立了"三级所有,队为基础"的体制,基本核算单位由生产大队下放至生产队,生产队规模一般 20—30 户。

力,所以我们效率很低。"①

　　新林周村 78 岁的李奶奶:"集体劳动,人多搞不好的,出工不出力,都是磨洋工。太阳不下山,大家不可以回家,反正都是在那等太阳下山,也不好好做。"②

　　新林周村 78 岁的李奶奶:"吃食堂饭很苦的,吃还吃不饱。合作社时,做工要天天做的,没有一天不做。你去做,我不去做,工分就被别人拿走了。做做也只有几毛钱一天,妇女一天做做三角五分钱,男的四角五分钱,我们夫妻一年也挣不了多少钱,还欠别人家钱。"③

　　1978 年开始的以家庭联产承包为主的各种生产责任制④,极大地冲击着人民公社体制,经营制度的变革奠定了组织制度变迁的基础。1983 年,中共中央发出《当前农村经济政策的若干问题》的 1 号文件,决定改革人民公社体制,实行政社分设,开始了家庭联产承包责任制。土地由原来集体所有、集体统一经营变为集体所有、农户承包经营,实现了农地所有权与使用权的分离。联产承包制的实行,使得农民在承包期内可以成为一个独立的生产者和经营者,这样直接地使自身劳动的投入与收益之间有一个对应关系,经营得好收成高,自己也收益大,生活也改善了;经营得不好,收成差,生活水平要降低。这是在原来的人民公社体制无法实现的,这样农民的积极性调动起来了,农业劳动生产力大大得到提高。农村联产承包责任制不仅较快地调整了农村的生产关系,有效地促进了社会生产力的发展,而且也为后来的社会主义经济体制改革目标的确立奠定了基

---

　　①　访谈者:林如。被访者:陈某。新林周村,女,65 岁,曾长期担任村妇女主任,现个人经营小店铺。2009 年 5 月 12 日下午。

　　②　访谈者:张洪斌。被访者:李某。新林周村,女,78 岁,小学文化。2009 年 5 月 12 日下午。

　　③　访谈者:张洪斌。被访者:李某。新林周村,女,78 岁,小学文化。2009 年 5 月 12 日下午。

　　④　1979 年农历正月,小岗生产队 20 位农民代表全队 20 个农户聚集在社员严立华家秘密开会,商讨农业生产责任制问题,与会人员一致同意全队实行大包干到户并一致通过了三条规定:瞒上不瞒下,不许任何人向外透露;交粮油时该是国家的按时缴给国家,该是集体的按时留给集体;万一走漏风声,队长严宏昌由此坐牢,全队社员共同负责把他的孩子抚养到 18 岁。(中国革命博物馆藏品号 GB54563)这份契约被学术界广泛称为农村家庭承包责任制的起源。它的产生有一些基本特殊背景,如农村人民公社制度严重约束了农民的生产积极性,导致了农村的全面贫困;1977 年 11 月 28 日在当时安徽省委书记万里主持下的"省委六条"下发,触动了当时一些似乎不可动摇的原则,突破了长期无人逾越的禁区;还有 1978 年江淮大地遭遇百年不遇的大旱,农民生活陷入绝境等。

础。"能力和智慧"逐渐成为调节农村利益关系的内在机制,在一定程度上也调动了广大农民的生产和经营积极性及创造性。可以这样说,农村联产承包制的推行是我国农村的一场意义深远的革命。

当问及"您认为50年代初的土地私有制、后来的人民公社化和现在的土地集体所有、家庭承包这三种方式哪种更好"?上述调查显示,认为人民公社好的仅有13人次,占2.4%;认为"集体所有、家庭承包制好"的有405人次,占被调查总数的75.6%,其有效百分比达到76.4%。说明经过30多年的农村改革,江西农民的思想已经发生了实质性变化。这种状况在发达地区的浙江萧山衙前一样影响深远:

> 南庄王村74岁的老党员王大爷:"承包对村里影响很大。搞土地承包,农民就到集体土地上耕种,劳动力得到解放了,还可以到外面做生意。现在自由了,你能力强自己致富,那多好啊。"①
>
> 项漾村59岁的私营企业主项某:"以前是出工不出力,现在效率提高了。以前生产队的时候,20天也种不下去的地,后来分给我自己,我2天就种掉了。"②
>
> 明华村方某:"家庭联产承包好啊,自己愿意种田的去种田,愿意打工的好打工,愿意挣钱去挣钱,集体的时候是搞不来的。"③

我们知道,农村家庭承包责任制是改革过去"一大二公"的农村生产制度而在20世纪70年代末期由农民自发兴起,得到中央政策肯定和鼓励的一种经济制度,20多年来,它为解决中国粮食问题做出了重要贡献。然而随着中国融入世界的步伐加快,农业科学技术的飞速发展,其弊端也越来越突出:一是规模制约。单家独户、作坊式的极度小型化经营,必然导致交易费用的增大和经济效益的下降,并且带来生产要素分户占有与扩大规模经营的矛盾。农业社会化、商品

---

① 访谈者:周靖旻、龚凌燕。被访者:王某。南庄王村,男,74岁,党员。2009年5月12日下午。

② 访谈者:刘娟。被访者:项某。项漾村,男,59岁,党员,私营企业老板,年收入十二万元以上。2009年5月13日下午。

③ 访谈者:周靖旻。被访者:方某。明华村,男,40—60岁之间,小学文化,家庭年收入在8—12万之间。2009年5月14日下午。

化、专业化和市场化程度的大大提高,必然要求生产要素流动和优化组合,实行联合规模经营,提高经济效益,增强市场竞争能力,而一家一户占有生产要素的小规模经营方式,成为社会化大生产和发达商品经济必然要求集中生产要素、实现规模经营的严重障碍。千家万户分散的小生产一方面不能适应大市场的需求变化,难以与市场需求相衔接。另一方面也束缚着农业商品化、专业化和社会化程度的提高,难以为大市场迅速增长的需求相应提供足够的有效供给。二是资金和技术制约。农户家庭经营小本起家而又融资困难,导致个体家庭经营发展资金严重不足。靠手工劳动起家的农户家庭,生产工具简单,技术水平落后,竞争劣势日趋明显。三是管理和人才制约。家庭经营通常靠的不是科学的规章制度和管理方法,而是凭借封建宗法式的家长制管理企业,这严重影响农业的发展。另外人才短缺和招聘困难,是个体家庭经济面临的突出问题。四在家庭和集体的双层经营中,家庭层与集体层缺乏内在的联系机制。由于绝大多数村级集体组织目前还没有成为独立的经济实体和被赋予相应的分配职能,村级集体组织并不承担承包户的经营风险,加上家庭承包采取的是大包干的形式,即包死上缴的各种提留,这种提留与产量无关。在农业生产计划性显著减弱和市场未发育健全的宏观环境中,受价值规律支配,每个家庭容易在生产经营中自行其是、盲目行动,或把土地经营当"创业",把主要精力投入利益比较高的非农产业。与此同时,村级集体组织,出于没有参与收入的初次分配,或者说,没有统一的分配功能,导致集体的"经营"职能削弱。这使国家对农业的发展计划、战略协调难以顺利实现。

基于家庭联产承包制的现实困境,对农民来说就更像是一种煎熬。调查显示,农民普遍存在一种矛盾心理,即:一方面追求集体性生活,另一方面又追求个人利益。

当问及"您喜欢大家一起耕作,一起劳动的生活吗"时,235人次表示不喜欢,占被调查者总数43.8%;喜欢和非常喜欢为253人,占47.2%;无所谓的为37人,占6.9%。结果显示,合作劳动与单干的态度基本持平。这个调查结果很有意思,说明了农民的一种矛盾心理:一方面追求集体性生活,另一方面又追求个人利益,而要能有效协调二者的关系,需要制度的创新。

2）农民对国家土地制度和政策的认知、情感和态度

"三农"问题的核心是农业，农业问题的核心是土地，土地问题的核心是产权制度。发展中国家的农业大都属于劳动密集型的行业，也就是农民以自身的劳动力直接作用于劳动对象——土地而获得收成。因此最简单的农业生产对生产要素的要求也就是一要有劳动力，二要有土地。当然农业生产还需要生产工具和种子等投入，但这种投入相对于劳动力和土地这两个要素而言是不难获得的。由于农民自身拥有劳动力这一要素，因此小农经济从事农业生产的关键因素也就是土地。历史的经验也正是证明了这一点，凡是把土地直接交给农民生产经营的历史时期，也正是农业生产获得良好发展的时期，农业生产力得以释放；反之，凡是土地和农民分离的时期，也正是农业生产力受到严重破坏的历史时期。而对农民和土地结合方式的界定正是土地的产权制度所要解决的问题。新中国成立以来我国农村土地的产权制度的演变历史可以概括为：封建土地私有制→平均主义土地私有制→集体所有制→两权分离的集体所有制→社区土地股份合作制。经过多年来的变迁，农民对土地制度的认知如何呢，我们设计了一系列问题进行问卷调查，以期了解农民的真实看法和想法。

第一，关于土地性质的看法和认识以及对国家现行土地政策的看法。

乡村的土地所有制问题和边界确认问题是十分复杂和重要的事情。在互助组和合作社时期，土地是按其全部成员入股土地确定的；高级社和人民公社时期，乡村土地在所有权问题上出现了混乱局面，到1962年"四固定"[①]时，按人口和好坏地，进行了小规模的调整，并基本上确定了各生产队的土地边界。实行包产到户，分田时也基本上按照各生产队原有的土地进行。一个生产队内的成员对土地分配的权利是平均的，好地和坏地在农户间通过抓阄来决定。由于国家有关农村土地所有权的法律规定的不明确性，村民小组作为集体经济组织对土地的所有权也被一定程度的虚拟化，没有很好解决农民集体与农民个人两者之间的利益关系。合法产权主体的利益得不到有效保护，产权的激励功能得不到充分的发挥。据1981年国家统计局《中国统计年鉴》的有关资料显示[②]：改革初

---

① 1962年的"四固定"指定物、定数、定位、定期检查。

② 参见国家统计局：《中国统计年鉴》，1981年。

期,我国土地归原人民公社生产队(即后来的村民小组)所有的占 99.3%,1987 年农业部对 1200 个村调查,这个比重只占 65%。1996 年,福建省农业厅统计,该省只有 34% 的土地属于村民小组了。这就说明,在实行联产承包责任制后,我国的农村土地的产权结构发生了变化,在集体所有这样一个大的范围下,具体实现的形式可以是多样的。集体土地产权实现形式多样化也必然带来产权界定模糊与困难,从而引发出许多矛盾和问题。产权主体模糊性的直接后果是,易造成道路、水利设施等公共物品供给主体的缺位及保护、监督的乏力。

1988 年《宪法》修正案关于土地的使用权可以依照法律的规定转让的规定为土地租赁制的实行解开了禁锢,实际上是为农村联产承包责任制的推行奠定基础,农民承包的仅仅是集体土地的使用权,而不是所有权。宪法的这一规定对于保护国有土地不至于流失是有效的,但对土地的有效使用是不利的。

从土地的使用权角度来看,尽管目前已经明确农民可以自主地转让土地的承包经营权,也就是说通过转包的法律形式来使土地流转起来,但是转包双方的权利与义务也缺乏必要的法律依据,而且由于现行农村的各项繁重的税费都是和土地的承包权联系在一起,所以转包市场也难以实质运行。而且即使能够运行,最终还有一个承包期的限制,不论承包期是三十年还是五十年,都并非无限期,承包方或转包方都不会作长期的打算,也不会作长期的治理。而在实践上,农村集体土地所有权的基本权能事实上由土地使用权所代替。这种权能替换在很大程度上改变了土地所有权的法律地位,使土地所有权高度弱化、使用权对所有权的分割程度很高。[①] 这在一定程度上反映到了村民对于农村土地所有权不同的认识,也在事实上影响到了村民以及村干部对村民小组作为集体经济组织性质的认同。

当问及"您认为您现在耕种的土地是属于国家的或者集体的还是你自己的"时,有 402 人次认为是国家或者集体的,约占 75.0%;93 人次认为是自己的,占 17.4%;表示不知道和其他的有 20 人次,约占 3.8%。可见,绝大部分普通农民对自己耕种的土地性质十分了解。

---

① 参见于建嵘:《转型期中国乡村政治结构的变迁——以岳村为表述对象的实证研究》,华中师大博士学位论文,2001 年。

对另一个问题的回答也给予了充分证明。当问及"您认为目前的土地制度实际上是谁所有"时,回答国家所有或者集体所有的共有 456 人次,约占 85%。其中有 17.5% 的人认为农村土地虽然土地性质是集体所有,但却是"干部说了算"。

为了保护国家的利益,约 319 人次认为土地所有还是维持现状比较好,约占59.5%。在回答这三个问题时,有一个现象不得不引起重视,即约有 20% 左右的农民认为私有好,从我国国情来看,这部分人实际上希望土地是集体所有,但是家庭联产承包后,土地应在法律规定范围内由自己支配。后面我们关于土地承包权的问卷也证明了这一点。

另外,调查显示,农民对国家现行的一些土地政策条规总体上满意,非常满意、满意以及比较满意的比例总计高达 87%。从现有调查中尚不足以反映出当地存在征收土地造成社会矛盾突出的问题。

第二,关于承包权及农地征用的认识。

土地承包经营权(以下简称为"承包经营权")是反映我国经济体制改革中农村承包经营关系的新型物权。承包经营权虽然产生于承包合同,但不限于承包人与集体组织间的财产关系,而是一种与债权具有不同性质的物权,并且也是传统民法的物权种类所不能包括的新型物权。那么,农民对承包权以及承包地与生活的关系是如何认识的,农村地区是否广泛存在征地矛盾呢?

当问及"您现在的承包地和 20 世纪 80 年代刚分田到户时相比是多了还是少了"时,回答"少了"的有 313 频次,占总样本的 58.4%;回答"多了"的有 99 频次,占总样本的 18.5%;回答"几乎一样"的有 109 频次,占总样本的 20.3%。可见,在江西等不发达地区承包地总体上是减少了,其主要原因一方面是人口自然增长,另一方面大量良田被挪作他用(比如农村宅基地使用等),第三个原因就是政府征地发展经济使用。

当问及"您认为现在完全依靠承包土地从事相关生产能否过上好日子"时,回答"能够"的有 155 频次,占 28.9%;回答"不能够"的有 276 频次,占 51.5%;回答"说不准"的有 97 频次,占 18.1%。从调查显示,农民完全依靠土地生活的人也还是不在少数,当然,不能够完全依靠承包土地过上好日子的人占了一半以上人。改革开放以来,尤其是邓小平南方讲话以后,江西当地年轻农民开始流向广东等沿海地区打工,到 2000 年初期,打工贴补家用已成气候。但江西当地农民与土地的关系和情感仍比沿海地区更强。

当问及"您认为你们村的承包地应该不应该每隔几年按照人口进行一次调整"时,有 434 频次认为"应该"调整,约占 81％;回答"不应该"和"说不清"的约 94 频次,占 17.5％。调查表明,当地绝大多数农民认为应该适时调整。但事实操作过程中,农户的人口虽发生了变化,不一定就会相应地调整承包地。①

而农民对完全放弃土地承包权的态度,也是表现矛盾心理。在江西,当问及"如果条件合适,您是否愿意完全放弃您的土地承包权"时,回答"愿意"的有 191 频次,占 35.6％;回答"不愿意"的有 259 频次,占 48.3％;回答"说不清楚"的有 75 频次,占 14％。

在浙江,调查显示,农民对土地仍然具有一种情愫,而且由于城镇化发展,土地收益和价值增大,农民心理上始终是舍弃不了土地的:

> 言某,46 岁,在本地私营企业打工:"我们现在没有土地,但骨子里还是认为我们是农民。以前我们觉得当农民不好,总想跳农门,但是现在觉得很好。像我们现在都在上班,不是说不去种地就不是农民,我们还是农民。像我们的话非农转到农都很难。如果我女儿考大学,我不会把她户口转出去的,但是我女儿在土地征用的时候,户口已经被迁出去了。如果有农村的户口的话,我会尽量保留的,因为农村并不比城市差,农民现在有很多享受。像我父辈的话,觉得当农民很不好,但是现在时代变了,住在农村比城市好多了。"②

---

　　①　《农村土地承包法》规定,农村土地承包的承包方是本集体经济组织的农户;在农村土地承包中,妇女与男子享有同等承包土地的权利。村民承包土地是以农户为单位,承包期限基本都是 30 年以上。在《农村土地承包法》实施前已经预留机动地的,机动地面积不得超过本集体经济组织耕地总面积的 5％,不足 5％不得再增加机动地;该法实施前未留机动地的,本法实施后不得再留机动地。这也就是说,法律是不鼓励预留机动地的。但是为了照顾某些农户人口增加以后对土地的需要,农村大致采取以下多种办法解决:如采用调整口粮田和提留款的动粮不动地,供粮不包田的办法;有的实行增人减责任田、加口粮田、减人增责任田、减口粮田的两田互补的办法;有的实行一部分土地长期承包不动,一部分土地短期承包,几年一调的长短结合办法。

　　②　访谈者:杨柳。被访者:言某。明华村,女,46 岁,大专文化,在本地私营企业务工。2009 年 5 月 14 日下午。

南庄王村 74 岁的老党员王大爷："原来农村人最喜欢城镇户口,现在农村户口不一定喜欢城镇户口。现在可以到城镇去落户但是不想去的也有。我孙子本来可以到萧山落户的,现在不要去,反正都是一样的,有些还是农村好。为什么呢?农村一个有土地分给你,还有一个,农村造房子土地比较宽,没有城镇那么紧,农村土地卖完以后给你钱的。我现在自己还有土地,现在都给村里了,村里拿去了,一年 1200 块钱一亩地。我家有一亩七分地,相当于一年收入两千块钱了。"①

王女士,42 岁,家庭主妇,丈夫在经商:"小孩子以后不转户口,现在是有户口有土地,土地值钱。"②

关于土地承包权的放弃与否,对于农民来说,是一件非常纠结的事情。当然这一问题的前提是自愿,它与政府征用性质不一样。"以承包地换社保"、"以宅基地换房"以达到腾出更多城市建设用地指标的"旧村改造"、"村改居"行动正在从沿海到内陆,一路高歌猛进。河南洛阳出台文件,"如果农民放弃土地承包权和宅基地使用权,就能进城定居,最高可获 1 万元补偿,在医保、子女入学等方面可享受和城里人同等待遇,最终将收回的土地交给龙头企业统一管理",该文件是河南省首例,全国领先的案例。专家称方向不错,但农村土地专业化是个漫长的过程,实施不能过快。③ 重庆宣布了要在 10 年内让千万农民工进城的户籍改革,而山东省诸城市(县级市)在 2010 年 6 月就相继撤销了 1249 个建制村,合并成 208 个农村社区,成为全国首个撤销全部建制村的城市。但专家认为农民放弃土地和承包权换取城市社保存隐患。④

当问及"认为您的承包地被政府征用对您是好事还是坏事"时,约 232 频次认为这是"好事",占 43.3%;105 频次认为是"坏事",占 19.6%;有 188 频次认为"说不清",占 35.1%。从调查中显示,农民对土地征用的好坏存在明显的矛盾,光是说不清,就占了 1/3 之多。由于问卷未涉及是否存在征地矛盾等问题,

① 访谈者:周靖旻、龚凌燕。被访者:王某。南庄王村,男,74 岁,党员。2009 年 5 月 12 日下午。

② 访谈者:邵琴芬、杨柳、洪坤。被访者:王某。南庄王村,女,42 岁,家庭主妇。2009 年 5 月 12 日下午。

③ 参见:《河南洛阳农民弃地就能当城市人 最高补偿一万》,《河南商报》,2009 年 7 月 19 日。

④ 参见:《专家:农民放弃土地和承包权换取城市社保存隐患》,《南方周末》,2010 年 10 月 15 日。

故尚不足以妄加推测,但是现实存在的农村征地矛盾以及由此引起的农村突发性群体事件确实值得我们深思。

在发达地区的浙江萧山衙前农民对于征地问题也是存在矛盾心理:

> 吟龙村 75 岁的胡某:"地被征了是好事。有些人怕地被征了以后没饭吃,我想只要经济发展了,国家自然会有补贴给你的。地被征的人钱反而更多了。"①

> 施某,50 岁,从工厂退休在家休息。他认为,土地都流转出去了或者被征用了不一定是好事。"像目前金融危机时期,很多厂关门停产了,村民没有工作可干,土地也没有了,村民可怎么生活啊? 所以应该留点土地。"②

> 王某,43 岁,南庄王村人,在村街道自家房子开百货商店,妻子在工厂上班,儿子读技校,家庭年收入 3—4 万元。王家还有一亩九分土地,自主转包给别人种苗木,年租金 1600 元。村里正准备将土地收回建房。他觉得,农民还是要有土地,没有了土地子孙后代没有保障。即便是夫妻都有了保险,也还希望能有些土地。他认为,国家保护农田的政策没有被很好地执行,农田越来越少,他很困惑。③

> 王女士,42 岁,家庭主妇,丈夫在经商。"当时还是蛮单纯的,觉得政府征地就不用种地了。如果有土地,我们 6 月就要出去割稻子,所以我们认为征地还是好的,而且每个月还补贴买米的钱。但是现在想想,还是觉得有土地好。政府的补贴虽然给我们,但是我们有这个能力了,所以对这个补贴也不太在乎了。当时有地的时候也只是有口粮地,一家人就可以忙完,不需要邻居或亲戚帮忙的。我们也不知道以后的形势怎么发展,没有土地了,我们还是有些担心。"④

20 世纪 90 年代以来,随着市场化、城市化进程的推进,征地运动的规模不

---

① 访谈者:吴卫国。被访者:胡某。吟龙村,男,75 岁。2009 年 5 月 14 日上午。

② 访谈者:洪坤。被访者:施某。山南富村,男,50 多岁,群众。2009 年 5 月 15 日上午。

③ 访谈者:郑昌俊。被访者:王某。南庄王村,男,43 岁,群众,在街道开商店,家庭年收入 3—4 万元。2009 年 5 月 12 日下午。

④ 访谈者:邵琴芬、杨柳、洪坤。被访者:王某。南庄王村,女,42 岁,家庭主妇。2009 年 5 月 12 日下午。

断扩大,这使农村征地冲突成为税费改革后农村突发性群体事件的重要形式,也成为影响农村社会稳定发展的首要问题。征地拆迁"要地不要人",土地流转"要钱不要地",一次性货币补偿的做法,曾让不少失地农民成为种田无地、上班无岗、社保无份的"三无"人员,引发了大量矛盾。特别是一方面征地规模越来越大、补偿标准越来越高,但另一方面农村征地引发的冲突却愈演愈烈,全国范围发生了多起关于农村征地引发的矛盾事件,仅 2006 年因征地引发的农村群体性事件已占全国农村群体性事件的 65% 以上[①]。下面仅列举 2010 年征地引发冲突主要事件:

> 2010 年 1 月 26 日下午 3 时 15 分左右,江苏省盐城市区迎宾路拓宽工程地段一居民曾某从家中身浇汽油,突然跑到门前迎宾路上引火自焚,其女发现后立即上前扑救,其女双手轻度烧伤。曾某伤势较重,医院正在全力抢救,其女双手轻度烧伤,也在救治之中。曾某为迎宾路拓宽工程地段一拆迁户,自焚原因有关部门正在调查之中。[②]

> 2010 年 3 月 3 日,湖北省武汉市黄陂区。69 岁的王翠云在阻止拆迁方施工的过程中,被铲土机扫进土沟活埋,不治身亡。

> 2010 年 3 月 27 日,江苏省连云港市东海县黄川镇一户村民为阻拦镇政府强拆自家的养猪场,二人浇汽油自焚,68 岁的男子陶会西死亡,其 92 岁的父亲陶兴尧被烧伤。

> 2010 年 4 月 3 日,福建泉州市民何全通,因不服自家房屋即将被强制拆迁的决定,在该屋点火自焚,经紧急抢救无效后死亡。

> 2010 年 9 月 10 日上午,江西抚州市宜黄县发生恶性拆迁冲突,致使拆迁户 3 人被烧成重伤,分别是被拆迁者钟姓一家的大伯、79 岁的叶忠诚,钟家的母亲、59 岁的罗志凤,以及钟家二女儿钟如琴。9 月 18 日 1 时左右,伤势严重的叶忠诚因抢救无效死亡。[③]

---

① 《中央将逐步改革征地制度减少农村群体性事件》,《新京报》,2006 年 2 月 23 日。
② 《江苏盐城一拆迁户自焚重伤 官方开展调查》,《现代快报》(南京),2010 年 1 月 27 日。
③ 《新拆迁条例:权益"平衡木"》,《民生周刊》,2011 年第 10 期,http://paper.people.com.cn/mszk/html/2011-03/11/content_766234.htm? div=−1.

为什么会造成这些流血冲突呢？学界主要从土地补偿标准、法律概念冲突、社会保障滞后以及未来生存危机等四方面分析了冲突原因,[1]而关于农村征地冲突的深层次诱因,学者们普遍认为模糊集体土地所有权、多产权主体同时存在,是我国土地冲突频发的一个基本因素。有学者总结了导致我国农地非农化过程中的土地冲突的深层诱因,[2]主要包括征地制度的缺陷、[3]农地所有权模糊、农地承包权残缺、农地所有权模糊、农地承包权残缺、土地矛盾调解制度缺陷、[4]农地征用补偿费偏低、[5]利益表达制度安排滞后、[6]农民在面临经济政治权利被侵犯时难以在体制内找到保护等几个方面[7]。据 2013 年政府工作报告指出,过去五年中国转移农村人口共计 8463 万人,城镇化率由 45.9％提高到 52.6％,[8]这意味着将有更多的农民变身为失地农民,征地补偿、社会保障等问题也会日益突出。可见,如何解决农村征地冲突问题,是推进城镇化发展,促进农村和谐有序发展的重要课题。

第三,农民对土地流转制度的看法存在地区间的不平衡。

农村土地经营权是随着土地承包权的确定而派生出来的。部分农民在取得土地承包权后,既不放弃承包权利也不经营土地,而是将土地以各种方式交由他

---

① 学界认为主要原因有四点:一是我国征收土地的补偿标准远远落后于社会经济发展水平,征地补偿无法满足老百姓的生活需求。二是法律概念上存在冲突。一方面,法律规定为了公共利益的需要征收土地,但"公共利益"又难以界定。另一方面又规定"任何单位和个人进行建设,需要使用土地的,必须依法申请使用国有土地",二者相互冲突。三是级差地租产生超额利润,国家、集体、个人利益分配不均是征地矛盾产生的最根本的原因,被征地个人的社保、医保等社会保障问题难以跟进确保农田基本用地。四是一次性补偿无法保障被征地农民的长远生计。参见何永智:《关于现行土地政策严重制约城乡统筹发展的提案》,选自《政协第十一届全国委员会提案及办理复文选》(2008 年卷)。

② 参见孟宏斌:《资源动员中的问题化建构:农村征地冲突的内在形成机理》,《当代经济科学》,2010 年第 5 期。

③ 参见黄祖辉、汪晖:《非公共利益性质的征地行为与土地发展权补偿》,《经济研究》,2002 年第 5 期;汪晖、黄祖辉:《公共利益、征地范围与公平补偿——从两个土地投机案例谈起》,《经济学》,2004 年第 4 期。

④ 李红波、谭术魁、彭开丽:《诱发农村土地冲突的土地法规缺陷探析》,《经济体制改革》,2007 年第 1 期。

⑤ 安虎森:《补偿机制在推行经济体制改革中作用》,《江苏社会科学》,2006 年第 2 期。

⑥ 孙立平:《回顾 2003 政治:构建以权利为基础的制度安排》,中国国际战略研究网,2004 年。

⑦ 于建嵘:《农民有组织抗争及其政治风险》,《战略与管理》,2003 年第 3 期;温铁军:《农民社会保障与土地制度改革》,《学习月刊》,2006 年第 19 期。

⑧ 温家宝:《2013 政府工作报告》,新华社,2013 年 3 月 19 日。

人经营,从而派生出土地"经营权"。所谓"土地承包经营权流转"是指在农村土地承包期内,承包方以转包、转让、出租、入股、互换①等方式将承包土地的使用权转移给第三方从事农业生产经营的经济现象。农村土地承包经营权流转要在长期稳定的家庭承包经营的前提下,按照"依法、自愿、有偿"的原则规范进行。流转的土地不得改作非农用地,流转过程中要尊重农户的自主权和流转效益。当然土地流转是有条件的,"土地流转是农民行使承包经营权的重要方式,任何人不得侵害"。当然,"流转土地承包经营权"和"土地私有化"完全是两回事。中国的土地属于国家,不属于个人。承包土地是承包土地的经营权,而不是拥有土地的所有权。

在江西,农村实行联产承包责任制后不久,农户之间的土地流转就出现

---

① 转让:转让是指承包方有稳定的非农职业或者有稳定的收入来源,经承包方申请和发包方同意,将部分或全部土地承包经营权让渡给其他从事农业生产经营的农户,由其履行相应土地承包合同的权利和义务。转让后原土地承包关系自行终止,原承包方承包期内的土地承包经营权部分或全部失去。

转包:转包是指承包方将部分或全部土地承包经营权以一定期限转给同一集体经济组织的其他农户从事农业生产经营。转包后原土地承包关系不变,原承包方继续履行原土地承包合同规定的权利和义务。接包方接转包时约定的条件对转包方负责。承包方将土地交他人代耕不足一年的除外。

互换:互换是指承包方之间为方便耕作或者各自需要,对属于同一集体经济组织的承包地块进行交换。同时互换相应的土地承包经营权。

入股:入股是指实行家庭承包方式的承包方之间为发展农业经济,将土地承包经营权作为股权,自愿联合从事农业合作生产经营;其他承包方式的承包方将土地承包经营权量化为股权,入股组成股份公司或者合作社等。从事农业生产经营。

出租:出租是指承包方将部分或全部土地承包经营权以一定期限租赁给他人从事农业生产经营。出租后原土地承包关系不变,原承包方继续履行原土地承包合同规定的权利和义务。承租方按出租时约定的条件对承包方负责。

了。[①] 土地流转实现了双赢:一方面释放出了大量闲置土地,解除了农民离土离乡的后顾之忧。另一方面又解决了土地集中承包经营缺地的困境,为土地规模化经营创造了有利条件。基于上述利益驱动力,革命老区农民对土地经营权实行自由流转是持支持态度的。调查显示,当问及"您赞成不赞成在现有的土地集体所有、家庭承包政策下对土地经营权实行自由流转"时,有 361 频次占 68.2%表示"赞成",不赞成的和说不清楚的有 168 频次,约占 31.4%。可见,绝大多数农民对土地经营权实行自由流转还是持支持态度的。

至于如何流转,看法不一,当问及"假如允许土地自由流转,您会做出哪种选择"时,表示"转出使用权"的占 1/4 左右,表示同意"转入使用权"的占 1/3 上下,其余认为"保持现状"。

从上述调查分析表明,对于土地自由流转,还是有近 41.6%选择"保持现状"。其内在根源还在于利益问题。传统农民对土地的炽热情感以及"土地是农民的命根子"的传统思想意识,制约了农民对土地流转的态度。此外,农村养老、医疗、社会救助等社会保障体系不健全也制约了农民参与土地流转的激情。[②]

---

① 　以下有关数据来源参见冷淑莲、徐建平、冷崇总:《农村土地流转的成效、问题与对策》,《江西价格月刊》,2008 年第 5 期。

1997 年春,上高县界埠乡光明村西头村民小组试行耕地"反租倒包",村民简开发出资 4200 元倒包水田 12 亩,连同原有的 12 亩承包田,分别种植水稻、棉花、甘蔗、油菜,当年获纯收入 1.1 万多元。为了使农村土地流转依法、有序地进行,2004 年 4 月 18 日,江西省农业厅根据农业部《农村土地承包经营权流转管理办法》,下发了《关于印发〈江西省农村土地承包经营权流转操作指南〉的通知》,规定农村土地流转必须遵循"依法自愿有偿"的原则,按照省农业厅监制的统一合同样式,组织流转双方签订合同,明确填写合同所规定的内容;签订的每份合同必须一式四份,出让方、受让方、村委会、乡(镇)经管站各执一份。2004 年抚州市在江西率先集中开展规范土地流转工作,以《中华人民共和国农村土地承包法》、《中共中央关于做好农户承包地使用权流转的通知》等法律和政策,规范土地流转行为,纠正土地流转中的错误做法;以农业部《农村土地承包经营权流转管理办法》、江西省农业厅《关于农村土地承包经营权流转操作指南》以及《抚州市农村土地承包经营权流转办法》,明确土地流转程序、方法与步骤。

② 　参见冷淑莲、徐建平、冷崇总:《农村土地流转的成效、问题与对策》,《江西价格月刊》,2008 年第 5 期。

2007 年抚州市临川区河埠乡的河埠、郑家、田南、熊尧、斯和、塔溪、油顿、曾陆、尚源等村分别实现土地流转 283.97 亩、480.55 亩、42.8 亩、376.94 亩、440.65 亩、241.66 亩、341.8 亩、275.18 亩、228.4 亩;流入户数分别为 41 户、56 户、8 户、63 户、66 户、37 户、49 户、19 户、34 户,平均每户的流入规模分别为 6.93 亩、8.58 亩、5.35 亩、5.98 亩、6.68 亩、6.53 亩、6.98 亩、14.48 亩、6.72 亩。据抚州市委农村工作部统计,2005—2007 年虽然全市土地流转面积分别达 55.9 万亩、59.03 万亩、62.42 万亩,但流入户的户均土地流入规模分别仅为 7.84 亩、7.48 亩、5.9 亩。

有限的土地流转并不能很好地适应加快建设现代农业的新要求,也难以取得土地规模经营效益。

在浙江,由于经济发达,由于给农民看得见的利益,经过时间检验,农民对土地流转基本上持支持态度:

> 80 多岁的周金水老人曾经担任过十多年的生产大队长,还担任过十多年的村党支部书记。老人说,十年前村里种地的还很普遍,现在都种苗木,临村就有一个全国苗木基地,所以本村也开始种植苗木。"种水稻,一亩算他产 1000 斤,也就 1000 多块钱,还不算化肥农药和花费的工夫。街上又有卖粮食的,所以几乎都不种田,种苗木。"①

> 王某:"地自己不种了,都承包给外地人种苗木,租金 900 块一亩。种粮食,1500 斤一亩,虽然粮价提高了,但扣除农药、化肥、劳力,净收入还不足 900 元。"②

> 南庄王村 74 岁的老党员王大爷:"现在土地农民也不种了,都租给人家搞苗木了。如果现在还可以承包土地我也不愿意承包的,太辛苦,还是做工开店做生意好。"③

> 衙前村的傅女士是一位私营企业主,年收入十几万元:"衙前村现在田地都集中收拢了。村里面都给年纪大的人,女的 50 岁以上,男的 60 岁以上,买失地保险,410 元每人(每月)。然后,年轻的,50 岁以下的,每人每年 800 来块钱口粮。现在田里都不用做的,像以前那样就要割稻子啦,插秧啦,很辛苦的。现在不用做了,收入比以前还高。现在随处都可以赚钱了,这里经济比较发达。"④

可见,无论是发达地区还是欠发达地区,只要利益分配均衡,农民对土地流转制度主要持支持态度。

---

① 访谈者:王海峰、孙美艳、李红霞。被访者:周某。新林周村,男,82 岁,党员,曾任村党支部书记多年。2009 年 5 月 12 日下午。

② 访谈者:徐皓。被访者:王某。新林周村,男,66 岁,群众。2009 年 5 月 12 日下午。

③ 访谈者:周靖旻、龚凌燕。被访者:王某。南庄王村,男,74 岁,党员。2009 年 5 月 12 日下午。

④ 访谈者:周靖旻。被访者:傅某。衙前村,女,高中文化,党员,私营企业主,年收入 12 万元以上。2009 年 5 月 13 日下午。

（2）农民的空间平等权利意识

我国农村改革与发展的主线仍然是扩展农民的空间权力,让农民有更多空间自主权。"空间的维度关牵着实践和政治"[①],必须为农民提供一个"合适的空间"。这里所说"合适的空间"应该就是一个空间资源得到合理配置的空间,包括对空间资源和空间产品的公平合理的生产、占有、交换和使用,亦即"空间正义"。如何充分保障农民的各项权利,尤其是农民对土地的空间权,为农民提供空间正义,加强农民的空间维权,成为党在新时期所面临的重要课题之一。基于此,2005年10月,党的十六届五中全会提出要按照"生产发展、生活富裕、乡风文明、村容整洁、管理民主"的要求,扎实推进社会主义新农村建设。为此,新一轮农村建设在全国铺开。

中国经济增长和发展的发动机在城市,而中国发展的稳定器与蓄水池在农村。通过建设社会主义新农村,让农民可以在农村安居乐业。当城市经济发展很快,就业吸纳能力强,而且劳动报酬相对较高时,就会有更多农民工进城务工经商。而当城市经济发展较慢且收入较低,特别是出现大规模经济下滑时,进城务工经商的农民可以回到农村生活。农村就可能成为一个农民出得去、回得来的中国现代化的稳定器、蓄水池。[②]　笔者着重从农民对新农村建设成效满意度来分析空间权的实现状况,以期为中国现代化提供稳定器。

1）农民对所在村庄或社区的环境总体上感觉很满意,这得益于新农村建设的重要成果

在社会主义新农村建设中,江西省坚持把基础设施建设作为重点之一,把农民最迫切需要解决而政府又能做到的事情作为新农村基础设施建设的切入点,重点抓了路、水、厕三件事,同时农村交通、通讯、水电等公共事业的发展,改善了农村生产生活条件,方便了城乡文化经济的交流。为了进一步了解江西农民对所在村庄或社区的环境的真实看法以及对新农村基础设施建设的满意度,笔者设计了以下几个问题来考察。

当问及"您所在村庄或社区的环境给您的感觉如何"时,超过半数的人认为

---

①　[美]爱德华·W.索亚:《重描城市空间的地理性历史——〈后大都市〉第一部分导论》,收集在包亚明:《后大都市与文化研究》,上海教育出版社,2005年版,第23页。

②　参见贺雪峰等:《城乡统筹良性互动》,《农村工作通讯》,2006年第2期。

"较以前的村容、公共设施,对现今环境觉得很满意",约占 26.3％的人认为"还行尚且过得去,没大感觉",也有 13.6％的人认为"更喜欢以前的乡村环境"。总体上来讲,还是比较满意的。

但当问及"您本村的基础设施建设的满意度如何"时,满意的和不满意的均未超过半数,有 261 人约占 48.7％的人表示满意,219 人次约占 40.9％人次表示不满意,这说明目前农村的基础设施建设前景堪忧,有必要大力加强基础设施建设。约占 40.9％人次表示不满意其主要原因在于,虽然农村基础建设取得了骄人成绩,但与城市相比差距依然明显。目前仍有行政村没有通汽车,没有通电话,没有通广播,自来水受益的村委会只有 47％;农村公路的"通达问题"还没有得到根本解决,"通畅问题"还没有得到根本改善。农村大部分供电是单回路供电,而且大部分电线质量较差,供电可靠性难以保障。

当问及"您对现居住地的交通是否满意"时,表示"非常满意,比以前方便得多"的有 215 人次,约占 40.1％,加上回答"基本满意"的占 39.7％。农民对目前农村交通状况较为满意的达到 80.6％。仅有 6.7％共 36 人次表示不满意,约 8 人次 1.5％的人表示"极不满意"。

当问及"您跟远方的亲戚朋友联系方式首选什么"回答首选"打电话"的有 498 人,约占 92.9％,回答"网聊或电子邮件"的居然有 20 人,占 3.7％。

当问及"您外出到附近的城镇首选的交通工具是什么"回答首选"摩托车"的有 257 人次,占 47.9％,回答"公交车"的达到 170 人,占 31.7％。

上述比如公交车、网络这些在以往只在城市里才有的东西现在农村也有,而且不仅存在,很有逐渐普及之势,这得益于国家实行的"村村通"工程的实施。据资料显示,江西省始终把农村公路建设作为加大"三农"工作力度、改善农村基础设施建设、促进农业经济发展、造福广大农民群众的一项重要举措。自 2003 年以来,江西省启动了新中国成立以来规模最大的农村公路建设,当年硬化农村公路 6895 公里,一年超过"十五"计划 6000 公里的目标。至 2010 年底,江西省农村公路总里程达 12.5 万公里,硬化里程达 8.8 万公里,乡镇通油(水泥)路率达

100％,建制村通油(水泥)路率达 100％,12.5 万公里农村公路得到了建设。①到 2011 年底,江西省农村公路总里程达到 13.2 万公里,路面硬化里程达到 8.6 万公里,农村"改渡建桥"新建成桥梁 621 座,撤销农村渡口 800 个,实现了"三个百分百",即 100％的乡镇通公路、100％的乡镇通班车、100％的行政村通水泥(油)路。这不仅极大改善了农民群众的出行条件,而且使农副产品运输更快捷、成本更低,大大促进了农村经济的发展。2006 年 5 月,江西被列为全国自然村"村村通"电话工程两个试点省份之一,自然村"村村通"电话工程正式启动。至 2009 年 8 月底,江西省已全面实现了自然村"村村通"电话,到 2010 年年底,江西已经实现了全部行政村通宽带。全省已基本建成广播电视覆盖网,农村广播人口覆盖率达 96.5％,电视人口覆盖率 97.8％,有线电视入户率 21.6％。农网改造力度加大,实现了村村通电,有效地缓解了农村用电难的问题;已建成覆盖全省的宽带光缆网,多媒体信息交换平台逐步向宽带、高容量的方向发展。全省移动电话普及率已达到每万人 5265 部,国际互联网宽带用户数达到 318.3 万户。②

基于上述分析,改革开放以来,江西老区农民总体上对现状还是较为满意的。

2)农民对社会主义新农村生态文明建设持肯定态度

随着经济发展和社会进步,工业化和城市化的推进,政府和民众对农村生态环境越来越重视。为改善农村生态环境,政府投入了大量的资金,出台了一系列的措施,加大了环境保护和治理的力度和深度。但是江西的农村地区,生态环境虽有一定改善,状况却不容乐观。广大农民为了经济发展滥用资源,农业方面由于大量使用化肥农药,导致面源污染加剧,生态失衡。乡镇企业污染治理措施缺位,加上城镇污染物的排放,使农村地区无法全面摆脱"脏、乱、差"的现象。

1962 年,美国生物学家卡逊发表了《寂静的春天》一书,用触目惊心的案例,阐述了大量使用杀虫剂对人与环境的危害,深刻揭示出工业繁荣背后人与自然的冲突,对传统的"征服自然"理念提出了挑战,拉开了人类走向生态文明的

---

① 参见胡萍:《江西村村通油(水泥)路 农村公路里程达 12.5 万公里》,《江西日报》,2010 年 12 月 31 日。

② 《统筹江西城乡经济社会发展探讨》,http://www.jxstj.gov.cn/News.shtml? p5＝2809481。

帷幕。

我国建设农村生态文明也经历了一个认识发展过程。改革开放初期,以经济建设为中心一直是国家发展的主要目标,但随着经济的快速增长,资源、生态、环境的问题逐步显现。特别是不合理的城乡二元经济结构的影响,农村环境问题更加突出。从 20 世纪 90 年代开始,我国开始重视生态、环境、发展问题。1994 年,我国制定出台《中国 21 世纪议程——中国人口、资源、环境发展白皮书》;1996 年在"九五计划"中,提出转变经济增长方式,实施可持续发展战略的主张;2002 年,党的十六大将"可持续发展能力不断提高,生态环境得到改善,资源利用效率显著提高,促进人与自然的和谐,推动整个社会走上生产发展、生活富裕、生态良好的文明发展之路"作为全面建设小康社会的四大目标之一;2003 年,党的十六届三中全会提出以人为本、全面、协调、可持续的发展观;2005 年,党的十六届五中全会提出建设社会主义新农村是我国现代化进程中的重大历史任务;要统筹城乡发展,推进现代农业建设;要建设资源节约型、环境友好型社会,大力发展循环经济、加大环境保护力度,切实保护好自然生态。2006 年,党的十六届六中全会提出构建和谐社会,建设资源节约型和环境友好性社会的战略主张;2007 年,党的十七大将"建设生态文明"作为实现全面建设小康社会奋斗目标的五大新的更高要求之一,提出建设生态文明就是基本形成节约能源资源和保护生态环境的产业结构、增长方式、消费模式。2008 年,党的十七届三中全会第三次全体会议通过了《中共中央关于推进农村改革发展若干重大问题的决定》,明确提出要建立资源节约型、环境友好型农业生产体系,把"农村人居和生态环境明显改善"作为农村改革发展的目标之一。

作为一个农业省,江西省坚持按照生态文明的要求建设社会主义新农村,促进了经济社会又好又快发展和人与自然和谐相处。在新农村建设中坚持高起点确定工作目标,提出建设"人居生态化、生产现代化、生活城市化"的现代新村。大力发展绿色产业特别是生态农业,同时根据不同情况进行规划,着力形成一村一品①、一村一景、一村一业、一村一韵的建设格局。开展以"三清六改四普

---

① "一村一品",是指根据一定区域的资源禀赋和特点,以市场为导向,变资源优势为产业和品牌优势,使其逐步成为具有区域特色的产业链或产业集群。"一村一品"强调的是一个村至少要开发一种具有本地特色、打上本地烙印的产品,并围绕主导产品的开发生产,形成特色突出的主导产业。

及"①和"三绿一处理"②为主要内容的村庄清洁绿化工作,让农民走平坦路、喝干净水、上卫生厕、住整洁房、用洁净能源,同时推进村点庭院绿化、道路绿化、村旁绿化和垃圾无害化处理建设,打造出一批房前屋后果园、村里道路林荫化、村庄周围风景林的生态文明村。到 2011 年年底,江西农村改水受益人口已达2437 万人,自来水普及率达到 63%,农村卫生厕所普及率为 81%,粪便无害化处理率累计达 47%;城市污水处理率 84%,城市生活垃圾无害化处理率 88%,城市绿化覆盖面积 49308 公顷。③

以江西省永丰县沙溪镇为例,该镇积极开展生态文明家园创建活动,大力提倡农民使用绿色环保节能产品,把推广建筑节能作为缓解资源要素制约的重要举措来抓,加大新材料、新技术的宣传推广使用力度,将新民居与新能源相结合,大力推广使用太阳能热水器、照明设备、沼气池、节能灶、电动车等一系列节能产品。同时,加强土地资源的综合利用率,避免了随处乱

---

① 三清:清垃圾、清污泥、清路障。
　　六改:1. 改水:通过改水保证农村居民全部用上清洁卫生的饮用水。对含氟地区和饮用水受污染的村,要进行饮用水改造;对缺水地区要解决水源。改造方式根据不同条件选择不同方式,包括引山泉水、打深水井、建小型自来水等。2. 改厕:每个村庄要建立一所以上带粪便净化处理池的公厕。鼓励农民建沼气式厕所、无公害厕所和水冲式厕所。消灭露天粪坑,拆除影响村容村貌的坑式老厕。3. 改路:试点村规划区主干道、次干道硬化、巷道平整畅通,有条件的村尽量保持恢复小巷原有的青石板路,落实好道路养护措施。规模较大的村庄力求形成网络格局,主干道按主行道标准规划设计建设。4. 改房:做到外观整洁,保持徽派建筑特色风貌。坚持"一户一宅",拆除或改造土坯房和危房、"空心房"。引导有建房需求的农民在规划区内拆旧建新,引导独立户和分散户集中建房。对新建和改造的农户,必须按规划部门或乡镇、村提供的房型进行建造。5. 改栏:做到人畜分离。有条件的地方提倡发展畜牧小区。6. 改环境:村庄按美化、亮化、绿化标准进行环境改良,在保护好原有古树名木的基础上,村头、村尾、主干道两旁、庭院原则要求种树、种花。
　　四普及:1. 普及农村有线电视:实行全县所有乡(镇)所在地和公路沿线大自然村广播电视光缆联网。用三年时间完成全县所有乡镇所在地及公路沿线大自然村的光缆联网工程,新农村试点自然村要优先联网。2. 普及电讯(含电话、无线通信、宽带网络):试点村有线电话入村率 80%,农户电话普及率应达到20% 以上,80% 可以接收无线通信信号。3. 普及沼气:有条件的试点村应普及沼气。进行"一池三改"即建一个沼气池,改厨、改厕、改猪圈。开展沼气综合利用,推广猪—沼—果、猪—沼—鱼、猪—沼—茶、猪—沼—菜等种养模式。4. 普及太阳能:积极发展适合农村特点的清洁能源,在有条件的村庄和农户逐步推广使用太阳能热水器。
② "三绿一处理"指的是:农户庭院绿化;村内道路绿化;村庄四旁绿化;逐步实现"路边有绿树、庭院有绿荫、活动有绿地、视野有绿廊"以及垃圾处理工作。
③ 《统筹江西城乡经济社会发展探讨》,http://www.jxstj.gov.cn/News.shtml? p5=2809481.

搭乱建烧柴厨房、杂物间、厕所和划地圈养家畜。统一走"畜禽污染治理——生物有机肥——绿色农业"的可持续发展模式。目前，全镇已累计节约土地370多亩，节约能源1600多吨标准煤。"如今生活真是好，俺们洗澡也靠太阳了，只要晒上半天儿，龙头一拧，热水就来了。"该镇沙溪村村民李柳英一边介绍，一边算着一笔账："用沼液沼渣施肥种上的蔬菜青翠欲滴，一上市就成为抢手货，每年猪粪肥田还可节省化肥1.5到2吨，直接降低种植成本4000多元呢。"①

江西省泰和县2009年6月以来按照"一年试点、二年铺开、三年完成"的工作思路，围绕推进生态文明建设，坚持"以人为本，保护环境"的理念，按照"清洁卫生、无害处理、简便实用、群众欢迎"的要求，重点治理好农村非有机垃圾对环境的污染，提出城乡环境卫生一体化管理，建立了县乡村三级专业管理机构，配置了清扫、清运专业设施。截至目前该县已投入农村垃圾处理资金400多万元，新建垃圾焚烧炉120多座，垃圾池290多座，有机垃圾肥窖8000多个，添置垃圾桶、果壳箱7300个，添置垃圾清运车370多辆，聘请农村特困户或五保户398人为保洁员，选择碧溪、禾市、马市等8个圩镇和392个省批新农村建设点229个非农村建设村点开展农村垃圾处理工作试点。泰和县塘洲镇塘洲村村支书严春山指着前面的池塘说："瞧瞧，这池塘原来水面上漂满了农药瓶、塑料袋、死了的家禽家畜，臭气熏天，现在好多了，清澈多了，村民们还可以在这洗衣洗菜了。下一步，我村准备把池塘边上这块原来堆垃圾的空地改造成文化娱乐广场，装上健身器材，建半个篮球场，这样不但美化了环境村民，还有了休闲娱乐的好去处。"泰和县澄江镇西门石狮梁家村村支部书记说："几年前搞新农村建设，尽管村里脏乱差的大环境有所改善，但生活垃圾到处乱倒、村民卫生意识淡薄等问题却没有得到根本转变。自县里开展农村清洁工程以来，我村组建了保洁队伍，并根据实际情况划分卫生责任区，保洁员按所包责任区，实行定时保洁、定点清扫，并要求村民自觉打扫房前屋后卫生，清理房屋周边沟渠道路的杂草，要求各

---

① 朱龙华、黄聪：《永丰县沙溪镇开展生态文明家园创建活动》，江西文明网，http://wmjs.jxwmw.cn/system/2010/08/16/010215831.shtml.

家柴草摆放整齐、农具要专间堆放有序,农家院落要求清爽、整洁,你看,现在好多了,哪里都干净了,随便到哪家都好像过年一样干净。"①

当问及"您对您所在村镇的绿地面积是否满意"的时候,回答"非常满意,很感谢新中国建设带来的美好家园建设"的有 159 频次,占 29.7%,173 人次占32.3%表示基本满意,两者相加共有 62%的人表示满意。有 111 人次占 20.7%的人表示"一般"。表示不满意和极不满意的有 16.2%。这表明新农村建设在恢复农村村镇绿地方面还有很多工作要做。

采访中一位村民说:

> "现在大家都不乱倒垃圾了,而是集中倒到保洁员的清运车里或者垃圾池里。村里干净了,大家都看着舒服,干活也有劲。"②

说起农村"清洁工程"的好处,该村的一位老党员感受最深:

> "我今年都 69 岁了,以前总觉得只有街上的人才注意家庭卫生,我现在第一次感到原来我们乡下也可以这么干净。环境好、心情好,能长寿呢!"③

从新中国成立以来简陋的卫生设施条件到现在转型期的向现代化迈进历程,发达地区的农民对新农村建设也同样给予了充分的肯定,浙江萧山衙前镇农民如是说:

> "过去环境脏得不得了,村里的垃圾都是乱堆的,根本没有专门放垃圾的地方,要不也是在很远、不方便的地方,大家的垃圾基本上都在住的附近随便一放。所以看上去到处都是垃圾,又乱又脏。现在按中央的说法就是以人为本多了,家家户户门口都有垃圾桶,方便很多,而且村里每天有两个

---

① 车周群、刘国卫:《泰和县农村"清洁工程"惠及万家农户》,江西文明网,http://wmjs. jxwmw. cn/system/2010/08/12/010215457. shtml.

② 车周群、刘国卫:《泰和县农村"清洁工程"惠及万家农户》,江西文明网,http://wmjs. jxwmw. cn/system/2010/08/12/010215457. shtml.

③ 车周群、刘国卫:《泰和县农村"清洁工程"惠及万家农户》,江西文明网,http://wmjs. jxwmw. cn/system/2010/08/12/010215457. shtml.

人专门负责村里卫生,保持街道环境。"①

"现在的卫生条件好多了,以前街上、厕所里都有很多苍蝇、蚊子,现在除四害还有卫生日活动,这些虫子都少了很多。还有现在的村容村貌很好,路上扫垃圾的也一天到晚扫。"②

"现在村里环境很好,道路、河道、桥也都很整洁方便,小车进进出出都能开到家门口,这都是政府修路修得好,才有这么大的便利。以前房屋旁边的路都是那种羊肠小道很窄的那种,人走走都觉得挤,对面来个人还得让着走,跟现在的这种路不能比(现在车都能过),这都源于我们现在经济的发展,大家都富了,车也多了,以前的路根本不适合了。大家有了这种需求,政府就为民谋福利,一次次地修路、扩路,路面也由原来的石子铺到沥青、水泥,再到柏油。这些年道路建设变化真的是很快的,原来这根本不是路、没路的地方变成了宽阔的大道,出去几年没回家的人回来都可能找不着地儿。总的说,路宽、路好了,大家出行、出出入入也都好了。"③

当问及"您对所在村镇的空气质量是否满意"的时候,回答"非常满意"的有146频次,占27.2%,239人次占44.6%表示基本满意,两者相加共有72%的人表示满意。有107人次占20.0%的人表示"一般"。表示不满意和极不满意的有7.1%。总体看来,受调查地区农村村镇空气质量良好,群众满意程度较高。

农村生态文明的建设,没有农民的参与是不可能实现的。因此,要注重对农民信念的培养,激发农民的热情与活力,启发农民、激励农民,充分调动广大农民的主观能动性。注重农民主体意识、公民意识、民主意识、法律意识特别是生态意识的培养与形成,不断启蒙农民思想,提高农民素质,培育新型农民,真正发挥农民作为一个国家公民的主体作用,为农村生态文明建设提供群众基础。此外,农村生态文明建设也要从提高人的素质入手,加强农民职业技能的培训和文化

---

① 访谈者:林如。被访者:徐某。男性,螺山村,48岁,文化程度高中,已婚,中共党员,曾在村中任职,现经商,年收入在12万以上。2009年5月13日上午。

② 访谈者:林如、刘娟、魏永强。被访者:朱大妈。新林周村,65岁,中共党员,从1978年到1998年一直在村中负责经济、计划生育等。2009年5月12日下午。

③ 访谈者:林如。被访者:徐某。螺山村,男性,48岁,文化程度高中,已婚,中共党员,曾在村中任职,现经商,年收入在12万以上。2009年5月13日上午。

素养培养,充分利用农校、乡镇农民技术学校以及广播电视等经常性的培训;要加强农业科技推广,提高农民的科技观念和技能。

3)农民对所在村庄或社区的社会治安环境总体上感觉很满意

治安环境是一个衡量生活品质高低的重要评价指标。2005年12月5日,中共中央办公厅、国务院办公厅转发了《中央政法委员会、中央社会治安综合治理委员会关于深入开展平安建设的意见》。文件出台后,从中央综治委成员单位和有关部门到各省、自治区、直辖市党委、政府,都对贯彻意见精神高度重视,均提出了深入开展参与平安建设的具体措施。平安建设已在全国全面展开。2006年11月18日,中央社会治安综合治理委员会下发了《关于深入开展农村平安建设的若干意见》,这是一个维护农村社会和谐稳定,推进社会主义新农村建设的纲领性文件。2007年4月9日,中央社会治安综合治理委员会就深入推进农村平安建设出台了《关于深入推进农村平安建设的实施意见》。文件的出台为农村改革开放和经济社会发展创造了稳定的社会环境、良好的治安环境和公正高效的法治环境。近年来江西农村总的形势是好的,但因征地拆迁、土地承包等引发的矛盾比较突出,农民上访和农村群体性事件也时有发生,农村社会稳定的形势依然严峻。因此,特别需要强调加强农村平安建设,继续巩固税费改革成果,防止农民负担反弹,深入开展农村普法教育,增强农民法制观念;健全正确处理人民内部矛盾排查调解机制,及早发现苗头性问题,防止矛盾扩大和激化;加强农村法律服务和法律援助工作,切实维护农民合法权益,保障农村社会公平正义;加强和改进农村信访工作,着力解决好农民在土地承包、征地拆迁等方面反映强烈的突出问题;建立农村应急管理体制,提高危机处置能力;加强农村警务建设,搞好农村社会治安综合治理,依法打击各种违法犯罪和黄赌毒等社会丑恶现象,建设平安乡村,创造农民安居乐业的社会环境。

当问及"您对所居住的村镇的治安环境满意吗"时,调查结果显示,19.6%的被调查者对现居住地的治安环境非常满意,53.7%的被调查者对现居住地的治安环境基本满意。认为"一般"的有100人,占18.7%;表示"不满意,喜欢原始纯朴的氛围"的人仅为26人次,占4.9%,当然也有11人表示"极不满意"。

故当问及"您对您居住的村子的看法是"时,25.6%的人表示"非常喜欢",32.3%的人表示"很喜欢",表示"一般"的有34.1%,真正不喜欢的仅占6.2%。

这也恰好印证了目前江西老区农民的一些真实想法。

4)农民普遍感受到新农村建设中"乡风文明、村容整洁,生活宽裕"做得相对较好,"生产发展"次之,"管理民主"最差

社会主义新农村建设,是改革开放以来我国在农村问题上的第三次重大变革,是推进城乡关系、工农关系的第三次调整。它的推行是与全国农村社会建设严重滞后的局面相关的。建设社会主义新农村是我国现代化进程中的重大历史任务。要按照"生产发展、生活宽裕、乡风文明、村容整洁、管理民主"的要求,坚持从各地实际出发,尊重农民意愿,扎实稳步推进新农村建设。坚持"多予少取放活",加大各级政府对农业和农村增加投入的力度,扩大公共财政覆盖农村的范围,强化政府对农村的公共服务,建立以工促农、以城带乡的长效机制。搞好乡村建设规划,节约和集约使用土地。培养有文化、懂技术、会经营的新型农民,提高农民的整体素质,通过农民辛勤劳动和国家政策扶持,明显改善广大农村的生产生活条件和整体面貌。[①] 那么,江西革命老区在实行新农村建设五大标准中情况如何呢?调查显示,对"村容整洁、乡风文明、生活宽裕"三个标准,农民选择均接近半数,其排列顺序为"乡风文明>村容整洁>生活宽裕"。可见,农民还是总体认同新农村建设取得的成绩。但农民认为生产发展做得较好的仅有 195人,占 36.4%,农民认为"管理民主"做得好的仅有 116 人,仅占 21.6%。可见,农民对生产发展以及基层民主管理意见较大或者说不太满意。

一是农民对发展生产要素充满期待但是对其现状并不是很满意。

农村经济的发展与否直接影响到村民们社会意识形态的高低,人们只有在解决了温饱问题的前提下才会有精力去寻求更多的民主权利。江西"三农"工作取得了重大进展,农业持续发展,粮食连年丰收,农民收入持续快速增长,农村面貌得到较大改善,农村经济社会发展出现少有的好势头。但是,必须清醒地看到,农业依然是国民经济发展的薄弱环节,投入不足,基础脆弱。集中表现在粮食增产、农民增收的长效机制并没有建立;制约农业和农村发展的深层次矛盾并没有消除;农村经济社会发展明显滞后的局面并没有根本改观。农村改革和发

---

① 《中共中央关于制定国民经济和社会发展第十一个五年规划的建议》,新华网,2005 年 10 月 18日。

展仍然处于艰难的爬坡和攻坚阶段,社会主义新农村建设的任务还非常艰巨。这种状况势必影响农民生活品质的提高以及影响农民参与农村的社会建设的积极性。因此对江西农村而言,发展生产是第一要务。调查可以看出,江西农民对生产发展满意度不是很高,不到 36.4%,这说明江西农民对社会主义新农村建设中的发展生产要素充满期待但是对现状并不是很满意的。

二是农民对生活宽裕要素充满期待但是对其现状并不是很满意。

根据国家统计局江西调查总队在江西的调查,江西农民收入的持续增加为满足农民日益增长的物质文化生活需求提供了有力的保证,农民在消费能力显著增强的支撑下消费意愿不断增强;基本生存消费支出比重逐渐下降,其他类别尤其是享受和服务型消费比重有所上升,农民思想观念和文化素养也有了明显提高。改革开放 30 多年来,江西农村贫困地区的贫困农民人均纯收入呈持续增长的趋势,2007 年,江西省农民人均纯收入达 4098 元,比 1978 年增长 28.1 倍。

但是,城乡之间的差距却越来越大。从全国看,城乡收入 1985 年为 1.86∶1,此后逐年扩大,2002 年为 3.11∶1,2003 年为 3.23∶1,2004 年为 3.21∶1,2009 年为 3.33∶1。另外城镇居民每年享受的社会保障、各种福利和补贴约为 3000—4000 元,而农村居民却没有这个机会,加上此因素,城乡收入的实际情况应为 6∶1 左右,居世界之首。从江西省的情况看,1985 年后,城乡收入从 1.55∶1 扩大到 2009 年的 2.76∶1。基尼系数是国际上通用的用来衡量一个国家居民收入差异程度的重要指标。联合国有关组织规定,基尼系数低于 0.2,表示居民收入绝对平均,0.2—0.3 表示比较平均,0.3—0.4 表示相对合理,0.4—0.5 表示差距较大,0.5 以上表示差距悬殊。江西省基尼系数 1991 年为 0.282,1998 年为 0.456,1999 年为 0.457,2004 年为 0.458,13 年间上升了 1.62 倍。居民收入差距已超过了国际公认的承受线。

家庭财富反映了居民家庭资本存量的情况,主要包括家庭财产、家庭储蓄两方面。从城乡居民拥有的家庭财产看,截至 2004 年,江西省城镇居民家庭平均每百户拥有的彩电是农村居民的 2.2 倍,拥有的影碟机是农村居民的 2.7 倍,洗衣机是农村居民的 14.5 倍,电冰箱是农村居民的 13.5 倍,移动电话是农村居民的 3.1 倍,电脑和空调拥有量的差距最大,城乡人均拥有量的差距达到 20 倍左右。从家庭储蓄来看,2004 年城乡人均储蓄差距高达到 7.2 倍。从消费水平来看,占江西省人口76%的农村人口消费品零售额只占28%,而占人口24%的城镇居民却占据了72%的零售额,城镇居民平均零售额7533元,是农民人均零售额900元的8倍。2004年城镇居民人均生活消费支出是农村居民的2.5倍,其中城镇居民的食品消费支出是农村居民的2.0倍,人均国内旅游花费是农村居民的4.5倍,城镇居民人均家庭文化娱乐支出、交通通讯支出、家庭设备用品及服务支出、衣着消费支出均为农村居民相应消费项目支出额的3倍以上。在重要生活能源消耗方面,城镇居民人均生活用水量为农村居民的2.33倍,人均生活用电量为农村居民的4.25倍。从恩格尔系数看,城镇已降至43.2%,农村还高达54.37%。目前城镇居民的生活水平已经达到小康,消费结构已向住宅、汽车为主导的高价值、享受型耐用消费品转化。而农村居民的生活水平仅仅处于温饱阶段。

此外,农村结构性收入悬殊较大,一部分农民无论是收入绝对额还是增长速度都远远赶不上江西省农村平均水平,收入差距不断扩大,生活仍然困难艰苦。全国和江西省的收入水平看,2005年全国农民人均纯收入为3255元,比2000年增加1002元,增长44.47%,比2003年增加633元,增长24.14%;江西省2005年农民人均纯收入为3265.53元,比2000年增加1130.23元,增长52.93%,比2003年增加808元,增长32.88%。据对全国592个扶贫开发工作重点县贫困监测调查,2005年农民人均纯收入为1723元,2001—2005年没有解决温饱的贫困人口由2927万减少到2365万,减少562万;低收入贫困人口从6102万减少到4067万,减少2035万,两部分人共有6432万人。从江西看,2001—2005年没有解决温饱的贫困人口由89.51万人减少到78.17万人,减少11.34万。据对江西省21个扶贫开发工作重点县贫困监测调查,2005年,贫困县农民人均纯收入为1561.39元,比江西省平均水平低1707.14元,不及江西省平均水平的一半。[①] 当遇到自然灾害和市场价格下滑的不利影响,下降速度快于江西省平均水平,最终导致两者之间的差距进一步拉大。

还有就是江西农村社会保障事业发展滞后,农民"安全网"还很不安全。农

---

① 参见邓祖龙:《构建和谐社会要多把阳光洒向农村低收入户》,http://www.jxsurvey.cn/article.php? newsid=90,2006年8月3日.

村社会保障水平还不高、覆盖面不宽、发展不够平衡。到 2011 年末,江西全省还有 438 万农村贫困人口,他们绝大部分在贫困山区。土地养老功能在弱化。老年农民依靠种植或养殖收入来自己养老已变得越来越不稳定,土地收入在农民收入中的比例相当低,有的地方甚至低到三分之一以下,农民收入主要来自打工所得收入,由于公共财政支持不强、基金保值增值困难、保障水平过低等,农村养老问题将日益突出。在卫生方面,江西城乡卫生资源分布不合理,发展不平衡。农村合作医疗筹资水平低,受益面小,部分群众因病致贫、因病返贫的问题还没有从根本上得到解决。乡镇卫生院发展面临诸多困难,亏损面逐年扩大,亏损额逐年增加。三级预防保健网网底基础薄弱,村卫生室只管看病不承担防保责任的现象普遍存在。

在这种状况下,江西农民事实上在生活方面不是很宽裕。虽然我们调查的地方是鱼米之乡的吉泰盆地所在地区,但农民的满意度还是不高,认为生活宽裕、做得较好的也只有 45.1%。

三是农民对乡风文明以及村容整洁表现出喜忧参半的心态。乡风文明是中华民族的优秀传统,根据我们的观察,在经济比较发达的儒家文化深厚的内地,一般而言,乡风比较文明。调查显示,农民对乡风文明满意度超过半数。其原因主要在于:一是江西大力加大农村义务教育投入力度,推动了农村教育事业发展,为乡风文明持续发展奠定了坚实基础。二是在促进农村文化建设过程中,江西创造性地提出了"政府出资、市场运作、乡镇搭台、农民看戏"的思路,开展乡村文化事业,取得了骄人的成就。尽管如此,但也有近半数的农民并未选择此项。这有很多原因,具体表现在:一是农村文化基础设施落后,文化事业资金投入不足,2004 年江西省文化事业费占地方财政总支出的 0.53%,离国务院和省政府要求 1% 的目标还有较大差距。二是江西省还有大约 15 万多农村义务教育阶段学生因家庭经济困难而辍学。三是农村居民文化消费不足,2011 年江西省农村居民家庭人均文化娱乐用品及服务支出达到 319.4 元,占农村居民家庭人均消费支出的比重为 6.9%,比 2010 年下降了 0.4 个百分点。[1]

---

[1]　参见江西省统计局:《改革创新　加快发展文化产业——2011 年江西文化产业发展报告》,http://www.jxstj.gov.cn/News.shtml? p5=2714801.

随着社会主义新农村建设进程的推进,江西充分贯彻落实党对农村的各项优惠政策,大力加强农村基础设施建设,还大力整治村庄面貌,进行村庄绿化和生态保护,农民生产、生活环境有了较大的改善。但由于江西仍有大量农村人口没有饮用自来水,绝大多数农户没有使用无害化厕所,有数百万农村人口还生活在血吸虫病区,少数地方环境脏、乱、差、散,农民人居环境还不尽人意,这可能是农民认为村容整洁做得不好的原因。

(3)农民的社会保障平等权利意识强烈

社会保障即国家和社会依法对社会成员基本生活给予保障的社会安全制度,是各种具有经济福利性的、社会化的国民生活保障系统的总称。[①] 它指的是社会成员因年老、疾病、失业、伤残、生育、死亡、灾害等原因而失去劳动能力或生活遇到障碍时,依法从国家和社会获得基本生活需求的保障。国家建立社会保障体系的目的是通过利益的再分配保障公民的基本生活需求,缓解阶级矛盾,维持社会稳定,为社会经济发展提供安定的社会环境。"社会保障状况"一直是影响城乡居民总体生活满意度的重要因素之一,完善社会保障制度,从小的方面讲可以提升居民的生活满意度,从大的方面讲则是避免社会动荡和维持社会稳定的必需,是政府工作的重点。对于农民来说,在农村社会保障体系中,农民最关注的也是与农民的生活联系最为密切的是农民养老保障制度、农村合作医疗制度以及农村最低生活保障制度这三种类型。

1)农民对新农保参与踊跃,满意度较高

改革开放以来,随着我国人口和计划生育政策的逐步推进,我国已经进入老龄化社会。世纪之交的我国第五次人口普查数字显示,我国60岁以上老年人口已达到1.3亿,占总人口的10.41%,其中65岁以上人口达到8811万,占总人口的6.96%。[②] 依照人口年龄结构的标准,中国已经进入了老龄化国家行列。上海早在1979年就进入了老龄化社会,随后,浙江、北京、天津、江苏、重庆、湖北、湖南、广西、四川、山东、安徽、辽宁、陕西总共14个省市也先后进入了老龄化社会。2011年末全国60岁及以上人口达到18499万人,2014年达到2亿,2026

① 参见郑功成:《社会保障学——理念制度实践与思辨》,商务印书馆,2000年版,第11页。

② 《我国人口老龄化的趋势和特征》,人民网,2008年1月28日,http://www.cncaprc.gov.cn/yanjiu/116.jhtml.

年将达到 3 亿,2037 年超过 4 亿,2051 年达到最大值,之后一直维持在 3 亿－4 亿的规模。2011 年末全国 60 岁及以上人口占总人口的 13.7％,比上年末增加 0.47 个百分点;65 岁及以上人口达到 12288 万人,占总人口的 9.1％,增加 0.25 个百分点。目前,中国农村的老龄化水平高于城镇 1.24 个百分点,这种城乡倒置的状况将一直持续到 2040 年。[①] 可见,未来我国人口老龄化处于加速发展期,人口老龄化形势会更加严峻,将呈现老龄化、高龄化、空巢化加速发展的新特征。农村养老问题将十分突出。此外,"空巢"老人家庭比例持续增大。随着社会转型的加速,工业化、城镇化不断加快,人口迁移和流动加速,大量的中青年劳动力离家到外省务工经商,进入城镇居住、就业,与子女、晚辈共同生活的老年人逐渐分开独居,成为"空巢"老人,这一现象在一定时期内将持续加剧。由于我国老年人口规模大,老龄化发展迅速,受经济发展水平和城乡二元经济结构的制约,政府和社会对养老资源的供给有限,而养老的实际需求又非常大,两者的矛盾十分突出,新型农村社会养老保险就是在这一背景下出台的。所谓新型农村社会养老保险即"新农保",是继取消农业税、农业直补、新型农村合作医疗等政策之后的又一项重大惠农政策。新农保采取个人缴费、集体补助和政府补贴相结合,其中中央财政将对地方进行补助,并且会直接补贴到农民头上。资料显示,农民对新农保参与踊跃,满意度较高。

2009 年、2010 年,江西省有 24 个县(市、区)先后被列为全国第一、第二批新农保试点县(市、区)。2011 年,江西省又新增了 53 个新农保试点县(市、区),并同步在这 77 个县(市、区)开展城镇居民社会养老保险试点。至此,江西全省新农保覆盖农业人口 2646 万人,城镇居民养老保险覆盖城镇人口 476 万,其中原中央苏区县、国家贫困县实现了试点全覆盖。在各试点地区的精心组织、扎实推进下,新农保和城居保已经得到了广大群众的广泛认同,各地群众踊跃参保。到 2012 年 4 月底,全省 77 个试点县(市、区)城乡居民养老保险参保人数已达 1401.43 万人,累计个人账户收入 28.09 亿元,累计发放养老金 27.67 亿元,已

---

① 《2012 年中国人口老龄化特点分析》,《中国人口老龄化发展趋势预测研究报告》,http://ind.chyxx.com/201302/194553.html.

有 290 万年满 60 周岁的农民开始领取养老金。①

在江西,农民踊跃参与新农保,并体会了它所带来的实惠。

> 于都县梓山镇红丰村村民李媛兰说:"我每年缴纳 100 元钱,政府给我 30 元钱的补贴;我去年 50 岁,又往前补缴了 5 年的费用,政府就给我补贴了 150 元。""村干部上门收钱,也不用我们费事儿。我们就等着领养老金了。"梓山镇滩头村村民 75 岁的刘长发说:"儿子每人每月给我 50 元,参加新农保相当于多了一个儿子啊。""我家七口人都参加了新农保。"64 岁的刘南昌说,"刚开始自己哥哥家的孩子不愿意缴费参保,但是看了一台反映新农保试点工作的采茶戏后,对政策有了新的认识,马上参加了。"②

> 2012 年 9 月 6 日,桐坪镇下田村 62 岁的村民梁锡波一大早就来到村部,为儿子和儿媳领取了社会保障卡,并缴纳了今年的养老保险金。尝到了甜头的梁老高兴地说:"我现在每月可领 55 元,今后我们农民也和公务人员一样有养老保险金了。"看到同村的梁子洋老人还在犹豫,李老当起了义务宣传员,与他说起了新农保的好处。

> 据悉,由中国农业银行发行的江西社会保障卡不仅具有存款、转账等一般借记卡的功能,还可作为贷款发放、农村养老金支付及收缴的工具。为使这一惠民政策落到实处,桐坪镇早部署、早行动,大力开展新农保政策的宣传,做好基础养老金领取人员认证、参保人员续保和新增人员启保工作,在确保基础养老金及时足额发放到位的同时,促进家庭联动、全员参保,引导参保人员续缴保费,9 月 6 日当天,发放未满 60 周岁村民社会保障卡 6 千多张,全镇 24 个村都已基本完成 2012 年的保费收缴工作。③

在新疆,新农保让养老有了坚实的保障。

> 6 月 20 日,是乌鲁木齐县永丰乡农民马会过 60 大寿的日子,他的外孙

---

① 《江西省:新农保参保人数突破千万 今年实现全覆盖》,http://www.gov.cn/gzdt/2012-05/25/content_2145005.htm.

② 尚芳:《江西革命老区新农保之行》,《中国社会保障》,2010 年第 7 期。

③ 《江西桐坪镇"社会保障卡"惠及农民》,http://news.xinmin.cn/rollnews/2012/09/12/16304547.html.

今年也满 16 周岁了。除了过寿的喜庆,让马会高兴的还有,过了生日,他就能领到 85 元的基础养老金了。现在,外孙也符合参加新农保的标准了,加上已参加新农保的女儿和女婿,马会和女儿一家四口全部参加了新农保。多喜临门,马会等这一天等了很久。

马会是土生土长的乌鲁木齐人,女儿嫁在同村,马会和老伴带着外孙生活。养儿防老、积谷防饥,出生在 20 世纪 60 年代的马会知道这个谚语。没有儿子,老两口种地、喂鸡、养羊,日子过得还算安逸,女儿、女婿经常会到家里嘘寒问暖,并按时给马会一些零用钱。

随着农村政策的好转,马会不仅享受了新型农村合作医疗,还住上了旧村居改造工程的红顶黄墙欧式抗震安居房。日子好了,但马会心中总隐隐有一些担忧,"女儿出嫁了,出了自家门就不是自家人,防老还得养儿呀"。2009 年 6 月,作为全国新农保试点县,乌鲁木齐县(含北郊三乡镇)在全县开展新农保宣传和缴费工作。当年的政策是,60 岁以上的参保者不需缴费便可领取每月 55 元的基础养老金。16 至 59 周岁持有农村户口的人,每人每年的缴费档次有 100 元至 500 元五个档次。五个档次,最短缴费年限 15 年,60 周岁后,按照目前政府补贴的标准,每人每月至少可获得 154 元的养老金。

油菜花开的季节,马会在农田里听说了这个消息,他当即找到村书记,详细了解了新农保的政策。"看来养儿防老,积谷防饥,这个老辈留下的话得改一改了。"马会脸上的皱纹舒展开来。①

在浙江,经济发达,农民所享有的新农保补贴更多,农民对新农保满意度较高。

浙江萧山党湾镇幸福村的沈某说:"老年保障措施在我们村就是农村社会保险,以前 60 岁老人每人可以领到 90 元的养老金,今年可能要每人交 100 元,交 15 年,后来可以取到一百零几块,我们村嘛,经济还是比较好的,

---

① 《新农保让乌鲁木齐农牧民"老有所依"》,http://www.wlmqwb.com/2860/2861/201107/t20110707_1999160.shtml.

村里企业比较多嘛,我们也正在想办法跟企业沟通,叫他们献点爱心,我们村70岁以上老人每年可以拿到500元,还有就是比较困难的老党员、村民代表,我们向上争取一下,不能争取的,我们适当也意思一下。"①

新农保政策从经济和制度上突破了农村老人只能靠儿女养老的传统,但现行的新农保保障水平还不足以让农村老人单纯依靠新农保就实现养老无忧。在新疆,100—1000元的保费,按照15年的最低期限,60年之后,每个人都将获得100—200元的保费,虽实现了农村人口的老有所养,但对于目前的消费水平,还有待提高。采访中,不少农牧民反映,虽然目前农村生活消费水平并不是太高,但是200元的保费,只能维持老年人基本生活。马会说:"虽然大家都参加了新农合,但还有自己承担的部分,老年人的身体状况不是很好,目前的新农保基础养老金显然不够。"②目前养老金采取的是国家补贴、区级政府和市县级政府多级补贴的方式,其中区县级财政补贴并不多。不少人新疆农牧民都提到,要是能在地方经济发展中,每年提高一点养老金的补贴,农村"老有所养,老有所依"才能更好地实现。

2)农民对农村新型合作医疗制度参加意愿强,满意度较高,但还是存有困惑

农村新型合作医疗制度是由政府组织、引导、支持,农民自愿参加,个人、集体和政府多方筹资,以大病统筹为主的农民医疗互助共济制度。它既是中国医疗保障制度中有特色的组成部分,也是中国农村社会保障体系的重要内容。③2002年,中国明确提出要逐步在全国建立新型农村合作医疗制度。目前,全国已有30个省、自治区、直辖市先后启动了310个县(市)的新型农村合作医疗试点工作,约覆盖9504万农业人口。

在农村卫生事业方面,社区的作用和价值被利用了起来,通过政策的制定、实施和支持,村民对社区的卫生条件增加了信任度,同时国家颁布的政策也给农民带来了切实的优惠,报销的力度越来越大,农民看病情况并不会像以前那么窘

① 访谈者:张凯丽、王红辉。被访者:沈某。幸福村,男,41岁,党员。2011年7月7日下午。

② 《新农保让乌鲁木齐农牧民"老有所依"》,http://www.wlmqwb.com/2860/2861/201107/t20110707_1999160.shtml.

③ 奚洁人:《科学发展观百科辞典》,上海辞书出版社,2007年版。

迫,同时,农民可能没有每年去体检的意识,而通过每年免费的体检让村民的健康多了一份保障。随着经济的发展和养生观念的普及,村民越来越重视自己的身体健康和疾病预防,而在本村就能进行一年一次的免费体检对于他们来说无疑是个非常好的国家优惠政策。在浙江萧山党湾镇,我们调查了当地居民对新型农村合作医疗的满意度。调查显示,在277人中其中非常满意的有106人,比较满意的有122人,一般的有46人,不太满意的3人,没有不满意的人,可见满意率还是较高的。① 正像我们调查过程中发现的,由于政府对新农合的重视,乡村社区卫生服务站的医生也比以前忙碌了,在这些政策支持下,他能不断接受技能培训,提高医疗素养和专业知识,农民对其信任加大,他也给当地村民带来了非常可观的便利。下面是我们在浙江萧山党湾镇访谈的情况:

关于农村卫生事业,梅东村社区卫生服务站的医生说:

"我们国家现在开展的是新型农村合作医疗,新型农村合作医疗就是两条线,现在药价降下来了,以前一瓶三十几块钱的药现在只要八九块钱,老百姓受惠比较大。以前我们老百姓不是看病难、看病贵嘛! 现在是新型农村合作医疗,药价就降下来了,现在是药品零差价,设施两条线,农民有农保卡,大病去大医院可以报销的。

像我们现在在宣传,小病进社区,大病去医院,大病回社区。现在我们梅东社区服务站就是这样一个社区,小病进社区,大病进医院就是做好这样一个引导和宣传。还有我们现在是六位一体的,比如说我爸爸有高血压,就定期在社区进行检查,通过单子定期来检查,新的中风病人就可以来我们这里康复,都是免费的。

主要就是提高我们的医疗水平,让我们去杭州、萧山进修。医务人员个人能力提高了,也会减少一些误诊错诊。还有一点就是我们加强了医疗设备,比如现在我们这里就可以做B超。

我们本村村民有年检,每年都做,免费的,常规性检查有三大常规:血常规,尿常规,大便常规,另外有胸部拍片,腹部B超,还有一些妇科检查,一

---

① 2011年7月7日课题组赴萧山党湾镇调查结果。

年一次,免费的。现在我们新建了医院,有了新设备,我们党湾镇就有两家医院。"①

幸福村的沈某说:

"关于医疗这块,大部分是国家补贴,农户出很少一部分,参保率达到98%,农户每个人出资130元,按区委文件标准交的,剩下的就是政府补贴的,农户出资比例不是很大的,最多30%,报销的比例在我们乡卫生院能够提高到40%,这个比例在提高,特殊病重的,报销的费用在这个报销以后,还再提高一点,再往上,比卫生院要减少一点,住院也可以报销一点,我指的是,卫生院在名称上可以报销40%,那么在卫生院住院,就是那个县,下面那个底数,可以累进报的,大院嘛,比卫生院要少一点,这个嘛,是农村合作的一块,社会保险就是国家规定了。"②

在江西,从2003年开始,江西省开始启动新型农村合作医疗试点。江西省农民对新农合的态度由试点初期的怀疑、观望到现在的完全信任和积极参与,从最初的7个试点县(市)增加到80个,参合农民从当初的219万增加到2008年的2929万,参合率由2003年的88.03%提高到2008年的91.3%。2003年至2007年,江西省累计筹集资金21亿元,对996.43万人次的参合农民进行了补偿,2008年又筹集资金26亿多元。仅2008年1至6月,全省累计获得新农合补偿2万元、1.5万元、1万元、5000元、3000元以上的参合农民分别达到179人次、643人次、2473人次、14276人次和36120人次,在减轻农民医疗费用负担、缓解农民因病致贫和返贫、保障农民健康等方面发挥了非常重要的作用。③

新型农村合作医疗制度有待完善,从江西来看,目前试点县参合率不高,少数地方群众积极参加意愿还不强,由于药品的差价,农民得到的实际补偿可能等于零,甚至是负数。此外,财政经费筹资总量仍然太少,参合农民的受益程度不高,难于切实解决因病致贫的问题;地方财政负担沉重、难以为继。在新疆,据资

---

① 访谈者:张佳杰,顾行之。被访者:何某。梅东村,男,41岁,梅东社区卫生服务站医生。2011年7月7日下午。
② 访谈者:张凯丽,王红辉。被访者:沈某。幸福村,男,41岁,党员。2011年7月7日下午。
③ 《江西省新型农村合作医疗实施5年回眸》,中国江西新闻网,http://www.jxcn.cn/525/2008-9-16/30093@432266.htm.

料显示,农民在欢欣之余,还是表露出很多不解和困惑,需要政府进一步满足农民的就医保障需求,进一步扩大参合农民的受益率、受益面,妥善解决农民"因病致贫、因病返贫"的现实问题,提升农民的满意度。

一些村民们认为到县外医疗机构看病住院补偿过低。他们说,现在每家都富了,头疼脑热这种小病都能看得起,大家参加合作医疗也是怕有个大病,而目前县乡的医疗条件有限,真要是得了大病,还得去城里看,可10%的补偿作用不太大。

有村民说,每年住院补偿费最多不超过5000元,可现在住院费高得吓人,随便什么病住个院都会超过。因此他们认为合作医疗对看小病起些作用,而对真得大病住大医院,作用并不十分大。但很多农民则对新型合作医疗现行的规定办法表示理解。他们认为,合作医疗是种保障,而不是福利。有保障总比没有好。

陪同记者前来的镇党支部副书记权良智也承认,在推行合作医疗过程中还存在很多问题。他也相信,随着这项工作的推广和实施,还会有很多问题和矛盾凸显出来。

李淑琴说,她们家5口人都准备参加合作医疗,但按规定必须以户为单位,家庭成员不得选择性参加,如果一个人不参加,全家都不能参加。李淑琴不解:"我儿子常年在外务工,但户口在这里,他病了也不可能从内地跑回来看病,而如果他不参加,我们家其他人就不能参加,我感觉这规定不好,得改改。"马福华也低声说:"我女儿嫁到离这很远的伊犁去了,可户口一直没迁,看着村里人都参加,我心里很是着急。"

据权书记说,这种情况全镇还有不少,有些是外出打工,有些是嫁到外地。这些问题都已向县里反映了,为确保参合率,县上从实际情况出发,以自愿为原则,家里现在有几个人在,就参合几人。

村民孙力民3天前就交了参加合作医疗的费用。他的父母都患有脑溢血,常年瘫在床上,大小便不能自理。为了给老人看病,6个儿女每年要拿出几万元,几个儿女轮班每人照顾4个月。"我们孝敬老人,但时间久了,有些负担不了了。"孙力民叹着气。

李文芸说,像孙力民父母这样长年卧病在家的,村里还有好几户,他们多看不起病,合作医疗在一定程度会减轻他们的负担。"现在农村对养儿防老的观念也变了,不能指望儿女了,独生子女夫妇以后要负担和赡养4个老人,担子太重了,我们要为孩子着想。"李淑琴说,自己参加合作医疗,不光是想着眼前,更多的是想着今后。①

3)农民对农村低保制度充满期待

2007 年 7 月 11 日,国务院颁发了《关于在全国建立农村最低生活保障制度的通知》(国发〔2007〕19 号,以下简称《通知》)。《通知》指出:为贯彻落实党的十六届六中全会精神,切实解决农村贫困人口的生活困难,国务院决定,2007 年在全国建立农村最低生活保障制度。

从江西来看,江西是革命老区,也是自然灾害频发地区,农业人口占全省总人口的 73.7%,有国家扶贫开发重点县 21 个,农村贫困人口比例较大。2005 年 8 月,江西省在推行农村特困户救助工作基础上,开始在 3 个县(区)实施农村低保试点工作,同年底将试点面扩大到 20 个县(区),2006 年 7 月,在全省全面建立农村最低生活保障制度。2007 年 7 月统计,全省纳入救助范围的农村低保对象有 42 万户 102 万人,占农业人口的 3.2%,月人均补差水平为 30.2 元。② 农村低保制度的建立,为促进社会主义新农村建设,构建社会主义和谐社会发挥了积极作用。

新疆从 2005 年实施了农村最低生活保障制度,让生计困难的家庭享受到最低生活保障,目前新疆年人均纯收入在 700 元以下的农村贫困人口约有 129 万人,约占新疆农业人口的十分之一。其中,在和田、喀什、克孜勒苏柯尔克孜自治州等地,贫困人口最为集中。2007 年 7 月,根据当地的财政实力和农村困难群众的实际生活需求,自治区对农村低保对象的标准、家庭收入核算、资金筹集使用管理等作出明确规定,要求将贫困农牧民全部纳入保障范围,以每人每年不低

---

① 《欢欣之余有困惑 农民如何看待新型农村合作医疗》,《中国青年报》网络版,2006 年 2 月 8 日,http://www.southcn.com/news/community/shzt/cms/difficulties/200602080111.htm.

② 《中国民政事业发展报告》(2007—2008),http://www.china.com.cn/aboutchina/data/08mzsy/2008-07/07/content_15967438.htm.

于 700 元为标准,差多少补多少,按季度发放,确保他们的基本生活。随后,新疆又多次提高了低保对象的补助水平,截至 2009 年 9 月,自治区农村低保对象人均每月补助水平达到 65 元,低保对象中的老年人、重病人、残疾人、儿童、单亲家庭等人员,在原救助保障水平的基础上又提高了 20% 到 40%。当地农村人口实现了"应保尽保",129.8 万贫困农牧民全部被纳入新构建的最低生活保障网络中。① 在这一惠民政策的普及下,农民享受到了新制度的成果,也对农村低保制度充满着期待:

> 新疆疏勒县巴仁乡尤克日巴仁村的古丽巴哈尔·亚库夫说:"现在我们就像城里人领工资一样,每个季度按时去领钱。"自从古丽巴哈尔·亚库夫一家享受到了农村最低生活保障的待遇,就再也没有为缺吃少穿而犯愁了。
>
> 浙江萧山党湾幸福村沈某说:"扶助对象啊,我们镇里面搞了个慈善机构嘛,企业有冠名的,一个企业拿出 100 万捐给慈善机构,慈善机构把 100 万元返还给企业,然后 100 万的利息,假如说年息一分,就是 10 万,这部分钱我们村有好多的,打到镇里的账户里面,这部分钱,比较困难的人打报告向上面申请,这个就是一个解决办法,还有就是去残联,去民政办,反正项目资金是很多的,就是这样的。这个补贴的具体标准啊,像大的疾病,生癌症的,残疾的,萧山每人每年都有补贴的,低保啊,差不多六七百块一个月,我们村里嘛,提供信息报上去,每月把钱打到他的账户上。"②

由于农民收入水平与城镇职工相距甚远,所以,当遇到自然灾害和疾病事故时,大多数的农民反映政府部门没有相应的救助或救助不足以解决问题,只有小部分的农户认为政府的救助和自己的努力足以渡过难关,生活基本上有保障。江西调查显示,农民对生活的风险和生存的压力总体上比较大,回答"很大"的有 78 人次,占 14.6%,回答"比较大"的有 183 人次,占 34.1%;回答"一般"的为 226 人次,占 42.2%,回答"比较小"的仅有 43 人次,占 8.0%。农民目前生活在土地保障、家族保障、集体保障、社会保障以及社会互助等层层保障网的保护下

---

① 《实施了农村最低生活保障制度,让生计困难的家庭享受到最低生活保障》,http://news. xinhuanet. com/fortune/2009－10/04/content_12180255. htm.

② 访谈者:张凯丽,王红辉。被访者:沈某。幸福村,男,41 岁,党员。2011 年 7 月 7 日下午。

显得比较安全,但实际上这种"完全"是非常脆弱的。这一切均有待政府长期关注并及时解决。

社会保障成为人们关注的主要社会热点问题,与我们的生活息息相关,关注社会保障就是关注我们的未来。建立完善高效的农村社会保障体系是我们政府未来工作的重中之重:一是加快建立农村最低生活保障制度步伐,将人均纯收入1000元以下的农户列入最低生活保障范围,从财政资金中解决,有条件的地方,首先建立,其他地方分期分批建立。二是完善农村"五保户"供养、特困户生活补助、灾民救助等社会救助体系,对符合以上三种情况的农民要逐渐扩大范围,提高补助标准。三是推进新型农村合作医疗,着力解决农民看得上病,看得起病,看得好病的问题,各地因地制宜地建立以大病统筹为主,多种形式的新型农村合作医疗制度。坚持农民自愿参合原则,扩大新型农村合作医疗的覆盖面,根据合作医疗的有关政策,视低收入农户的经济负担能力,确定农民个人参合资金。健全农村医疗服务体系,大力改善农民就医条件,财政逐年提高乡镇卫生院差额补助比例,配备村卫生员、防疫保健员、计生助理员和中医药适合技术推广员。加大农村卫生事业软件建设,不断加强对乡村医护人员的培训,使农民能享受就近方便优质低价的医疗服务。

(4)农民的自由迁徙权利意识表现非常强烈

新中国成立以后随着社会主义建设事业的发展,农村之间、城镇之间、城乡之间的人口迁移相应增长。特别是经济体制改革和社会主义商品经济的发展,进一步导致农村人口向城镇的迁移和流动。尤其是近几年来,农村人口数量急剧下降。原来五六百人的大村,现在常住人口大约只有二百多人,有的村常住人口甚至只有几户、几十户。在经济现代化过程中,正常情况下,人口迁移与人口城镇化总是同步进行的。但是,这里有必要区分人口流动和人口迁移两个概念的区别。人口流动是一种低水平的劳动力转移方式,劳动力的户籍仍在原户口所在地不动,只是居住地随工作地点变化。人口迁移是劳动力转移的另一方式,劳动力的户口随居住地的变化而迁移。那么农村居民的迁移意愿如何呢?有哪些因素导致人口迁移呢?如何促进人口迁移尤其是农村剩余劳动力的转移呢?

1)农民对城市有向往意愿,在条件许可范围愿意迁入城市

当问及"您认为城市与农村比较,主要的特征在于"时,认为城市主要特征的

排序是"热闹繁华＞清洁卫生＞竞争激烈＞花费很大＞法规健全＞人情冷淡＞空气污染严重＞机会多＞挣钱容易＞秩序好",当然从这里还是看不出农民的选择意向,农民认为城市仅在热闹繁华、清洁卫生和法规健全等方面比农村占优势,但在空气质量、是否适合农民、挣钱容易以及秩序方面并不一定强于农村。

当问及"如果您有机会进入城市发展,您会选择留在农村还是进入城市"时,有 360 人次,占 67.2％的表示愿意进入城市,167 人次表示愿意留在农村。

农民对城市有一种向往意愿,在条件许可时,愿意搬入城市,同时,由于收入高低、工作需要以及子女受教育的考虑,部分农民愿意迁入城市。决定农民是否迁入城市的因素主要有:

一是城乡差距,特别是城乡之间收入差距是城市吸引农民工的主要动力。美国经济学家托达罗研究了农村劳动力迁移决策和流动行为并构建了模型,指出当前发展中国家城市移民人数猛增根本原因在于城乡预期收入差异扩大。城市就业机会越多,城乡预期收入差异越大,因此,迁移到城市的人口越多。流入城市的高就业机会也是吸引农民工的主要动力之一,另外私人关系网络对农村向城市流动具有正相关作用。

当问及"您在从事农业之外,还从事什么别的工作"时,被调查人员回答排序依次是务工＞个体＞经商＞其他。收入来源与其从事的工作是有密切联系的。两个问题结合起来看出,革命老区农民所从事的工作和收入的主要来源仍然以农业为主,外出务工位居第二居于不可忽视的地位,经商仍不是主业自然也没成为家庭收入的主要来源。

二是城市生活对农民特别是农村青年的吸引力。已有研究表明,年龄、性别、婚姻对农民迁入城市具有一定影响,而受教育程度则对农民是否外迁没有显著的影响,通常认为男性、年轻人、未婚者、冒险者外出劳动的可能性更大。第一代农民工进城目的更多是为了挣钱养家糊口,但到了第二代农民工尤其是90 后农村青年进入城市,他们的目的并不局限于能多挣钱,更多的是为了开阔眼界、更新观念以及学习技术或者结识有用的人,以求能有所作为,从而实现摆脱传统农村生活方式的愿望。

调查表明,当问及"您认为农村青年进城打工最大的收获"时,按回答人数多少排序依次为:开阔眼界,更新观念＞学习技术＞能多挣钱＞结识有用的人。

三是子女教育也是促使农村劳动力向城市转移的推动力。当问及已经搬出农村的人员主要原因时,除"工作需要"这个重要原因外,"子女教育"就是排在第二位的主要原因。

2)农民安土重迁的传统观念还没有完全打破,农民徘徊和游移在城市与农村之间

但是基于各种现状和成本考虑,农民是徘徊和游移在城市与农村之间的,尤其是中国农民工的现状(关于农民工问题在下节探讨),这里实际上反映了城市化进程中农民的一种矛盾心态。

江西被调查农民认为,有过半数的农民选择还是"愿意"留在居住地,选择"不愿意"留的占10.4%,而选择"看具体情况而定"的有177人次,占33.0%。这表明农民安土重迁的传统观念没有打破,单一的、同质的和稳定的传统农村社会关系网络没有发生明显变化。

在生活质量的调查体系中,住房面积是一个重要的指标。特别是在乡村普遍城镇化的趋势下,农民对住房的满意度可以作为考察农民安土重迁传统观念变化与否的重要依据。当问及"您家中的住房面积,让您感觉如何"时,表示"非常满意,较改革开放与建国前觉得现在的住房很舒适"的有291人次占54.3%;表示"还行尚且过得去,没大感觉"的约178人次,占33.2%;表示"怀念以前的大房子,不喜欢现在的居房"的有36人次,占6.7%。从调查情况看来,改革开放以来,农村农民的居住条件得到了较大的改善。

由于受到各方面因素的影响,农村劳动力的转移行为要复杂得多。决定农民徘徊和游移在城市与农村之间心态的因素主要有:一是城市自身的缺陷和对新农村建设美景的向往。如前所述,当问及"您认为城市与农村比较,主要的特征在于"时,认为城市主要特征是热闹繁华>清洁卫生>竞争激烈>花费很大>法规健全>人情冷淡>空气污染严重>机会多>挣钱容易>秩序好,当然从这里还是看不出农民的选择意向,农民认为城市仅在热闹繁华、清洁卫生和法规健全等方面比农村占优势,但在空气质量、是否适合农民、挣钱容易以及秩序方面并不一定强于农村。二是转移成本。交通成本是决定农民工是否转移的重要因素之一;现有农业收入是决定农民工是否转移的机会成本;此外,离乡背井的心

理成本也是不可忽视的成本之一。① 三是政府政策,如户籍制度、宏观经济政策以及城镇化政策等。除户籍制度以外,在其中最为重要也是最为关键的原因当属政府的城镇化政策。

3)农民工社会排斥感较强

农民工是指具有农村户口身份却在城镇务工的劳动者,是中国社会"体面劳动"者中的弱势群体,是中国传统户籍制度下的一种特殊身份标识,是中国工业化进程加快和传统户籍制度严重冲突所产生的客观结果。在一般情况下,农民工就等同于农村剩余劳动力。据国家统计局统计,2009 年末农村外出劳动力达1.49 亿人。

从江西来看,江西农民外出务工,遍及全国各地,远达海外,参与各地经济建设。江西 2010 年全社会就业人员总量达到 2499 万人,其中跨省劳务输出 681万人,占江西省就业总量近三成。江西跨省劳务输出主要集中在泛珠三角区域各省区,其中向广东、福建两地劳务输出 356 万人,占江西省劳务输出总量的52.2%。② 通过亲戚、朋友、乡亲或凭个人求职等途径实现就业,主要从事制造业、建造业、服务业和餐饮业。越来越多的农村外出务工人员能够根据自身条件、意愿,主动地选择更好的行业,获得更高的工资收入。但江西农民工在工作、生活中,仍存在不少需要政府及有关部门出面解决的实际问题而没有得到及时、圆满的解决。在这群庞大的流动人口中,有四个特征十分明显:年轻化、低素质、流动性、无保障。农村中绝大多数青年劳动力都在城市打工。调查显示,农民工认为他们在外面打工遇到最大的困难是没有户口,很难找到稳定的、体面的工作。没有稳定的就业是外出打工第二大困难。农民工不能与城市居民一样享受平等的社会保障和公共服务,成家难、养家成本高、就医贵、学费高、养老难,由于户籍制度的限制,很难融入当地社会,个人发展和子女教育均受到限制等问题短时间内难以得到解决。③ 此外,农民外出打工很辛苦,生活条件差、劳动强度大。外出打工的苦处按大小排序依次是太累、受到歧视、生活条件差和管理苛刻,且

---

① 参见刘文辉、李小红:《江西农村劳动力转移的经济学分析》,《价格月刊》,2007 年第 9 期。

② 罗鑫:《江西跨省劳务输出占江西省就业总量近三成》,新华网,2011 年 9 月 29 日,http://news. xinhuanet. com/local/2011—09/29/c_122105301. htm.

③ 韩俊:《调查中国》(上),中国发展出版社,2009 年版,第 525 页。

城市生产生活成本相对农村普遍偏高。①农民工在我国的基础建设和经济发展中做出了巨大的贡献,国家这些年来颁发了许多有关保障农民工权益的若干法律法规,为构建农民工社会保障制度建设提供了有力的法律依据。但他们的社会保障问题、子女教育问题、住房与社会服务问题、对城市社区生活的融入问题、打工妹的社会保护问题等都对构建和谐社会提出了严峻的挑战。

(5)农民的权利保护意识有很大提高

1)农民享有权利的意识有很大提高

农民怎样对待自己权利的呢? 当问及"您认为农民和城市居民享有一样的权利吗"时,绝大多数人已认识到自身应该享有权利,并且对此充满信心。其中有 22.4% 的人表示"享有",有半数达到 52.8% 的人表示"现在不享有,但以后会享有"。但也有占 19.2% 的人缺乏信心,认为"不享有,而且永远不会享有一样的权利"。回答"其他"的占 3.2%。洪朝辉认真分析其实质,认为是中国农民权利贫困造成的,主要包括参与权利的贫困,迁徙权利的贫困,社会保险权利的贫困,教育权利的贫困,医疗保险权利的贫困,抗争权利的贫困,土地财产权利的贫困等。②

2)农民法律意识水平有较大提高,但仍处于浅层次

农民法律意识水平是农民关于法律现象、法律问题的知识、观念和心理的总和。意识是用来指导人的行为的,因此,法律意识就是行为人以法律来维护自身权益的一种武器,能在多大程度上理解法律和运用法律,就成为农民维护自身权利的首要影响因素。

在问到对法律的看法时,54.6% 的人认为"法律法规"在当今农村社会对维持社会安定起主要作用,一定程度上说明农民的法律意识有所提高,这也许得益于一五、二五、三五普法教育的成果。但值得注意的是仍有大量的农民认为农村的舆论、村民自身素质、村规民约、村委会的职能对维持社会安定起主要作用,这在相当程度上说明了法律在农村社会和农民生活中仍然存在"真空"。

相比较而言,东部地区由于经济发展较好,与市场经济直接接触,因而东部

---

① 韩俊:《调查中国》(上),中国发展出版社,2009 年版,第 525 页。

② 洪朝辉:《论中国农民土地财产权利的贫困》,《当代中国研究》,2004 年第 1 期。

地区农民的法律意识水平相对较高,此外,农村干部要比普通农民要高。这一点,我们从浙江萧山衙前镇农民访谈中可以有所了解:

问:您认为法律和政策的含义一样吗?

答:二者是不同的,政策就是政策,法律就是法律,当然,政策也会具有法律的效力,二者还是有些难区分,总体来说,在普法宣传、送法下乡、干部学习等多种方式学习法律的情况下,还是对法律有了更多的认识,对法律与政策的关系认识还比较清楚,过去我们都知道主要靠政策办事,现在不同了,更多是要靠法律办事。这也是依法治国基本国策的体现。

问:您在村里当干部多年,对村民的思想还比较了解,您觉得村民在法律与政策关系上的认识是怎么样的?

答:村民的法律意识都提高了,对法律了解得越来越多,在法律与政策关系的认识上也发生了很大变化。比如,有的人在国家实行"依法治国"前,认为法律与政策就是一回事,把政策宣传和法律宣传都当作政策看待,政策包括法律,他们通常担心的是政策会不会变,政策变了,法律就可能变。现在,虽然有些村民还不能清楚地说明二者间的区别或联系,但大多数人都知道二者不是一回事。它们在本质上有一致性,法律与政策是相互依附的,法律应为政策服务,政策的执行要靠法律,如果你不遵守,法律就会制裁你。我们这里经济发展还是比较好的,大多数村民知道经济发展既要靠政策,又要靠法律,二者缺一不可,这也将直接推动地方经济发展和法治进步。①

当问及"您对中华人民共和国消费者权益保护法、婚姻法、村民委员会组织法、计划生育法等法律了解吗"时,对相关法律表示"很了解"的,占15.7%,表示"了解一些"的占76.9%,表示"不了解"的占4.9%。可见,农民对涉及自身切身权益的有关法律法规总体上还是有些了解。

3)农民有较强的维权意识

农民的维权活动是农村社会生活的一个重要方面,农民维权观念的变迁和

①　访谈者:李红霞、孙美艳。被访者:徐观伟。吟龙村,男,党员,吟龙村书记。2009年5月14日上午。

演进,是农村思想变迁的重要方面。而对维权活动或行为的认同,则意味着农民如何看待自身权利和维护自身权利的努力,意味着农民对此种行为方式的接受和认可程度。农民采取什么样的方法和途径来维护自身合法权利? 长期以来,在现实生活中,农民在自身权益受到侵害时常常"忍气吞声",认为胳膊拗不过大腿,少有拿起法律武器维护自己的合法权益的。有些农民在自己的合法权利受到侵害时不是诉诸法律而是诉诸武力,如威胁、胁迫、打击报复,其中往往伴有地痞流氓、地方恶势力甚至是黑社会势力的介入,引发了不少暴力事件。同时农民有时为了表达自己的利益,采取不正当的方式对政府官员和执法人员贿赂等手段,这不仅损害到农民的生命财产利益,而且直接构成了对我国基层农村社会秩序稳定的威胁,有的地区甚至已经达到了相当严重的程度,对于这种救济方式,唯有用国家公力强制性予以消除。调查表明:

一是农民自身具有借助法律维权的意识。江西调查表明,当问及"当遇到劳动纠纷或其他侵权行为时,您是否会借助法律手段维护自己的权利"时,88.4%的人表示肯定会借助法律来维权,仅有6.7%的人表示不会。

在东部地区农民的维权意识同样明显:

> 凤凰村郭大爷说"我的维权意识和以前比有提高。买到假冒伪劣商品会维权的,退货,调换。和村委会发生冲突,要按照法律法规和我们村的村规民约维权。"新林周村的王某说:"村里干部与群众之间在用地方面2005年时起过冲突,但是现在农民愿意国家来征用土地,他希望土地被征用。为什么呢? 因为现在农民生活水平提高了,种地很辛苦的,大部分都出去做做生意啊什么的。还有就是家电坏了,会去退或者要求赔偿,但是很少听到这个事,可以用很长时间的,现在的质量比较好的。"①

> 南庄王村的王某说:"我的维权意识对比过去有提高了,私人财产、私人隐私,都是自己要维权。"②他在被访的过程中明确提出了私人财产维权、私人隐私维权的概念。新林周村的王某说:"现在维权意识强,现在和干部都

---

① 访谈者:徐皓。被访者:王某。新林周村,男,66岁,群众。2009年5月12日下午。

② 访谈者:龚玲燕,周婧旻。被访者:王加坤。南庄王村,男,74岁,党员,初中,年收入8—12万。2009年5月12日下午。

是要签协议的。"①衙前村的村支书说自己的维权观念比以前相对提高了一点。衙前镇中学的徐老师说："现在农民的维权观念比以前提高了不止一点啊。以前这个词听都没听过,现在天天电视上放维权,学校里收费不合理他们也会来问,基本上都知道维权是怎么回事情,别人侵权了也知道去哪里能找到人给解决……经济越发展,人们的思想观念转变越快,法制意识肯定是越来越强的。万一遇到什么事情,他们都会用法律的手段维护自己的权益。"②

此外,东部地区农民的"以法抗争"的意识较强,访谈中,浙江萧山衙前镇有几位农民表达了"以法抗争"的观念,此处仅选一例:

我想为老百姓维权,曾经到北京去上访过。我是告某人侵吞集体资产,因为一个集体办的企业他不付一分钱就改了个厂名成自己的了,于情于理都不合适,我就直接依据相关法律法规去上告国家,由国家法律部门依法公正解决。以前交通村(现并入到凤凰村)3000亩土地没有通过村民代表大会,一举卖掉了,老百姓生活失去土地的保障,我们就自觉发动起来以法抗争,争取我们应该的权益保障,最后达成了协议,政府采取各种措施为我们创造安全稳定的环境。其实,国家政策都是好的,只是在执行时难免会出现小问题,在政策执行不好而侵害到我们自身利益的时候,还是要尽力依据具有权威性的法律去争取的。③

另一位衙前镇农民也表达了如下观点:

我们这里农村的纠纷易于发生,也易于化解。许多纠纷先通过协商、调解来解决,如果能够得以解决,最好就是这样,也不会有大的后遗症。以前有句话是这样的:"饿死不做贼,屈死不告状。"是的,以前我们农村哪有什么打官司、告状的,不到万不得已不找法律机关解决,现在这种观念没那么强了,也有不少因纠纷打官司的。不过,如果一旦经过司法机构解决,或者通

---

① 访谈者:徐皓。被访者:王某。新林周村,男,66岁,群众。2009年5月12日下午。
② 访谈者:龚玲燕。被访者:徐某。衙前镇中学,男,教师。2009年5月14日上午。
③ 访谈者:周婧旻。被访者:洪某。凤凰村,男,50岁。2009年5月13日上午。

过国家机构的强制执行,在当事人及其亲属、邻里之间就会形成难以愈合的伤痕。他们之间的一般矛盾就可能演化为子孙仇恨,世代延续,成为农村社会矛盾冲突的隐患,而且如果要打官司,费力费时费钱,有些麻烦。但这并不是说我们就不重视法律了,相对于以前,我们法律观念增强了,在很多事情上都会考虑到法律这一解决问题的有效手段,只不过在不同情况下,考虑运用法律手段的程度不同。①

二是农民也支持他人维权。江西调查表明,87.3%的人表示支持他人维权,分别有5.2%的人表示"不支持"和"无所谓"。

三是大部分农民认为通过广播电视宣传和进行法律讲座是提高维权意识的有效途径。其中,认为通过广播电视宣传是提高维权意识有效途径的占47.8%,认为进行法律讲座是提高维权意识有效途径的占37.3%。约有8.8%的人认为只有通过"政府强制学习"才能提高农民的维权意识。

在现实中,党和政府积极组织"普法宣传"、"送法下乡"等活动受到农民群众的热烈欢迎。农民对镇里、村里法律宣传的认同感、满意度比较高,从多途径了解法律,进行维权。在调查者与浙江萧山某村长的谈话中可以感受到:

> 村里法律宣传有广播、标语,发放材料。有时镇里也会组织人员到各村宣传法律知识,发给我们一些有用的法律资料,"送法下乡"的作用还是蛮大的,农民获益也蛮多的,对这些宣传学习形式也都挺支持的。村里有调解委员会,警务室,除了给人们解决纠纷、维护社会治安等工作外,有时也会帮助农民解答一些法律问题。现在农民可以通过看电视、读报纸、电话咨询等多种方式获取法律知识,法律意识相对以前真是提高了很多,对知法、守法、用法越来越重视。②

在另一个访谈中我们也可以明显感受到农民对维权的诉求:

> 法制教育挺重要的,对我们现在的经济社会生活作用很大。生活中很

---

① 访谈者:周婧旻、龚凌燕。被访者:王加坤。南庄王村,男,74岁,党员。2009年5月12日下午。
② 访谈者:李红霞、孙美艳。被访者:方村长。四翔村,男,党员。2009年5月15日上午。

多方面都要与法律打交道,外出打工、妇女权益维护、孩子教育保护等都需要法律来保障,农民要了解诸如此类的一些基本的法律常识。"送法下乡"可以说是法制教育,但农民不能只靠这一种形式,更多时候要靠自己主动接受法制教育,比如收看《焦点访谈》《法治在线》等一些电视节目,购买并阅读法治类的报纸、杂志等,现在人们还可以在网上接受法制教育。学校法制教育是很重要的,我经常在报纸上看到某某学校对学生进行人身安全保护、法律知识宣讲、邀请法律机关人员到校讲课等多种形式的法制教育,村里也会应村民需要邀请学校老师、法律机关人员到村里进行法制教育。[1]

四是农民知道走什么(哪些)维权途径,超过半数的人懂得走法律维权的途径。在江西,当问及"您知道下列哪些维权途径"时,58.4%的人选择"向法院起诉"。另有35.8%的人选择"找政府或其他社会团体求助",3.2%的人回答"其他"。

在向法院起诉中,农民敢不敢"民告官"也是一个重要指标。"民告官",即所谓的行政诉讼,是指在公民、法人或者其他组织认为行政机关和行政机关工作人员的具体行政行为侵犯其合法权益时,依照行政诉讼法向人民法院提起诉讼,由人民法院进行审理并作出裁决的活动。江西调查显示,22.8%的人表示"支持'民告官'这种做法",71.6%的人表示"要看是否合理",2.8%的人表示"民没有权利告官"。

在实际案例中,农民的维权途径选择多样化。江西调查显示当问及"如果买到假冒伪劣产品,而且商家不予退还,您会如何做"时,选择"打官司"的占14.2%,选择"上访"的占21.8%,选择"算自己倒霉"的占19.8%,选择"协商解决"的占42.7%。

在浙江衢前调查显示,大部分受访者都说一般会先采取比较缓和的方式,但是遇到必须采用"打官司"的手段才能解决的问题时也会采取这种方式进行维权。

---

[1]　访谈者:李红霞、孙美艳。被访者:施惠芬。毕公桥社区,女,群众,退休医生。2009年5月14日下午。

南庄王村的 74 岁的党员王大爷认为："农村里假冒产品少的。如果买到一般就算了,不必要闹纠纷。如果买到大的东西,要去讲理。如果真要遇到了(村干部侵犯了自己的权利)那就不管他是村干部、镇干部,到法院去告,维护自己权利嘛。"①

杨汛村村民夏某在被问到"如果村干部有损害你利益的行为,你会怎么办"时回答说:"首先会想到上级政府,向镇政府、信访办投诉。"②

衢前村的郭某在谈到维权方面话题时说:"原则上肯定是先主动协商。不行的话再找村里干部解决问题,再解决不了的话就打官司,这是最后一颗棋子。如果超市买到假冒伪劣产品,打官司或者找消费者协会。(自己的)法律意识还是越来越提高了,要维权。"③

衢前村的党员傅某说"(遇到维权事件时)一般是先调解的。协商好了就好啊。协商不好迫不得已也会上法庭。"④

伴随着经济社会的巨大变迁,农民的权利意识和维权观念也开始发生了深刻的变化。尤其是改革开放以来,现代思想不断影响和冲击着祖祖辈辈守着田地的农民们,他们开始接受新思想,并且树立了现代农民的新形象,打破了我们心中固有的观念,具有明确的权利观和维权意识,成为改革开放和现代化建设新时期社会转型过程中凸现出来的当代农民的一个重要标志。"维权"观念逐渐深入到他们内心,成为他们生活中不可缺少的一部分。

2. 农民的政治参与意识不断增强

村民自治是广大农民直接行使民主权利,依法办理自己的事情,实行自我管理、自我教育、自我服务的一项基本制度。村民自治制度的基本内容和核心,是"四个民主",即"民主选举、民主决策、民主管理、民主监督"。村民自治中的民主

---

① 访谈者:王艳丽。被访者:王志根。南庄王村,男,74 岁,党员,小学。2009 年 5 月 12 日下午。

② 访谈者:周婧旻。被访者:夏某。杨汛村,男,40 岁以下,党员,初中,干部,年收入 3—8 万。2009 年 5 月 13 日上午。

③ 访谈者:洪坤。被访者:郭某。衢前村,男,48 岁,初中,已婚,党员,村干部,年收入 3—8 万。2009 年 5 月 13 日上午。

④ 访谈者:周婧旻。被访者:傅彩英。衢前村,女,40 岁以下,高中,已婚,党员,年收入 12 万以上。2009 年 5 月 13 日上午。

决策,就是按照有关法律法规,由全体村民按一定的户数或人口比例选举产生一定数量的代表组成村民代表会议,研究决定村中重大事项和群众共同关心的问题,按多数人的意见作出决定,这是村民自治实践过程中的制度创新。1987 年颁布的《中华人民共和国村民委员会组织法(试行)》第十一条规定,涉及全体村民利益的问题,村民委员会必须提请村民会议讨论决定。1998 年修改的《中华人民共和国村民委员会组织法》第十九条明确规定了村民委员会必须提请村民会议讨论决定的事项。2010 年第十一届全国人民代表大会常务委员会第十七次会议修订《中华人民共和国村民委员会组织法》第二十四条明确规定了涉及村民利益的下列事项,经村民会议讨论决定方可办理:(一)本村享受误工补贴的人员及补贴标准;(二)从村集体经济所得收益的使用;(三)本村公益事业的兴办和筹资筹劳方案及建设承包方案;(四)土地承包经营方案;(五)村集体经济项目的立项、承包方案;(六)宅基地的使用方案;(七)征地补偿费的使用、分配方案;(八)以借贷、租赁或者其他方式处分村集体财产;(九)村民会议认为应当由村民会议讨论决定的涉及村民利益的其他事项。村民会议可以授权村民代表会议讨论决定前款规定的事项。法律对讨论决定村集体经济组织财产和成员权益的事项另有规定的,依照其规定。① 上述规定,使村民群众参与重大事项的决策权得到了制度上的保证。

(1)农民普遍认同村民自治中"自治"的基本概念

村民自治是广大农民直接行使民主权利,依法办理自己的事情,实行自我管理、自我教育、自我服务的一项基本制度。村民自治制度的基本内容和核心,是"四个民主",即"民主选举、民主决策、民主管理、民主监督"。当问及"您认为'自治'是什么"时,428 人次,将近 80% 的人能正确表明自治就是"自我管理、自我教育、自我服务";6.9% 的人认为自治就是"减少乡镇政府直接干涉的办法";6.2% 的人认为自治"只不过是一个新名词,没有实际意义";4.9% 的人表示"不清楚"。

(2)农民能积极主动参与村民决策的最高权力机关村民大会,积极履行自己的职责

---

① 《中华人民共和国村民委员会组织法》,http://news. xinhuanet. com/politics/2010－10/28/c_12713735. htm.

参与意识直接决定人的参与行为,参与意识是反映民主意识及其程度的重要指标。村民自治制度下村民参与决策大致有两种形式:一种是村民会议的形式。村民会议的好处是村民参与者众多,形成的决议影响力广、约束力强,弱点是讨论难以深入;另一种形式是村民代表会议。村民代表会议的职责,是决定本村事务的政策。各地的规定大同小异,主要包括:(一)本村办理"一事一议"事项时的资金筹集方案;(二)救灾、救济和扶贫款、物的落实方案;(三)审议村民委员会的财务收支情况,讨论决定数额较大的开支项目;(四)讨论决定村办学校、村建道路等公益事业的经费筹集方案;(五)审议村集体经济项目的立项、承包方案及村公益事业的建设、承包方案,批准签订经济合同;(六)讨论决定村民的土地承包经营方案;(七)讨论决定村庄建设规划和宅基地的使用方案;(八)讨论决定计划生育落实方案;(九)讨论决定本村经济、公益事业发展规划和年度工作计划;(十)讨论决定村民会议授权的其他事项。村民代表开会应当由全体代表的四分之三以上参加,所作决定须经全体代表的半数以上通过并不得与村民会议的决议、决定相抵触。村民代表会议因为可以集中村中有影响力的代表人物,他们的决定就容易在村庄产生权威,从而有助于将诸如集资出工的决定贯彻下去。这就是说,村民会议是全村的最高权力机关,同时也是全村的最高决策机构。村民会议和村民代表会议讨论决定村民会议授权的事项。

农民普遍认识到,村民自治就是村里的官由村民自己选,村里的事由村民自己管。村民会议和村民代表会议,作为村民自治活动中民主决策的地位最高、最有权威的组织形式,是村民参与最广泛,最直接、最全面地表达村民利益和要求的组织形式。因此,村民实现其决策权,最根本是依靠村民会议和村民代表会议的形式,按照法律赋予村民会议和村民代表会议的职权,民主议事,依法决策,任何离开这种组织形式的决策都是不合法的。从目前来看,农民参与民主选举已经成为农村基层民主政治建设的一个重要内容。

从全国来看,目前中国农村有58.9万个村委会,其中98%以上都实行直接选举,大部分省份已经开展了8—9轮的村委会换届选举,村民平均参选率达到95%以上,村委会选举广泛采取了无记名投票、公开计票并普遍设置秘密写票处,确保农民能按自己真实意愿投票。

江西调查显示,农民能积极主动参与村民决策的最高权力机关村民大会,积极履行自己的职责。当问及"您参加过您村的村民大会吗"时,回答"每次都参加"的有 218 人次,占 40.7％;251 人次,占 46.8％的人表示"有时参加,有时没有参加";也有 10.6％的人表示"没有参加"。

在新疆新一届村级组织换届工作基本结束,农民群众积极参与村级组织选举,对村级组织换届工作和换届风气满意度提高。

> 自治区新一届村级组织换届工作基本结束,全疆 8586 个行政村已有8583 个村选举产生村新一届"两委"班子。全区村民参选率达 87.39％,比上届提高 6.27 个百分点;党员参选率达 97.36％,比上届提高 4.27 个百分点。自治区党委组织部常务副部长蒲仕裕概括了这次换届选举工作的七个特点:村党支部书记兼任村委会主任比例提高,换届后全疆 8163 个村实现书记主任"一肩挑",占村总数的 95.12％,比上届提高 7.75 个百分点;选举出的村党支部成员、村委会成员,交叉任职的 30667 名,占 68％,比上届提高 6.6 个百分点;村委会成员中党员 35212 名,占村委会成员总数的78.08％,比上届提高 5.88 个百分点;5106 名大学生村官经选举进入村"两委"班子,近 60％的村"两委"中有大学生村官;8550 个村委会主任一次顺利当选,占全疆村委会总数 99.63％,一次选举成功率比上届提高 6.53 个百分点;11703 名妇女进入村"两委"班子,占"两委"成员总数的 22.25％,比上届提高 2.38 个百分点;群众对村级组织换届工作和换届风气满意度提高。拉票贿选得到有效整治,因选举导致的上访和信访量明显下降,与上次村委会换届相比,全区各级信访受理量从 1055 件降至 241 件。①

农民积极有序参与村民委员会选举,这是同基层政府的相关前期工作是分不开的,以浙江萧山衙前镇以及党湾镇村民委员会选举工作为例:

> 2008 年 4 月 29 日,衙前镇各村进行村民委员会换届选举投票工作。通过一天的努力,换届选举工作取得圆满成功。11 个行政村和 1 个社区全部产生新一届委员,其中 10 个行政村和毕公桥社区一次唱票通过。本次换

---

① 《新疆 8583 行政村换届选举结束村民参选率提高》,《新疆日报》,http://news. xinhuanet. com/local/2012—05/07/c_123089225. htm? prolongation＝1.

届选举充分体现了村民意愿。在整个换届过程中,该镇除了做好一些常规工作外,具体在以下三个方面下足了功夫。一是教育宣传深入。充分利用广播、宣传标语和张贴公告等形式进村入户开展宣传,加大对广大群众的思想政治教育,提高广大村民的民主意识和对换届选举重要意义的认识,并于4月23日对村民委员会换届选举候选人进行了集中教育培训。培训从为谁当干部、当干部该具备什么条件、怎么当好干部以及怎样正确对待换届选举等方面进行了有针对性的教育,使广大候选人进一步端正选举动机,明确选举要求,规范选举行为。同时各村选举委员会及时对候选人的选举承诺书进行公示,接受村民监督。二是工作落实细致。首先是实施"工作提示"制,把换届选举期间的工作,以日为单位,在机关内电子屏幕上显示,并以星期为单位通过书面的形式下发到联村干部和各村书记手上。无论是在电子屏幕上,还是书面告知,对重点工作都标明着重符号,并对工作细节进行一一部署。其次是实施"工作汇报"制。充分利用周一工作布置会议对一星期以来的换届准备工作进行总结,对遇到的困难和产生的问题进行分析研究,进一步理清工作思路,强化工作举措。再次是防范措施扎实。实施信访接待制。镇党政班子成员携同村干部下村蹲点,积极参与信访接待工作,为群众解难释疑,把矛盾消除在萌芽状态。同时,掌握各村选情,对选情复杂、竞选激烈的村,在选举投票当天,镇里选派工作经验丰富、处事能力强的干部协助指导工作,并利用摄像机摄录等手段对选举过程中可能出现的违规行为和蓄意破坏者进行监控,全镇各投票点秩序井然,无出现特殊情况。①

《党湾镇裕民村村民委员会选举办法》:②

第一条 根据《中华人民共和国村民委员会组织法》和《浙江省村民委员会选举规程(试行)》及上级党委政府文件精神,结合本村实际,制定本办法。

第二条 村民委员会选举工作在村党组织领导下进行,由村民选举委

---

① 《衙前镇村民委员会换届选举投票工作圆满结束》,衙前信息网,2008年5月6日。
② 《党湾镇裕民村村民委员会选举办法》,http://xnc. zjnm. cn/zdxx/xwlb/view. jsp? zdid＝28709&lmid＝7&id＝1003766.

员会主持,接受镇村民委员会选举工作指导委员会的指导。

第三条　本届村民委员会选举采用自荐直选的选举方式,由本村有选举权的选民无记名投票的方式直接选举产生。选举日为 2011 年 4 月 3 日,投票截止时间 4 月 3 日 12 时。

第四条　本届村民委员会由主任、委员共 3 人组成,设主任 1 人,委员 2 人,其中女委员 1 人。

第五条　本届选民登记时间为 3 月 11 日至 3 月 12 日。

第六条　选民应在户籍所在地的村进行登记。凡年满 18 周岁的本村村民,包括户籍在本村的农业户口和非农业户口人员,不分民族、种族、性别、职业、家庭出身、宗教信仰、教育程度、财产状况、居住期限,都有选举权和被选举权,但依法被剥夺政治权利的人除外。

下列人员应列入参加选举的村民名单:

1. 户籍在本村并且在本村居住的村民。

2. 户籍在本村,不在本村居住,本人表示参加选举的村民。

3. 户籍不在本村,在本村任职一年以上的大学生村官或因工作需要镇下派到村任职的村党组织负责人,经本人书面申请同意参加选举的公民。

但每一选民只能在一地登记。

有下列情形之一的,经村民选举委员会确认,不列入选民名单:

1. 依照法律被剥夺政治权利的。

2. 精神病患者不能行使选举权利的。

3. 本人书面明确表示不参加选举的。

4. 登记期间不在本村居住,村民选举委员会依法告知后,在规定期限内未表示参加选举的。

第七条　选民的年龄计算时间,以本村选举日为准。具体计算时间为 1993 年 4 月 2 日 24:00 时前出生。选民出生日期以身份证为准,无身份证以户籍登记为准。

第八条　对外出的选民,应事先发出通知(由谁通知可具体规定)。对未办理委托投票手续且又在选举日投票截止时间前未能回村参加选举的,视作放弃选举权。

第九条　选民登记工作要认真细致,做到不错登、不漏登、不重登。选民名单经村民选举委员会审查确认后,应当在选举日的二十日前予以公布。

对公布的选民名单有异议的,应当自名单公布之日起五日内向村民选举委员会提出申诉,村民选举委员会应当在三日内作出处理决定,并公布处理结果。对处理意见不服的,可以在选举日的十日前向镇村民委员会选举工作指导委员会提出。选民名单和选民数以调整后的名单为准。

第十条　自荐村民委员会成员应具备以下条件:

1. 思想政治素质好,能贯彻执行党在农村的路线、方针、政策,具有一定的政策水平;

2. 具有较强的组织纪律观念,按照上级党委、政府精神以及村委班子集体决议履行职责,带头遵纪守法,自觉遵守并组织实施村民自治章程、村规民约,执行村民代表会议的决定、决议;

3. 具有较强的组织领导能力,能带领群众发展农村经济,共同致富,能统筹农村经济社会协调发展;

4. 思想解放,作风务实,有改革创新意识和艰苦创业精神,热心为村民服务,善于做群众工作;

5. 公道正派,清正廉洁,作风民主,群众公认,接受村民监督;

6. 新进班子年龄要求在 40 周岁以下,高中以上文化程度;老班子年龄在 57 周岁以下,初中以上文化程度;

7. 凡有下列情形之一的,不能参加村民委员会成员的竞选:

(1)丧失行为能力的;

(2)被判处刑罚或刑满释放未满 5 年的;

(3)被劳教或解除劳教未满 3 年的;

(4)违反计划生育未处理或受处理后未满 5 年的;

(5)因涉黑、涉恶受处理后未满 3 年的;

(6)因贪污、受贿、挪用公款等经济问题正在被纪检监察、公安司法机关等立案或审查审理的或受处理后未满 5 年的;

(7)因参加邪教组织和其他非法活动,影响极坏受处理后未满 3 年的;

(8)原村级班子成员连续三个月或累计六个月不履行职责的;

(9)拖欠集体资金、私自出借集体资金未归还的。

第十一条　符合第十条任职资格条件的,可向村民选举委员会自荐报名参加村民委员会成员的选举。报名登记竞选限于其中一个职位,并递交和签订竞职承诺书、创业承诺书和辞职承诺书。自荐人不得委托他人报名。

报名时间:11年3月23日,截止时间:3月23日16时。

自荐人不提交和签订承诺书者或承诺书内容违反有关规定又拒不改正的,视作退出自荐报名。

自荐人的任职资格条件由村民选举委员会初审后报镇村民委员会选举工作指导委员会审核,并报区级有关部门联审,经审查,符合任职资格条件的,按规定程序提交选举;不符合任职资格条件的,不能确定为村民委员会成员自荐人。

对通过另选他人形式或未参加自荐而选出的人员,也应严格执行对其联审制度,不符合村选举办法规定的资格条件的,当选无效。

第十二条　承诺书不得有与宪法、法律、法规和有关政策相抵触的内容,不得有侵犯其他村民人身权利、民主权利和合法财产权利的内容,不得有对竞争对手进行人身攻击的内容,不得对集体资产的处分进行承诺。对捐助人承诺捐助村集体的资金或物资,不应由捐助人在选举前或选举后私自决定分配方案,而应交由依法选举产生的村民代表会议讨论决定。

承诺书内容经村民选举委员会初审后报镇村民委员会选举工作指导委员会审核。

选举日停止竞职活动。

第十三条　村民选举委员会应在选举日三日前按姓氏笔画为序公布自荐人名单、竞选职位和承诺书,并报镇村民委员会选举工作指导委员会备案。

自荐人与其他选民权利相等,不作为候选人。

第十四条　本届选举采取一张选票一次性投票分别计票的办法。在选票中专门设置妇女委员票栏,实行妇女委员专职专选。选民根据本人意愿,按照本办法第四条规定的职数,选举主任、委员、女委员。选民可以选"自荐"人,也可以另选其他选民,也可投弃权票。

第十五条　监票人、计票人、唱票人、代写员及其他选举工作人员 30 人,由村民选举委员会确定,在选举日三日前公布名单。

自荐人、候选人及其近亲属应回避,不得担任选举工作人员。

第十六条　投票选举采用设立中心投票会场和 1 个投票站集中投票的方式。选举场所设立秘密写票处。

〔经上级批准,本村设置 16 只流动票箱,使用流动票箱的对象和人数由村民选举委员会审核同意并公布。每个流动票箱必须有三名以上监票人负责。所有流动票箱集中到中心投票会场统一进行开箱、计票(具体情形选举办法要作详细说明)〕。

第十七条　选民凭选民证、委托投票证领取选票和投票。选票由选民本人填写,不能填写选票的可以委托指定人员代写。选民进入投票站,必须当场投票,不能携票离开,投票结束,应迅速离开,确保投票有序进行。

因外出不能参加投票的选民,应在选举日三日前向村民选举委员会提交书面委托申请,委托自荐人(候选人)以外的本村有选举权的近亲属(包括:配偶、父母、子女、兄弟姐妹、祖父母、外祖父母、孙子女、外孙子女,其他具有赡养关系的亲属)进行投票。经村民选举委员会审核认定并公告后发给委托投票证,书面委托选民代为投票。未经审核公告的委托无效。每一选民接受委托投票不得超过三人。受委托人不得再行委托其他选民代为投票,委托人不得再行接受他人代为投票。自荐人不得接受其他选民委托投票。

代写人、受委托人不得违背选民本人的意愿,不得向他人泄露选民的意愿。

第十八条　有登记参加选举的选民过半数投票,选举有效。选民获得参加投票的选民的过半数选票,始得当选。获得过半数选票的人数超过应选名额时,以得票多的当选。遇票数相等不能确定当选人时,应当就得票数相等的人再次投票,以得票多的当选。

选举中所投的票数,等于或少于投票人数的有效,多于投票人数的无效。

选票的每一职务栏所选人数多于应选人数的,该职位无效;选举同一人为两项以上职务的,该被选人无效。

选票中"女委员选票栏"内填写男性的,该栏无效,但同一张选票中同一女性在"委员选票栏"和"女委员选票栏"中均有得票的,按一票计票。

在统计选票时,同一女性在"委员选票栏"和"女委员选票栏"中的得票数作相加计票。

本村有同名同姓的,投票人要在选票上说明×组或其他能辨别的特征,不说明的或说明不清的选票该项内容无效。

无法辨认、不按规定填写的选票无效。对难以确认的选票是否有效,由监票人提交村民选举委员会决定。

第十九条　投票结束后,应当封存收回的选票,并于当日集中在选举大会会场或选举中心投票会场,由监票人、计票人当众核对、统计选票,作出记录,经监票人、计票人、唱票人签字后报告村民选举委员会。经村民选举委员会确认有效后当场宣布并予以公告。

对当选的村民委员会成员名单,由村民选举委员会报镇人民政府。

第二十条　当选人数不足应选名额的,应当就不足的名额进行另行选举。另行选举实行有候选人的差额选举,正式候选人按第一次得票数从高到低确定。未实行资格审查的,应该在确定正式候选人前按上级规定要求进行资格审查。已选出的村民委员会成员中还没有妇女委员的,继续实行专职专选。另行选举以得票多的当选,但所得票数不得少于参加投票选民的三分之一。另行选举在选举投票日当日或者次日举行。

经另行选举,应选职位仍未选足,不再选举。主任未选出,由村民代表会议在当选的委员中推选一人主持工作。

另行选举中,委托投票继续有效,但原受托人确定为正式候选人除外。

当选的村民委员会成员之间有夫妻、父母子女或者兄弟姐妹的,只保留其中职务最高的一人的职务;如果职务相同,则保留得票最多的一人的职务,其他当选人由村民选举委员会宣布其当选无效

第二十一条　以暴力、威胁、欺骗、贿赂、伪造选票、虚报选票数等不正当手段当选的或出现不符合村选举办法规定候选人(自荐人)任职资格条件当选的或选举操作失误,使当选人非正常当选的,由村民选举委员会初审后

报镇村民委员会选举工作指导委员会审核,经区级有关部门联审后由村民选举委员会或镇村民委员会选举工作指导委员会宣布其当选无效。

第二十二条 选举中如遇本选举办法以外的情况,由村民选举委员会决定。

第二十三条 村民代表,村民小组长推选办法及村民会议向村民代表会议授权事宜另行规定。

第二十四条 本选举办法经村民代表会议讨论通过生效,并公告。

第二十五条 本办法由村民选举委员会负责解释。

裕民村村民选举委员会

2011 年 3 月 11 日

从新疆新一届村级组织换届工作来看:

> 自治区党委组织部常务副部长蒲仕裕这次村级组织换届之所以取得"七个提高",得益于充分发挥基层党组织的核心领导作用,把选优配强村党支部书记作为重中之重;得益于选人导向鲜明,确定候选人突出政治坚强、实绩突出、群众公认,不让老实人吃亏、不让综合素质高的人吃亏、不让埋头苦干的人吃亏;得益于充分发扬民主,坚持民主选举、民主决策、民主管理、民主监督一起抓,以选举前决策、管理、监督民主的硬措施,确保民主选举健康有序进行等,为换届选举营造了良好氛围。为了做好村级组织换届选举,自治区还派出 5 个督查组,深入 14 个地州市、35 个县市区、50 个乡镇、76 个村开展调研督查。各县乡也派出换届指导组,覆盖每个村;重点复杂村由县市区组织部长和乡镇党委书记直接联系,一村一个指导组,全程指导,确保了村级组织换届健康顺利进行。[①]

(3)农民选举产生的村民大会能够较好地履行组织法所规定的议程和事项

在村民会议和村民代表会议的制度设计中,农民群众可各自或通过自己的代表参与村中公共事务和公益事业的决策。按 18 岁以上村民占全村人口的

---

① 《新疆 8583 行政村换届选举结束村民参选率提高》,《新疆日报》,http://news. xinhuanet. com/local/2012-05/07/c_123089225. htm? prolongation=1.

60％左右计算，村民会议是村中村民参与最多、规模最大的会议，它是村民自治中村民参与最广泛、最直接的组织形式，是能够最全面、最直接表达村民利益和要求的组织形式。而且，它的权威性最强，是村民自治中拥有最高决策权的权力组织。在村民会议授权的情况下，可由村民委员会召集村民代表开会，讨论决定有关事项。村民代表由村民选举产生，代表村民的意志。普通村民则通过间接参与的形式参与村务的决策。

调查显示，村民大会能够较好地履行组织法所规定的议程和事项。当问及"您参加的村民大会主要讨论什么"时，188 人次，约 35.1％的人表示所参加的村民大会主要讨论"治安"问题；有 99 人次，约 18.5％人表示所参加的村民大会主要讨论"计划生育问题"；有 7.8％的人表示所参加的村民大会主要讨论"交粮纳税问题"；有 34.1％的人表示讨论其他问题。

而且农民选出的代表也能较好地贯彻村民组织法的权利和义务，与村委会和村民形成三方机制共同决定村里的大事。

> 萧山党湾镇裕民村村官许某说："村民代表有的，村民代表的话，像现在村里开展一些大的工程，开支在 5000 块以上的都要经过村民代表会议通过才行。村里现在什么东西都要经过村民代表，都要他们同意，才能够正常运行，现在我们村里搞一个工程什么三万块钱以上开支的，首先要村委讨论通过，然后再村民代表通过，还有一个是在村里通过，反正是要三个通过才能够那个。"①

（4）农民对村级党组织班子成员的选择标准趋于理性

农民普遍认为村组干部既代表政府，又代表村民。认为当问及"您觉得您村组的干部，主要代表谁"时，共有 330 人认为村组干部"既代表政府，又代表村民"，占 61.6％；117 人认为村组干部代表"村民"；73 人，约 13.6％的人表示村组干部代表"政府"。

在投票选村支部班子成员时，农民总体上倾向于什么标准时，超过 50％的人认为只有"能力强，带领大家致富"的人才能作为村的党支部书记人选；33.8％

---

① 访谈者：张佳杰，顾行之。被访者：许某。裕民村，男，25 岁，党员村官。2011 年 7 月 7 日下午。

的人认为"人品好，办事公正"为根本标准；11.2％的人认为应该"觉悟高，有奉献精神"。我们可以看出，符合这样条件的人尤其是能带领大家致富的人如果做了村支书，是一定能够得到绝大多数村民的支持的。

而对于村干部担任现职务的主要条件，排在第一位的是"工作能力强"，占38.4％，而认为"群众关系好"的占33％；认为"能得到本村百姓望族的支持"的占13.8％；认为"领导信任"的占8.2％。可见，工作能力强、能带领大家致富的是农民选择村两委干部的根本标准。

主张积极参与的人大都强烈地意识到选举村里的带头人与自己切身利益的关系，他们能明确提出村干部在发展农村经济、减轻农民负担、增加农民收入等方面的作用。

唐晓腾在调查中也看出，发家致富是农民最大的愿望，也是他们选择村干部的标准，而"办事公正、为人正直"也是他们对村支部成员的要求。村民对选举什么样的人进支部班子，心中都很清楚，他们认可的是那些"认认真真做事、有能力带领村民致富、办事公道"的村干部。虽然在有些村由于受亲族、姻亲、派别、地缘等因素的影响，特别是在一些宗亲势力比较大、派性比较强的村，少数党员、群众不按任职条件，不管能力如何，只选自家人、自己人，致使个别并不称职的党员通过合法途径进入了支部班子，但少数"小门小户"而有能力的原班子成员得票数却不是最高。但从整体看，这些非正式制度化因素的影响程度和范围还是相当有限的，还没法影响和操纵正常选举。①

（5）农民认为村长（或其他职务）最难处理的关系就是与村民的关系

在村民自治里，村委会主任（或称村长）（注：此处"村长"即"村委会主任"。考虑到农民群众大都喜欢把选举村委会主任叫做"选村长"，到一些农村去打听村委会主任极有可能会让农民一头雾水，故为了方便农村社会调查，我们此处用村长来简称村委会主任）。《宪法》第一百一十一条规定："城市和农村按居民居住地区设立的居民委员会或者村民委员会是基层群众性自治组织。居民委员会、村民委员会的主任、副主任和委员由居民选举。居民委员会、村民委员会同基层政权的相互关系由法律规定。"《中华人民共和国村民委员会组织法》第十一

---

① 唐晓腾：《基层民主选举与农村社会重构》，社会科学文献出版社，2007 年版，第 299 页。

条规定:"村民委员会主任、副主任和委员,由村民直接选举产生。任何组织或者个人不得指定、委派或者撤换村民委员会成员。"该法第六条同时规定:"村民委员会由主任、副主任和委员共三至七人组成。"①可见,村民委员会不是一级政权组织,而是基层群众性自治组织,乡(镇)政府与它的关系也不是上下级关系,而是指导与被指导的关系。村民委员会的主任、副主任、委员是由村民选举产生,而不是由上级任命的。主任应称呼为"村民委员会主任",也可简称为"村主任",但不能称作"村长"。②

村长等其他职务人员在履职过程中要处理好六大关系,即:与乡镇政府的关系;与党支部或书记的关系;与其他村组干部的关系;与村办企业及其他经济组织的关系;与大姓望族的关系;与村民的关系。那么,在农民看来,哪种关系被认为是最难处理的呢? 当问及"您认为村长(或其他职务)最难处理的关系是什么"时,326人,占60.8%的人认为"与村民的关系";7.1%的人认为"与其他村组干部的关系";4.3%的人认为"与党支部或书记的关系";4.9%的人认为"与乡镇政府的关系";5.8%的人认为"与村办企业及其他经济组织的关系";12.1%的人认为"与大姓望族的关系"。

调查中发现,有些人对当村干部的热情并不是很高,特别是一些有能力的人,不愿意当村干部。对其原因我们作了一些分析,除了村子贫富因素外,还主要是村干部工作特点所致。随着农村改革的不断深入,村干部的工作项目越来越多,分量越来越重,而且难度越来越大。村干部们长年累月把大量的精力花在催粮要款、兑现合同、计划生育等方面,"两眼一睁,忙到熄灯","家里荒了责任田,外边埋怨一大片",因此,不少干部反映"现在干部难当"。也有的农民提出不同看法,认为"干部难当"是事实,但是,没有不想当干部的,村干部的身份除含有

①　《中华人民共和国村民委员会组织法》,http://news.xinhuanet.com/politics/2010-10/28/c_12713735.htm.

②　周红彬、褚月霞:《"村委会主任"不宜简称"村长"》,《检察日报》,2004年5月1日;另,两者性质上也迥然不同。新中国成立初期,我国农村基层组织是行政村,那时行政村的主要负责人职务称为"村长"或"大队长";而现在的村民委员会是《村民委员会组织法》中给予明确定义的"村民实行自我管理、自我教育、自我服务的基层群众性组织"。我们可以看出村民委员会的性质:它既不是政府一级行政机关,也不是一级行政组织,而是属于在中国共产党领导下的基层群众性自治组织,只行使单一的自治职能。因此,它的主要负责人职务应为村委会的主任,而不再是具有政府行政意义上的"村长"。

较高的社会地位、声望、影响外,还有一定的权力和报酬,这足以弥补"干部难当"的付出部分。

总之,在农村基层民主建设的实践中,农民能否真正通过这样的民主实践实现了自己的公民政治权利,是否积极参与了国家和社会的公共事务管理,是否表达了自己的利益诉求,是否维护了自身合法权益,需要我们进行总结。

3. 简要结论

对上文实证研究结果进行总结,可以发现:农民表现出强烈的务实倾向,农民公民意识逐渐生成并获得较大提高。

改革开放以来,随着市场经济的发展,国家越来越注重农民的公民权,提升农民的公民意识。农民自身公民意识逐渐处于生成阶段。农民的土地权利平等意识、农民的空间平等权利意识、农民的社会保障平等权利意识、农民的自由迁徙权利意识以及农民的权利保护意识等方面有较大的提高。以土地权利平等意识来看,农民土地意识存在矛盾性。在土地认知方面,认为土地既然以村社为单位归集体所有,每个村民都是该集体中平等的一员,土地按人口、劳动力和土地质量的优劣平均承包,在承包权和使用权方面,农民与土地的关系和情感仍比沿海地区更强。从目前来看,土地纠纷引发的农村征地冲突在江西革命老区并没有出现特别大的事情,但是,随着城镇化的推进,此类问题还是值得关注。从对土地的流转制度的认知方面来看,革命老区农民对土地经营权实行自由流转主体是持支持态度的,由于农村养老、医疗、社会救助等社会保障体系不健全,多数农民把土地作为获取收入的主要来源和生活保障,农民主要还是依靠土地收入来解决看病、上学、养老等问题,普遍把土地作为最基本的生活保障,各种因素综合在一起,使得少部分农民对此持排斥态度,甚至把农村土地承包经营与推行土地流转对立起来。此外,农民对合作劳动与单干存在矛盾心理。基于家庭联产承包制的现实困境,对农民来说就更像是一种煎熬。调查显示,农民普遍存在一种矛盾心理:一方面追求集体性生活,另一方面又追求个人利益,而要能有效协调二者的关系,需要制度的创新。

农民政治参与意识稳步提高。农民对村民自治中"自治"的看法表明认同自治的基本概念。农民还是能积极主动参与村民决策的最高权力机关村民大会,积极履行自己的职责。调查表明,村民大会能够较好履行组织法所规定的议程和事项。基层党员、群众对村级党组织班子成员的选择标准趋于理性。工作能力强、能带领大家致富的是农民选择村两委干部的根本标准。主张积极参与的人大都强烈地意识到选举村里的带头人与自己切身利益的关系,他们能明确提出村干部在发展农村经济、减轻农民负担、增加农民收入等方面的作用。调查显示,农民认为村长(或其他职务)最难处理的关系就是与村民的关系。

虽然农民对改革开放以来党的农村政策满意度较高,农民公民意识获得了较大发展,农民对自身权利意识的增长越来越趋于务实,需要政治体系予以足够的重视。但是,我们还必须看到,江西农民认为管理民主做得不好的占74.1%,[①]这是村民最反感的地方。这里面有诸多原因:从农民自身来看,农民本身缺乏作为民主政治主体的意识,政治参与能力不高,影响其政治参与效果,农村青壮年劳动力的丧失也使得农村建设不正常;从农民与政府的关系上来看,长期计划经济体制造成了农民对政府的高度认可和依赖,缺乏强有力的主体意识,对自己的发展和自己村发展无所适从。从农村基层政权运行来看,基层机构尤其是村级机构运行经费紧张,难以为继,以江西为例,江西省财政转移支付资金每个行政村平均大约 4.5 万元,低于先进省市村级机构平均 8—15 万元的水平;[②]村级财务管理混乱问题比较突出,财务公开流于形式,监督缺乏活力,村镇债务沉重,可能成为引发农民负担反弹的隐患之一。从这个意义上说,一方面要发挥农民的主体作用,农民作为建设社会主义新农村的主体,就必须要强化农民的主体意识,使农民从旁观者的角度转变为新农村建设的参与者;另一方面,要规范农村财务,确保资金安全,从源头上杜绝管理不民主的事件发生。

三、当代中国农民政治意识分化的主要特点

通过对中国农民政治意识的发展历程的分析,我们认识到,十一届三中全会以后,随经济、政治体制改革的推进,社会、政治、文化的发展和人们价值观念的转变,新时期农民的政治信任感和认同感增强、政治主体观念逐步形成、自主意

---

① 江西调查数据。

② 《江西社会主义新农村建设的成效、难点与对策》,中华人民共和国国家统计局,2006 年 2 月 8 日。

识增强、权利意识觉醒、政治参与得到了全面的进步。其中最为重要的变化即主体的逐渐觉醒和权利意识的逐步增长,这是一条主线,具体体现在三个方面:农民的政治意识从依附性意识逐渐趋于自主性意识,农民的政治意识从"家国一体"意识逐渐趋于"家国并立"意识,农民的权利诉求意识从被动逐渐趋于主动。

(一)农民的政治意识从依附性意识逐渐趋于自主性意识

传统的中国农民对政治的态度往往是冷漠和不关心。对于政府和官员,传统的中国农民大多表现出极端的顺从和恐惧,不敢有任何异议,使本就缺乏主体意识的中国农民对政府表现出较强的依附性。

随着1958年人民公社的全面建立,我国农村政治生活走上畸形发展的道路。国家通过人民公社"政社合一"的管理体制有效地控制了农村社会生活和农民的个人自由,从而使农民刚刚萌发的自主意识遭到压制,对当时的农村形成了强大的政治压力。在压力的威慑下,农民几乎不敢表明自己的立场和观点并从心理上产生了对政治的厌倦甚至恐惧。加上强制性的教育学习,导致农民的政治自主意识和民主参与意识受到压制,农民的政治依附与盲从心理逐渐膨胀起来,形成所谓的"政治化人格"。所谓"政治化人格",是指人们的行为表现出强烈的政治化倾向,其言行举止带有鲜明的政治性。[1] 一方面,政治上的高压,使每个人力图站在运动的最前沿,说革命话、办革命事,党让怎么办就怎么办;另一方面,又使人变得胆小、自私,担心被运动所抛弃,言行稍有不慎,都随时可能被"插白旗",造成普遍的自危心态。越自危,越没有安全感,人们讳言真实情况,报喜不报忧,说假话者受到重用,反映真实情况者反受打击。在人民公社的治理下,农民与国家的关系仅是单向度的,在人民公社的政治嵌入下,农民政治参与表现出动员型、参与组织型以及被动型的特点。

1978年十一届三中全会以来,家庭联产承包责任制的实行,8亿农民的生产积极性被充分调动起来,大部分地区在短短几年内解决了温饱问题,初步摆脱了贫困状态,农民的物质利益得到了保证。在政治上,为了切实保障农民的民主政治权利,1998年11月《村民委员会组织法》的贯彻实施,标志着中国农村以村民

---

[1] 李伟:《二十世纪五十年代末中国共产党对农业问题的认识和探索》,中共党史出版社,2007年版,第275页。

自治为主要内容的民主法制建设经过长期的探索逐步走向成熟。生产责任制和多种经营方式的出现,改变了传统心理赖以生存的物质经济基础,农民自主参与意识萌生,并且能够根据自身的利益需要辨别和选择与自己息息相关的政治意义上的话题和行为,这表明农民的政治主动性有所增强。同时,农民不再像人民公社时那样由盲目朴素的政治热情来左右政治意识,而是联系自身利益决定其态度和取向。"国家主流意识形态对村庄渗透的势头并没有减弱,只是改变了方式。"①从政治认知、政治情感、政治态度三个方面来看,农民的国家意识、民族认同意识、政党认同意识总体上是健康稳定的,主流是积极向上的。具体来看,农民对执政党具有较高的信赖度和依存度,对党的执政充满信心,对改革开放以来党的农村政策满意度较高,其中,对"三减免、三补贴"政策以及免除农业税等新近提出的农村政策印象最深。农民对基层政权的支持度、农村基层干部、对农村普通党员总体上来看还是认可的。可见,"虽然不再进行意识形态挂帅,但是国家通过对农民的生产经营活动的指导、计划生育政策的执行、村民自治的实施等来显示国家或政党的权威及其影响力的存在"。②

(二)农民的政治意识从"家国一体"意识逐渐趋于"家国并立"意识

传统社会时期,在家国一体的政治构架下,农民没有独立的政治意识,农民表现出对皇权既崇拜又疏远的二元情感;对政权既逆来顺受又官逼民反的矛盾心态;既要求平均又向往特权的双重人格。③近代社会以来,由于受政治、经济、文化的冲击,农民政治意识产生了剧烈震荡,开始有国别意识,产生了爱国情感,逐渐改变了麻木、认命的心理状态,民主自由的意识开始启蒙。新中国成立后,农民的政治意识呈现出传统与现代交织的双重性。执政党与政府通过外在推动与行政指导,以群众性政治运动模式,来领导农民实行政治行动和利益诉求。这种农民政治参与模式,以人民公社制度为平台,主要是为了保障党和政府对广大农村实施有效与稳定的控制,与农民内在的自主性的各项权利诉求仍然存在一

---

① 牟成文:《中国农民意识形态的变迁——以鄂东 A 村为个案》,湖北人民出版社,2008 年版,第135 页。
② 牟成文:《中国农民意识形态的变迁——以鄂东 A 村为个案》,湖北人民出版社,2008 年版,第135 页。
③ 王连生:《中国农民由传统到现代转变中的政治心理探析》,《江西社会科学》,2005 年第 5 期。

定的距离。广大农民在人民公社制度下的政治生活,主要体现为不停地参加各种政治运动,是一种典型的运动式的"政治卷入"。其权利发展与获取模式具有灌输式和教育式特点。

改革开放以来,中国共产党和政府全方位地着力加强与推动了中国公民权利的建设,这才开始真正体现出农民的主体性。农民的政治意识从原来国家—公民意识一体逐渐趋于国家—公民意识并行阶段,农民从传统意义上的臣民逐渐成长为现代意义上的公民。随着家庭联产承包责任制的广泛推行以及农村社会主义市场经济的发展,农民越来越认识到公民应有的权利意识,农民的价值观日益理性化、世俗化,构成现代公民身份的基础的公民责任、社会信任、平等主义以及世俗化个人主义的思想随着市场逻辑和商品主义不断得到强化,农民自身的民主、自由、平等的公民意识也逐渐加强。1997 年,中国共产党将"尊重和保障人权"写入政治报告;2004 年又把这一理念载入国家宪法。可以说"人权入宪"揭开了中国人权保障事业的新篇章。随着中国公民权利的发展,农民作为组成中国公民的最大群体,其基本权利发展状况不仅受到中国共产党和政府的高度重视,同时也受到世界各国的高度关注。农民的权利发展是从新中国成立以来的由简单到多元、低层次到高层次、单一到全方位地发展和深入的过程。总之,在国家放权、减负、让利以及农民综合改革的发展,在不断强化农民的主体性的同时,农民的公民意识也得到了强化,反过来,对国家的意识也得到了强化。

(三)农民的政治权利诉求意识从被动逐渐趋于主动

"组织起来"是我党解决农民问题的根本方法。新民主主义革命时期,共产党根据当时中国革命的形势和社会经济状况,提出了农民问题是中国革命的中心问题、解决农民的土地问题是革命的中心内容和最基本的任务这一光辉思想。全国土地改革完成之后,中国就开始了农民的互助合作,形式上从互助组到初级合作社。初级社的发展显示出巨大的优越性,它一方面克服了分散经营的缺点,同时又在一定程度保留了农民生产资料所有权的权益,因而极大地调动了农民的积极性。但之后,高级社这种照搬苏联全盘集体化的做法,引起了农民的不满。1957 年导致大批农民退社,政府不顾农民的反对,采取"大辩论"的高压手段强制推行了向高级社的过渡。1958 年又搞了"人民公社化",全国在短期内人为地消灭商品经济,取消按劳分配,实行供给制的所谓"共产主义"。1961 年以后不得不退回到"三级所有、队为基础"的体制,但集体农庄的模式实际上被进一步固定化了。这一组织制度一直延续到改革开放后的 1982 年。人民公社化运动给农村经济乃至整个国家带来了一场劫难,也给农民造成了心理阴影。农民在农业生产上缺乏独立的自主权、经营权,完全依附于生产队、大队、公社等集体生产单位,其主体意识、竞争意识、效益意识和时间观念被压抑在强势集体观念之下。这种高度行政指令下的生产方式忽视了农民的个体利益,扼杀了农民的生产创造热情,降低了农民对计划经济生产方式的认同,滋生了农民怀疑、逆反的心理。在这样的体制环境下,中国农民在自身的利益受到来自国家权力的侵害时,往往选择的是沉默和忍耐。

20 世纪 70 年代末,随着人民公社体制的松动和以家庭联产承包责任制为核心的农村体制改革的推进,计划经济生产方式日渐被农民抛弃。首先,家庭联产承包责任制使农民拥有了土地的生产权和分配权,解决了长期困扰中国农村的基本生产方式问题,解放了长久在传统计划经济体制压抑下农村的社会生产力。这种"交够国家的,留够集体的,剩下都是自己的"的统分结合的农村基本生产经营制度保证了农民对土地的经营权和对农业剩余的索取权,适应了农业生产的特点和规律性,顺应民心,顺应民意,"能力和智慧"逐渐成为调节农村利益关系的内在机制,极大地调动了农民的生产热情,增强了农业生产经营活动的动力,促进了农民收入的高速增长。其次,农村人民公社体制的变革使国家对生活生产资源的控制有所松动,传统集体生产模式被以家庭为基本生产单位的个体生产所取代,政治权力对农村经济和农民生活的干预与控制日趋减少。最后,公社体制的松动使得大量剩余农村劳动力从土地上解放出来,纷纷从农业生产领域流向第二产业和第三产业。在这种体制环境下,农民对自身权益的主动维护能力有了明显的提高,农民不仅仅追求某个单一具体的权利,而是注重普遍抽象的公民基本权利的维护,土地维权业已成为农民维权的焦点,农民更多地走上主动维权道路,且有逐渐组织化的趋势;从维权方式上来看,逐渐走上制度化、理性化。农民的集体维权行动,所抗争的权益不再局限于经济利益,而是扩展到了政治权利的领域,其维权行动的基本方式,主要有如下六种:通过本村或本乡的人大代表在县乡人大会上提出提案;依法或依政策集体上访;法律诉讼;制造社会骚乱,包括堵塞交通、在公共场所集体静坐等;聚众向党政机关施加压力,包括责问政府工作人员、扣押政府办公设备、毁坏政府办公场所等;横向连动,即联合若干村、若干乡甚至跨县的农民集体行动。这六种方式的行动强度是逐级增强的,最强的无疑的农民集体的横向连动,这种行动模式具有很强的政治色彩。而最常见形式是农民集体上访告状。① 理论界常用的"日常抵抗"、②"依法抗争"③和"以法抗争"④三种解释框架以及出现的"合法性困境"、"草根动员"、⑤"权力—利益的结构之网"、⑥"隐性维权"、"显性维权"⑦等视角恰恰反映新时期农民利益诉求以及利益表达的主动性特征,同时也为我们理解农民的维权活动提供了理论视角。有学者认为当代中国农民集体农民的集体维权行动,其实是农民的政治参与过程。程同顺归纳了当前中国农民政治参与的五种形式:投票活动、接触活动、投诉活动、诉讼活动、抗议和对抗活动。⑧ 程贵铭、朱启臻认为,"从总体上讲,目前农民的政治参与的组织化程度是很低的,政治参与是零散的、个别的,而且非制度化参与占一定比例。"⑨尽管如此,无论是维权行动,还是政治参与过程,都表明农民权利意识、利益意识的增强,表明农民民主政治的发展。

---

① 郭正林:《当代中国农民的集体维权行动》,《香港社会科学学报》,2001 年春/夏季号,第 115—133 页。

② 斯科特"日常抵抗"的观点参见[美]J. C. 斯科特:《农民的道义经济学:东南亚的反叛与生存》,程立显等译,译林出版社,2001 年版以及斯科特:《弱者的武器》,郑广怀、张敏等译,译林出版社,2007 年版。

③ 李连江和欧博文的"依法抗争"观点参见:李连江、欧博文:《当代中国农民的依法抗争》,吴国光:《九七效应》,太平洋世纪研究所,1997 年版。

④ 于建嵘的"以法抗争"观点参见于建嵘:《当前农民维权活动的一个解释框架》,《社会学研究》,2004 年第 2 期以及于建嵘:《当代中国农民的以法抗争——关于农民维权活动的一个解释框架》,《乡村中国评论》,2008 年第 3 期。

⑤ 应星的"合法性困境"下的"草根动员"观点参见应星:《草根动员与农民群体利益的表达机制——四个个案的比较研究》,《社会学研究》,2007 年第 2 期。

⑥ 吴毅的"权力—利益的结构之网"与农民群体利益的表达困境观点参见吴毅:《"权力—利益的结构之网"与农民群体性利益的表达困境——对一起石场纠纷案例的分析》,《社会学研究》,2007 年第 5 期。

⑦ 何绍辉的农民"隐性抗争"观点参见何绍辉:《隐性维权与农民群体性利益表达及困境——来自湘中 M 村移民款事件的政治人类学考察》,《人文杂志》,2008 年第 6 期。

⑧ 程同顺:《当代中国农村政治发展研究》,天津人民出版社,2000 年版,第 242—250 页。

⑨ 程贵铭、朱启臻:《当代中国农民社会心理研究》,首都师范大学出版社,2000 年版,第 57 页。

第六章 分化后农民政治意识走向的价值分析

在现代化进程中,具有现代政治意识的新型农民比他们传统先辈更能意识到政治的作用,对政治情况更了解、更有可能试图影响政治,或更有可能参加政治组织。农民的政治诉求意识是党中央农村政策制定的重要依据,也是影响我国农村发展的基本因素。农民政治意识的实际状况深深支配着农民行为和党的农村政策的有效性,影响着农村和谐社会建设的程度。在上一章我们考察了农民政治意识的发展历程,重点分析了改革开放至今中国农民政治意识的状况及其特点,对当代中国农民政治意识的发展作了一个总体判断。那么,新时期农民政治敏感和活动亦即农民政治意识究竟朝着什么方向发展,到底是促进农村发展还是阻碍农村发展呢?对农民政治意识走向如何加以正确治理和引导并使之良性发展呢?本章将围绕第三章中提出的理论框架对上述内容进行一定的归纳与提升。笔者提出了农民政治意识走向的理论假设,构建了一个理论模型(如图 6.1 所示),提出了农民政治意识强弱化理论,并针对农民政治意识成型阶段、扩张阶段、成熟与转换阶段不同时期的特点和规律,分析了强引导和弱引导的不同指向。通过阐述,希望能够回答农民的政治意识究竟在多大程度上、是在什么意义上成为农村发展的重要动力,党和政府应如何把握和驾驭农民政治意识变迁带来的冲击波,如何正确治理和引导使之良性发展,从而推动农村发展。如何在以往实践的基础上,依据中国农民政治意识发展的内在逻辑,科学把握农民政治意识在中国政治发展中的重要作用,也就客观地成为新时期中国政治发展必须思考与回答的问题。

一、农民政治意识走向

农民政治意识走向不外乎存在两种发展状态,一种是积极的、良性的发展,主要表现在政治信仰坚定、政治参与积极、制度化政治参与为主要渠道、政治服从程度高等几方面;另一种就是消极的、非良性的发展,主要表现在政治信仰危机、政治冷漠、非制度化政治参与以及政治不服从等几方面。当然,这两种状态是二分法的理想状态,在具体的运行过程和实践中,二者互为条件,密不可分。没有积极、良性的发展状态,也就无所谓消极、非良性的发展。二者又是相互包含、相互依赖的。在农民政治意识的积极、良性的发展状态中必然在某些阶段(时间)、某些区域(地点)存在消极的、非良性的发展状态;反之,在农民政治意识的消极的、非良性的发展状态中也必然在某些阶段(时间)、某些区域(地点)存在积极、良性的发展状态。只有辩证地看待二者之间的关联和区别,才能客观地分析当代中国农民政治意识的走向。

(一)农民政治意识的积极、良性的发展状态

1. 政治信仰坚定

所谓政治信仰就是对政治合法性的一种认同心理反应和情感倾向,进而内化为一种日常政治行为准则,促进社会政治稳定。坚定正确的政治信仰,最重要的是坚定对党的创新理论的信仰。在当代中国,坚持中国特色社会主义理论体系,就是真正坚持社会主义、坚持共产主义。对农民来说,坚定的政治信仰,就是指对党和政府的农村政策高度拥护,对党的领导高度拥护,对中国特色社会主义理论体系高度拥护,换句话来,就是形成了对政治主体的一致的政治共识和政治认同感。

2. 政治参与积极

所谓政治参与是公民或团体试图影响政府决策和人事结构的行为,是现代社会公民制约政府的重要手段。政治参与的有效性以及规模和程度也是判断一个政体是否民主的重要指标。在现代民主体制中,公民是政治的积极参与者,相

信通过政治参与能够对政府施加影响。参加选举投票是公民最基本、最普遍的政治参与活动。通过选举,公民表达自己的政治意愿,公共政策得到民意的支持,政府从而获得合法性。此外通过选举,公民以选票的形式对政府的工作作出评判。通过参加政党和社团等方式进行政治结社的活动,可以提高公民自身的政治表达的有效性。公民有时也参与政策的制定和对公职人员的罢免活动。公民还通过公民不服从的方式以良心自由的原则进行非暴力的公共行为。此外公民的政治参与还包括随机的参加游行示威、政治集会,以及为个人或小团体利益与政府官员的个人接触。政治参与是农民争取和扩大个人权利的最主要途径,只有通过积极的政治参与,农民的个人权利才能得到最充分的实现。

3. 制度化政治参与为主要渠道

从政治参与的基本路径来看,主要包括制度化的参与和非制度化的政治参与。在制度化的参与中,政治参与程度与政治制度化程度较高的社会,其现代化进程会保持一个良性的发展;反之则容易引起社会动荡。政治参与程度与制度化程度较高的社会,民众的政治参与有一套比较稳定的制度在社会各阶层间起着缓冲的作用。在现代,选举是政治参与中制度化程度高,公民控制政府最为有效的工具①。制度化政治参与,"是指普通公民通过各种合法方式参加政治生活,并影响政治体系的构成、运行方式、运行规则和政策过程的行为"②。通过制度化政治参与的渠道来追求自身利益,是现阶段我国农民维护和保障自身利益和权利的主要途径。

4. 政治服从程度高

政治服从是指社会的各个主体在一定的时空中按照政治权威的意志去进行谋取利益的活动。③ 政治权威一般以符合道德的合法方式来引起人们的自愿服从,更注意满足人们的心理需要和情感平衡。政治服从与政治权威密不可分。一方面,当公民认为政府政策是正确的、适当的,从而积极、主动地去贯彻、执行政府政策或配合工作,这得益于政治体系多年来有效性;另一方面,公民对政府

---

① 孙关宏:《政治学概论》,复旦大学出版社,2003 年版,第 287—298 页。

② 王浦劬等:《政治学基础》,北京大学出版社,2006 年版,第 66 页。

③ 参见薛平军:《当前我国公民政治不服从现象的理性思考》,华中师范大学硕士学位论文,2005 年;李敏:《公民政治服从行为浅析》,《前沿》,2005 年第 11 期。

的服从,就是公民从行为上乃至于心理上对国家和政府的认可,在一定程度上代表的就是国家与政府的成功,这是政府确定权威性和合法性以及存在下去的基础。农民对政治体系的服从程度的高低,表明了政治体系合法性和有效性的程度高低。

(二)农民政治意识消极、非良性的发展状态

1. 政治信仰危机

当代颇具影响的思想家丹尼尔·贝尔曾提出:"现代主义的真正问题是信仰问题。用不时兴的语言来说,它就是一种精神危机。"[1]信仰危机是指原有信仰由于怀疑机制的驱散力的作用从信仰走向困惑、从困惑走向忧患、从忧患走向幻灭和绝望亦即信仰的全面失落和崩溃。从社会角度看,信仰危机是与社会变迁相关的一种信仰状态,也是这一社会现实在个人精神层面的反映,是信念、信仰转变的一个特殊阶段,是新旧交错、更换替代之时出现的某种精神的疑虑、空虚或倒错状态。信仰危机作为一种特定的社会信仰状态,它的发生有具体的社会、政治、经济、文化等原因,是这些社会变革在信仰层面上的必然反映;而一旦信仰危机得到适当的舒缓和解决,不仅将使人们的信仰状态得以稳定和提升,还将对其他方面产生促进作用,危机就有可能转变成社会发展的正向驱动力。当今世界各国不同程度地存在着信仰危机现象,其关键是政治信仰危机。政治信仰危机,在当前中国语境之下更直接的表现就是对马克思主义信仰真理性的怀疑与放弃。[2] 对任何一个社会来说,政治稳定的根本问题在于现行社会制度的稳定。

2. 政治冷漠

所谓政治冷漠,是与政治参与相对应的一个概念,简单来说就是政治不参与,是一个国家的公民对政治活动不感兴趣和对政治问题的漠视,不愿花时间和精力参与某项政治活动,即对政治活动的"心理卷入"程度较低。政治冷漠属于消极参与类型,是消极的政治态度在政治行为上的表现,即不参与政治生活,公

---

① 参见[美]丹尼尔·贝尔:《资本主义文化矛盾》,生活·读书·新知三联书店,1989年版,第74页。

② 参见王宏维:《信仰危机·信仰对象·信仰方式》,《华南师范大学学报(社会科学版)》,2003年第4期。

民对于政治问题和政治活动冷淡而不关心。① 政治冷漠在特定意义上会影响政府决策,在一定条件下有可能发展为政治不服从,甚至导致政治反抗。②

3. 非制度化政治参与

与制度化的政治参与不同,非制度化的政治参与带有相当程度的随机性和不可预见性。所谓非制度化政治参与,相对于制度化政治参与而言,是指普通公民通过不符合制度要求甚至是通过违反法律规定的参与方式所进行的政治参与行为,它属于无序政治参与的范畴。在现代政治中,公民与公职人员的个人接触以及关系网是一种重要的非制度化参与。但是这种利益表达方式受到经济地位的影响很大。此外,游行示威、抗议、骚乱等群体性事件也是一种非制度化的参与方式③。对于当前我国农民非制度化政治参与的具体表现形式,理论界主要有这样几种分类:一是家族或宗族活动、人格化参与、非正常参与(包括合法的上访、投诉以及不合法的上访、抗议甚至暴力对抗、私人报复犯罪等);④二是行贿活动、越级上访活动、家族或宗族对基层政权的干预活动、报复和暴力对抗活动等形式;⑤三是暴力对抗、上访抗议、违法操纵、反参与抵制等四种类型;⑥四是越级上访,群体申诉,直接对抗等三种形式。⑦ 当有序的、常态的、制度化的政治参与途径不能满足农民自身利益的诉求时,无序的、非常态的非制度化政治参与形式,就成为农民维护自身利益和权利的一种必然选择。农民非制度化政治参与给中国政治民主化尤其是基层农村的政治民主化进程带来许多消极后果,不仅直接冲击了"乡政村治"的治理模式,降低了农村治理的绩效,而且严重影响农村社会的和谐稳定发展。

4. 政治不服从

政治不服从指的是一个国家的部分公民在承认国家的法律体系与政治秩序

---

① 王浦劬:《政治学基础》,北京大学出版社,1995 年版,第 220 页。

② 王浦劬:《政治学基础》,北京大学出版社,1995 年版,第 220 页。

③ 孙关宏:《政治学概论》,复旦大学出版社,2003 年版,第 302—303 页。

④ 宋维强:《当代中国公民政治参与》,《长白学刊》,2001 年第 6 期。

⑤ 倪承海:《社会转型期中国公民的非制度化政治参与》,《广西社会科学》,2001 年第 6 期。

⑥ 孙德厚:《村民制度外政治参与是我国农村政治、经济体制改革的重要课题》,《中国行政管理》,2002 年第 6 期。

⑦ 刘勇:《有序治理与无序参与:转型时期农民非制度化政治参与的现实挑战》,《岭南学刊》,2010 年第 4 期。

整体的正当与合法性的前提下,以各种非暴力的和平手段,公开地反对政府制定的某项法律或政策的行为。政治不服从的目的在于唤起公共舆论,使政府当局或立法者,认识到某些法律或政策有损于公共目的或公众福利,违反了人类社会生活的某些基本道德准则,背离了正义的要求,从而迫使立法者或行政当局撤销或延迟该法律、政策的通过与执行,或者阻碍该法律、政策的实际贯彻实施。①

二、农民政治意识走向的后果

如前所述,研究农民政治意识其根本目标就是实现农村和谐有序发展。当代中国农民政治意识走向的后果,从理论上来说,要么走向良性发展,进而促进农民有序发展;要么走向反面,进而阻碍农村发展。而对于前者积极后果而言,需要我们努力去争取,对于后者消极后果,需要我们随时监控与防范。

(一)农村发展走向的状态

农村发展当然也可分为两种状态,即:有序发展和无序发展。有序发展应该是稳定、协调、合作、良性的发展,无序发展是相对于有序发展而言的,即动荡、失调、冲突、恶性的无序发展。

1. 有序发展与无序发展的基本内涵

所谓秩序,"意指这样一种事态,其间,无数且各种各样的要素之间的相互关系是极为密切的,所以我们可以从我们对整体中的某个空间部分或某个时间部分所作的了解中学会对其余部分做出正确的预期,或者至少学会做出颇有希望被证明为正确的预期。"②在这里,哈耶克把秩序看作是事物各因素之间的内在联系和相互作用,这种作用是在自然的状态中展开的。社会发展包括政治发展、经济发展以及文化发展。有序发展即是人们在社会政治、经济、文化等各类活动中相互联系和相互作用中表现出的一种状态,这种状态是依靠某种规则形成和

---

① 编委会:《中国大百科全书·政治学》,中国大百科全书出版社,1992年版,第484—485页。
② [英]哈耶克:《法律、立法与自由》第一卷,中国大百科全书出版社,2000年版,第54页。

延续的,表现为运行的有序性、进程的可持续性、积极的社会影响。[①]反之,皆为无序发展。

一是社会运行的有序性而非无序性。所谓社会运行的有序状态,是指特定社会与外部环境的关系以及社会内部的各种要素之间的关系都基本上处于协调、有序的状态,这包括人与自然的关系协调,也包括人与人之间的关系协调。因此,有序发展的过程,可以视为是对农村社会内各种主体进行优化布局的过程,同时各个方面的权利也都因此得到尊重和保证。这种优化布局的目标和各方面共赢的要求,就决定了其运行需要平稳有序,不能过激和无序。如果特定社会与外部环境存在剧烈的冲突而又得不到必要的消解,巨大的外部压力就很容易导致社会内部各构成要素之间的关系发生剧烈变化,从而造成社会不稳定,导致矛盾凸显和升级,引发冲突和对立。因此,各要素之间的发展、推进和运行不能出现局面混乱和失控,否则,这样的发展就失去了积极意义,就是不科学的,就是不可取的。尤其在农村基层,由于利益的直接程度高以及其他复杂的因素,强调运行的有序性更加必要。二是进程的可持续性而非短视性。发展既是一个持续前进的过程,也是一个不断深入的过程,如果缺乏运行的后继保证,这个过程总是被打断,这样的发展进程是不符合科学的要求的。农村有序发展牵涉的是利益调整,所以要求发展进程是持续和渐进的,否则不利于社会的健康发展。要防止大起大落,起伏不定,那样会挫伤积极性,有可能引发不必要的误会和冲突。三是积极的社会影响而非消极的。要素运行必然引起利益调整,但绝不能是有我无你的尖锐矛盾,而是要考虑促进社会发展的活力和生机,使各方面共同的事业得以更好发展。因此,要把改革的力度、发展的速度和社会可承受程度统一起来,正确认识和妥善处理各种重要利益关系,建立科学有效的利益协调机制、诉求表达机制、矛盾调处机制和权益保障机制,努力从制度上确保社会和谐稳定。

2. 有序发展与无序发展的核心特征

从特征来看,有序发展应该是稳定、协调、合作、良性的发展,而不是动荡、失

[①]　关于有序、秩序的论述参见塞缪尔·亨廷顿,王冠华、刘为等译,沈美校:《变化社会中的政治秩序》,上海人民出版社,2008年版;朱伟主编:《有序:党内基层民主科学发展论》,中共中央党校出版社,2009年版;严士凡:《秩序与繁荣——关于中国的社会变革与发展道路》,中国社会科学出版社,2005年版;管斌:《混沌与秩序:市场化政府经济行为的中国式建构》,北京大学出版社,2010年版;任红杰:《社会稳定问题前沿探索》,中国人民公安大学出版社,2005年版。

调、冲突、恶性的无序发展。

有序发展是稳定的而非动荡的。稳定发展具有以下几点特征：(1)稳定是发展的前提，是我们一切事业的必要保证，是改革和发展得以顺利推进的基本前提。没有稳定，丧失起码的秩序和规则，整个社会必定陷入混乱，就意味着改革和发展进程的中断及已有成果的丧失，意味着综合国力的削弱，意味着人民生活要陷入苦难的状态之中，甚至可能引发其他一系列极为严重的社会问题。不断改善人民生活是正确处理改革发展稳定关系的重要结合点。(2)采用稳定发展战略能够保持战略的连续性，不会由于战略的突然改变而引起国家在资源分配、组织机构、管理技能等方面的变动，从而保持国家政治经济文化社会的平稳发展。(3)稳定是动态的稳定、现代的稳定，不是一种静态的稳定、传统的稳定。但绝对静止的稳定很容易成为一种僵化的稳定。现代的稳定是一种动态的稳定，其主要特点是把稳定理解为过程中的平衡，并通过持续不断的调整来维持新的平衡。① (4)稳定发展不是不发展或不增长，而是稳定的、非快速的发展。稳定发展的反面是发展的不稳定或动荡。

有序发展是协调的而非失调的。马克思虽然没有具体论述协调和协调发展的问题，但马克思的理论却是以谋求协调与协调发展为目的的，极其深刻地符和现代的协调发展理论。马克思认为发展内在地要求协调，协调内生于发展，协调的最终力量，归根结底是生产力意义上的经济、物质因素。但又不能把协调仅仅归结于此，还要考虑人的作用，考虑自然、人口、法律、政治、文化、思想等各种社会因素的作用。依据熊德平(2009)分析，所谓协调发展就是以实现人的全面发展为系统演进的总目标，在遵循客观规律的基础上，通过子系统与总系统以及子系统相互之间及其内部组成要素之间的协调，使系统及其内部构成要素之间的关系不断朝着理想状态演进的过程。协调发展具有以下几点特征：(1)协调发展是以人为本，尊重客观规律的综合发展。(2)协调发展是总系统目标下的子—总系统、子—子系统及其内部组成要素间关系的多层次协调。(3)协调发展是基于发展所依赖的资源和环境承载能力的发展。(4)系统间协调发展效应大于系统孤立发展的效应之和。(5)协调发展在时间和空间上表现为层次性、动态性及其

---

① 俞可平：《怎样看待动态稳定》，《北京日报》，2005 年 9 月 20 日。

形式多样性的统一。(6)协调发展具有系统性,协调发展系统具有复杂的内部结构,是一个开放的、复杂的、灰色的、非线性的自组织系统。(7)协调发展的反面是发展不协调或发展失调。[①]

有序发展是合作的而非冲突的。所谓"合作"就是个人与个人、群体与群体之间为达到共同目的,彼此相互配合的一种联合行动、方式。合作发展表现在利益各方相互体谅、相互展示诚意。合作发展具有以下几点特征:(1)合作发展强调合作各方能够换位思考。发展是社会各方面的事情,不是任何单方面的事,需要社会各阶层、各利益群体共同推进。由于社会各阶层所处的环境不同,在考虑问题时都应关注各方的利益,考虑各方的处境,并照顾彼此的关切。避免把自己的意见强加给对方,也不要用单方面的标准来衡量和判断对方。(2)合作发展强调利益各方相互让步、相互妥协。(3)合作发展更强调"同存异、聚同化异"。既要看到相互共识与默契的一面,也要务实面对既存的差异与区隔。应不断强化"同"的一面,而不是单方面去刻意突出、放大"异"的一面。(4)合作发展的反面就是各方互不相让,互不妥协,直至导致社会冲突。

有序发展是良性的而非恶性的。发展只有遵循稳定、协调、合作、有序的原则,避免动荡、失调、冲突、无序的状态,才能推进社会发展的良性互动,避免走入恶性循环,才能真正实现有序发展。

3. 农村有序发展状态的衡量标准

农村有序发展,从最终目标来看,实际上就是建构一个良好社会。所谓良好社会指的是一种政治秩序处于有序、稳定和连续状态之中的情形,即政治传统中人们常指的人类的理想社会。农村有序发展包括以下基本因素:(1)存在着稳定的政治共识,并可以调节人们的政治行为;(2)政治体系良性运转。稳定的政治共识在社会意识形态上表现为政治秩序的合法性,其直接来源于农民政治意识的发展水平,是农民政治意识发展的必然结果,而政治体系的运转则是依靠治理来实现的。

政治体系良性运转,就是指政治生活、政治发展的有序性,是政治的一种状态,既包括政治生活秩序稳定又包括政治整合能力提升。政治稳定是政治整合

---

①　熊德平:《农村金融与农村经济协调发展研究》,社会科学文献出版社,2009年版,第81—86页。

的前提和必然结果,政治整合是政治稳定的条件和保障。政治稳定和政治整合是内在统一的,二者互为条件和支撑,互相影响,难分主次,共同构成有序发展的价值指向。从表现形式来看,政治稳定更多地从国家层面上来说,更着眼于国家认同角度;政治整合则更多是从社会层面上看,更着眼于公民权认同角度。

所谓政治生活秩序稳定表现为政治系统具有自我组织和自我调节的机制,政治结构能够抵御政治生活中各种偶然事件的冲击,政治结构各构成要素之间的平衡关系能够有效维持,政治参与渠道畅通无阻,人民的政治参与能力与政治制度相适应,各种政治活动依照稳定、明确的政治规范有序进行。① 关于如何界定和衡量政治系统的稳定性,西方著名政治学家有过不同但基本一致的解读。著名政治学家塞缪尔·亨廷顿认为,政治稳定包含秩序性和继承性两个基本要素,前者意蕴非暴力,也就是说不存在政治暴力,政治统治照常进行,没有出现变动或瓦解的状况;而后者指的是政治体系没有发生本质性改变。② 如西摩·马丁·李普塞特在论证政治系统的稳定性时提出了有效性和合法性两个标准:任何一种特定民主的稳定性,不仅取决于经济发展,而且取决于它的政治体系的有效性和合法性。有效性是指政治系统能否满足其他社会组织及本国公民需要政治体系付诸行动时其实际运作功能的程度,而合法性是指政治体系通过实际行动表现获取本国公民信仰并能为牺牲的能力。当代民主政治系统的合法性,主要取决于解决造成社会历史性分裂的关键问题的途径。③ J. 普拉诺把政治稳定分成三种情况来说明,第一种情况是指政府的最高领导层很少发生变化;第二种情况是指在一个相当长的时间里国家保持相同的宪政形式和过程;第三种情况是指在一个国家的政治过程中相对来说没有暴乱和内部骚乱。④ 派伊认为,政治体系是否稳定可以用如下标准来衡量:政府权威和职责的合法性程度;政府的有效性如何;政治文化的一体化程度如何;公民参政与政府决策的一致性情况;

---

① 任红杰:《社会稳定问题前沿探索》,中国人民公安大学出版社,2005 年版,第 20 页。

② [美]塞缪尔·亨廷顿:《变革社会中的政治秩序》第一章,生活·读书·新知三联书店,1989 年版。

③ [美]西摩·马丁·李普塞特著,张绍宗译:《政治人——政治的社会基础》,上海人民出版社,1997 年版,第 55 页。

④ [美]杰克·普拉诺:《政治学分析辞典》,中国社会科学出版社,1986 年版,第 168—169 页。

政治的包容性强弱程度;政治参与满足程度;社会分配是否均衡。①

上述分析表明,衡量政治稳定的标准,可以采用五项原则,从而确保政治体系持续保持连续、规范、可控和有序的状态:一是政治体系的合法性原则。二是政治体系的有效性原则。政治体系能够完全或基本控制和左右社会的政治局势,把社会矛盾和冲突控制在其所允许的范围内,确保政局稳定,没有发生被统治者试图改变社会制度、夺取政权而引起的政治反抗、骚乱、动乱、内战等问题。三是政治系统的包容性原则。四是公民参政的一致性原则。指公民参政在国家制定的法律法规、政策规则和行为规范许可范围内进行,实行有序参与。五是资源分配的均衡性原则。体现在国家政治生活中,政治稳定的实现主要表现在六个方面:第一,国家主权稳定。即国家主权和领土完整,没有外来侵略,也没有因内部冲突而导致的分裂。第二,国家政权稳定。即政权性质、宪政体制和国家基本政治制度及规则得以持续。第三,政府稳定。指政府合法性没有丧失,政府机构之间的平衡关系得以维持,政府领导成员的更换有序进行,权力结构没有受到破坏,国家和社会发展的基本路线权力运行处于良性状态。第四,政局稳定。国家政策本身具有连续性,不会发生大幅度地震动和变化,政策实施也能保持令行禁止畅通状态。第五,公民政治心理稳定。公民形成一致的政治共识和政治认同感,能够承受社会变革所带来的震动。

所谓政治整合能力提升是指政治体系在一定的自然、历史条件下,通过各种方式将社会政治结构系统的各个构成要素及其相互关系、功能等协调起来,缓解冲突,使政治体系成为一个和谐、规范、有序的平衡体系,从而提高整个政治体系的运转机制及其一般化程度。衡量政治整合能力提高的标准,既要看政府维持公民对国家的忠诚的能力,更要看政府如何有效提供公共服务凝聚人心的能力,社会政治生活表现为一种多元、服务、全面和双向的状态:一是整合主体的多元性。社会分化不但激活了社会发展动力,而且为公民社会的成长提供了空间。如何适应社会多元化的要求,通过政治系统与社会组织的互动,完成政治整合组织网络的重构,是有效控制阶层矛盾、减轻政治系统的压力、增强社会活力和维护动态稳定的必需条件。在社会转型和市场经济高度发达的今天,通过鼓励社

---

① 转引自邓伟志主编:《变革社会中的政治稳定》,上海人民出版社,1997年版,第24页。

会组织承担整合社会的部分功能,不但有利于促进政治与社会关系现代化,也是促进政府职能转变和政治整合机制变革的需要。二是整合机制的服务性。改革开放后,契约关系成为建构社会身份的基本特征,随着公民权利意识的提高与社会力量的成长,国家与公民之间的关系逐渐由"单向依附"转变为"权义互约"的关系。因此,要维持公民对国家的忠诚,单单强调国家汲取是不行的,必须构建一种完善的公共服务体系,通过有效的公共服务凝聚人心、实现政治整合。三是整合对象的全面性。改革之后,政治系统在不改变执政基础的同时,对新兴阶层实施了选择性整合,与此同时,更为重要的是需要进一步对社会主要阶层实施全面有效的整合。四是整合结果的双向性。认同是政治整合完成的基本标志,只有充分的合法性认同才能促进公民有序参与、为政治发展提供基本的动力。在社会成长和阶层分化的背景中,只有在承认和维护共同利益的框架内,充分保护公民权利,尊重公民参与政治、自我管理的意愿,疏通公民参与的渠道,制度化地保障公民参与的过程,增强公民对公共政策的影响力,才能获得国家与公民之间持续的相互认同,达成政治与社会的合作,实现社会的持续稳定。①

(二)农民政治意识发展状态影响农村发展状态的关联模型

1. 农民政治意识发展状态影响农村发展状态的关联模型假定

如前所述,我们知道,农民政治意识发展状态表现为积极良性发展和消极非良性发展两种状态,而当代中国农民政治意识的走向,从理论上来说,要么走向良性发展,进而促进农民有序发展;要么走向反面,进而阻碍农村发展。那么,农民政治意识状态与农村发展状态之间到底是什么样关系?

作为农村有序发展的主体和客体的农民,其政治意识的发展程度到底如何呢?我们说,对于特定的农村政治体系来说,不同程度的农民政治意识发展与农村发展之间的关系,可以通过四元图表示(如图6.1所示),图中各种可能的组合可以说明农民政治意识发展程度与农村有序发展状态不同程度的特征。

从四元框架图可以看出,二者关联可以分为两大类四种组合,即同向类和反向类两大类,同向类又分为同步消解型和同步增长型两种组合情况,这表明二者

---

① 吴晓林:《从改造式整合到总体性整合:新中国政治整合60年》,《中国社会科学报》,2009年第36期。

农村发展状态

	＋	－
＋	A	B
－	C	D

农民政治
意识状态
（发展程度）

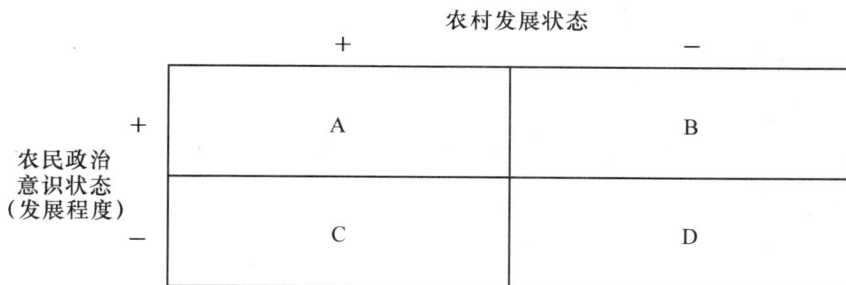

图 6.1 农民政治意识状态——农村发展状态关联理想模型四元图

说明:① 横坐标"＋"表示积极状态,即"稳定、协调、合作、有序":"—"表示消极状态,即"动荡、失调、冲突、无序";

② 纵坐标"＋"表示积极状态,即良性发展;"—"表示消极状态,即非良性发展。

③ 为了说明方便,本图仅直观地将农民政治意识状态以及农村发展状态分为积极状态和消极状态两类,其他交叉状态不再单独列出。

资料来源:作者自绘图

正相关的关系;反向类可分为此消彼长型和此长彼消型两种组合情况,这表明二者负相关的关系。

第一种组合类型:同步消解型。即农民政治意识非良性发展且农村无序的政权体系,亦即农民政治意识消极农村发展也消极。

这种组合落在 D 格中,一般来说,这样的农村社会应是不稳定的和分裂的。从历史阶段来看,如近代中国农村社会基本上属于这种类型。

第二种组合类型:此消彼长型。农民政治意识非良性发展但农村却一反常态,表现出一种似乎稳定、有序的发展状态的政权。

这种组合落在 C 格中,一般来说,这样的农村社会也是不稳定的,除非他们是以暴力来维护政权体系,如近代中国农村社会的某些阶段。

上述两种类型均是由于农民政治意识非良性发展而导致的农村发展状态,第一种类型本质上是不可取的,也是我们尽量要避免的;而第二种类型表面上稳定,而实际上也是暗藏涌流,不能可持续发展的,历史均已证明了上述两种类型社会必然要面临革命或者发展迟滞。

第三种组合类型:此长彼消型。就是农民政治意识良性发展,但农村发展状态程度却并不高的社会。

这种组合落在 B 格,表示农民政治意识良性发展,但农村发展状态的程度却并不高的社会,按照亨廷顿的说法,这是因为"现代性孕育着稳定,而现代化过程却滋生着动乱"。①这种情况最容易出现在转型期社会,如我国改革开放以来的农村转型发展,且此种情况更具有阶段性的明显特征。

第四种组合类型:同步增长型。出现于农民政治意识发展程度和农村有序发展状态程度都很高的社会中。

这种组合落在 A 格中的农村社会,即政治意识水平和有序发展状态程度都很高的社会,具有稳定的政治系统,如当前我国的农村社会以及未来我国农村社会,这也是我国农村发展的最终指向。

上述两种类型均是由于农民政治意识良性发展而导致的农村发展状态,第三种类型,表面看起来非常矛盾,说不通,实际上这是发展中存在的问题。人民日益增长的物质、民主和文化需要在现实社会中并没有得到完全满足,这种需求与供给之间错位和缺失必然导致农民政治意识良性发展,但农村发展状态的程度却并不高的情况出现。这种情况本质上是不可逾越的,因为现代化是不可逾越的。"社会和经济的现代化打破了旧的权威模式,破坏了传统的政治体制,但并不一定建立起新的权威模式和政治体制。但是现代化扩大了政治意识和政治参与,从而确实造成对这两者的极大需要。……组织是通向政治权力之路,但也是政治稳定的基础,从而也是政治自由的先决条件。许多进行现代化的国家存在的权力和权威真空,可以暂时由具有能引起大众狂热拥护的特殊气质的领导人或军事力量来填补。但要长期填补,就只能靠政治组织。要么是由既定的上层集团通过现有政治体系相互竞争,以组织群众;要么就是由持不同政见的上层集团组织群众,来推翻现有的政治体系。"②因此,在现实过程中,我们要全方位关注、监控农民政治意识的全新需求以及变动,要防范和调控农民政治意识所带来的冲击波。

---

① [美]塞缪尔·亨廷顿:《变化社会中的政治秩序》,王冠华、刘为等译,沈宗美校,上海人民出版社,2008 年版,第 31 页。

② [美]塞缪尔·亨廷顿:《变动社会的政治秩序》,上海译文出版社,1989 年版,第 496 页。

2. 农民政治意识发展状态影响农村发展状态的内在机制

我们知道,所谓发展不是同一事物的简单重复。而是新事物不断产生,旧事物不断灭亡。[①] 发展指事物由小到大,由简单到复杂、由低级到高级、由旧质到新质的有规律的运动变化过程。[②]发展指的是一种趋势。农民政治意识的发展状态必然也是一种趋势,这种趋势的两种结果如何走向,如何变动,关键在于四种机制在起作用,即:开放机制、涨落机制、干扰机制和分叉机制。[③] 一是农民政治意识系统由于同外界的能量和物质的交流,不断地进行着结构重组,其结果是新结构和新功能的出现。由于农民政治意识系统的开放机制,使得农民政治意识分化为良性和非良性两种状态。二是由于农民政治意识本身发展的偏离带来了所谓的涨落。由于这种涨落的急剧增强和稳固力严重削弱,使得农民政治意识系统的结构处于瓦解之中。这时农民政治意识变动促使整个农村社会系统有可能向两个方向变化:(1)走向无序。系统结构瓦解以后,系统变得混乱不堪,即走向无序状态。(2)系统变得更加有序。系统结构瓦解以后,系统在混乱中进行结构重组,结果变得更加有序。这两个方向中,第二个方向才是系统的发展,第一个方向则是系统的倒退。到底哪一个方向能够实现,要看各方面的条件。三是干扰。系统与环境并不总是协调一致的,当系统的运行与环境发生矛盾时,环境便影响系统的运行,使其偏离原来的轨道。这种现象就是干扰。干扰也是一种客观存在,它是不依人的意志为转移的。干扰的结果最终导致系统结构瓦解。四是分叉。涨落和干扰使系统处于不稳定状态,这种不稳定状态由于稳固力的削弱而日益加剧。当达到某一点(或区域)时,系统开始失稳。这时系统或者崩溃进入无序状态,或者由于结构的重组而进入新的稳定状态。这种现象就是分叉现象。[④] 可见,无论是从农民政治意识发展系统来看,还是农村发展系统来看,还是两个系统之间关联来看,二者间互为交错,互为因果,互为条件。农民政治意识发展状态是农村发展状态的必要条件,农村发展状态是农民政治意识发展状态的必然结果。二者密不可分,共同统一于中国特色社会主义的农村发展

[①]　肖前等:《辩证唯物主义原理》,人民出版社,1981年版,第154页。
[②]　刘延勃等:《哲学辞典》,吉林人民出版社,1983年版,第188页。
[③]　毛建儒:《论发展的含义及其机制》,《理论探索》,1997年第6期。
[④]　毛建儒:《论发展的含义及其机制》,《理论探索》,1997年第6期。

道路的伟大理论与实践中。

（三）农民政治意识走向的现实后果

上文我们从理论上分析了农民政治意识发展状态影响农村发展状态几种可能，那么，在现实中，当代中国农民政治意识走向会有什么后果呢？

1. 对农村政治稳定的影响

邓小平指出，中国的问题，压倒一切的是需要稳定[①]。政治稳定不仅是政治体系本身存续、发展的要求，而且是政治体系所支持和服务的社会发展变革的基础和需要。保持政治稳定对于当代中国实现农村现代化意义重大。由于现代化在促进社会发展的同时也唤醒了农民的政治意识，农民对政治体系期望值和需求水平显著提高，这对政治体系来说是一个严峻的挑战。而在现实社会中，能够对政治稳定带来影响的因素，在不同的社会和同一社会的不同发展阶段会有不同的表现形式，同一表现形式也会有不同的作用方式和作用程度。改革开放以来，尤其是实行村民自治制度以来，中国农民政治生活发生了新的变化，农民逐渐认识到政治参与的重要性，由原来的"事不关己"转变到现在"政治参与"，通过政治参与来表达意愿，进行民主管理和民主监督，影响政府的政治决策、政策制定、制度变迁，以争取、实现和维护自己的利益。亨廷顿在谈到农民问题时曾指出，"农民可以是捍卫现状的砥柱，也可以是革命的突击队。究竟扮演什么角色，取决于农民认为现有体制满足其眼前的经济、物质需要到什么程度。"因此，"在进行现代化的国家里，政府的稳定取决于它在农村推进改革的能力"[②]，"农村奋起"的性质，亦即吸收农民参加政治体系的方式，能够决定今后的政治发展方向……在一个政治意识和政治参与不断扩大的体系内，农民阶级则变成了关键性的集团。[③] 当前，我国农民政治参与愿望同结果之间出现了较多矛盾，国家政策制定难以考虑到不同农民利益主体、群体的利益要求，农民政治参与渠道并不畅通，政治参与形式也不统一等。如果矛盾不在改革进程中逐步解决，久而久之，就有可能引发人们的政治冷淡，使人们产生政治不服从，从而影响政治稳定。因

---

① 《邓小平文选》第3卷，人民出版社，1993年版，第284页。
② ［美］塞缪尔·亨廷顿：《变动社会的政治秩序》，上海译文出版社，1989年版，第404页。
③ ［美］塞缪尔·亨廷顿：《变动社会的政治秩序》，上海译文出版社，1989年版，第317页。

此具体分析变革社会中的农民政治意识变化因素及其对政治稳定的影响,便成为维护和促进农村政治稳定的重要课题。

2. 对农村政治整合的影响

当前我国既处于发展的重要战略机遇期,又处于社会矛盾凸显期,农村有序发展存在不少问题。改革开放和社会主义市场经济的确立,极大了解放了社会生产力,农村经济保持了长期高速增长,农村居民的生活水平有了极大提升。同时,发展中不平衡、不协调、不可持续问题依然突出。在现代化进程的影响和冲击下,随着国家权力的下沉以及社会主义市场经济的深入发展,农民逐渐远离传统价值体系的束缚,越来越走近政治、需要政治、关心政治并尝试干预政治,但现实中农民的人格尊重不够、权利诉求重视不够、政治需要满足不够,经济成分、组织形式、就业方式、利益关系和分配方式愈趋多样化,社会流动、社会分层加剧。相对于经济的发展速度及体制改革,促进农村有序发展机制相对滞后,社会问题增加,社会矛盾增多;社会分化日益加重,社会成员之间的贫富差距拉大;农民的上访、群体性事件、冷漠以及同政府之间的信任缺失和冲突等问题依然很严重,群体性事件和突发性事件不断增加,维护社会稳定的成本增加;农民权益诉求渠道不畅、诉求手段混乱等。从总体上看,我国农村社会治理领域存在的问题,是我国经济社会发展水平和阶段性特征的集中反映。要实现农村的可持续进步,就必须以包容的思路,进一步创新农村有序发展机制,提高农村治理的科学化水平,增强农村社会的整合程度。

三、当代中国农民政治意识走向的影响因素

当代中国农民政治意识走向如何,是走向良性发展呢,还是反之? 是促进农村发展呢,还是阻碍农村发展? 其结果常常取决于内外两方面因素共同作用,其影响因素既存在于客观的制度环境之内,也存在于主观的内在需求之中。从当今中国农村社会发展的总体状况来看,阶层分化、利益变动、制度变迁以及宗族强弱化是影响农民政治意识走向的主要动因,它们从多角度、多途径、多功效制约着当代中国农民政治意识的走向。

(一)阶层分化:影响农民政治意识走向的重要动因

改革开放以前,中国农民阶层是一个具有单一身份和高度同质的群体或阶

级,农民之间基本没有差别。改革开放以来,随着农村家庭联产承包责任制的推行等一系列国家重大政策的调整以及工业化、市场化和城市化的加速推进,农村社会结构发生了重大变化。农民阶层已逐渐分化为农业劳动者阶层、农民工阶层(即农民工人)、雇工阶层(即雇佣工人)、农民知识分子阶层(智力型职业者)、个体劳动者和个体工商户阶层、私营企业主阶层、乡镇企业管理者阶层(集体企业管理者)以及农村管理者阶层等八个主要阶层。[①] 具体来看:一是农业生产经营户规模扩大。二是经过乡镇企业改制,原来的村办企业管理者和村集体企业职工阶层解体,并入私营企业主和农民工阶层。随着市场规模扩大,私营企业主的企业经营突破了本村地域的局限,私营企业往往不雇佣本村村民,而是使用外来劳动力。同时,市场经济也改变着传统乡村的习俗和社会交往方式,以前村落社会内部熟人帮工换工的习俗,正在被雇佣结算关系所替代。三是农业生产者队伍内部发生变化,正在经历从传统农民向现代农民的转变。在东部、中部地区,农业经营大户和农业公司进入乡村规模经营农业,体现了农业生产现代化的趋势。四是农村的文化卫生工作者群体有所减少。市场化服务对乡村民间文化生活和文化消费的渗透压缩了村庄知识分子的作用空间,也改变了村民的文化消费习惯和消费方式。农村文化工作者逐渐并入乡村个体劳动者和个体工商户阶层。[②] 同时,农民内部的分化,使得一些农民往往能够寻找到共同的利益和需求,并形成一致的看法和心态,表现为利益觉醒意识、自我维权意识彰显、群体界别意识分明。近年来,由于经济转轨、社会转型和社会结构变迁加快,农村突发性群体事件成为社会冲突的重要表现形式。[③] 从20世纪90年代中期开始出现的城市化进一步改变了城乡结构格局,城市的快速扩张,农村征地运动的规模不断扩大,将大量的城郊吞并或包围,出现了一批"城中村",使得大量农村人口转变为城市市民,或变成失地农民,不仅造成城乡差距的逐渐拉大,而且导致大面积的农民群体性事件发生,成为税费改革后农村突发性群体事件的重要形式,也成为影响农村社会稳定发展的首要问题。

① 陆学艺:《当代中国社会阶层研究报告》,社会科学文献出版社,2002年版,第10—23页。

② 汝信等:《2011年中国社会形势分析与预测》,社会科学文献出版社,2010年版。

③ 孟宏斌:《资源动员中的问题化建构:农村征地冲突的内在形成机理》,《当代经济科学》,2010年第5期。

（二）利益变动：影响农民政治意识走向的根本动因

布莱克设定了现代化发展的一般阶段：第一，现代性的挑战；第二，现代化领导的稳固；第三，经济和社会的转型；第四，社会整合——经济和社会转型导致了整个社会基本结构的重组。许纪霖、陈达凯将现代化分为两大历史段落：在回应挑战的基础上，重建政治共同体和实现以经济起飞为动力的文明结构转型。社会结构的变迁过程就其根本来说，是结构分化和新的结构整合的过程。社会结构的不断分化，一方面意味着社会体系生存和适应能力的提高，另一方面也意味着原有模式化关系的破坏和新的联系机制的产生。从另一个角度来看，社会结构的变迁及现代化本身的要求需要各个结构要素向现代化转变，同时又必然带来社会不平等，最为突出的是阶级不平等和阶级冲突，处理不当甚至会引起大规模激烈的社会动乱和冲突。社会结构变迁的一般惯性所导致的内在逻辑矛盾对任何社会的国家都是一大挑战。同时任何状态下的国家都必须面临基本的生存先决条件：一是满足因人口生存和增长而引起的对生活资料的需要；二是适应自然环境和社会环境，因为一个社会和国家的生存状况，在相当程度上取决于它与环境的关系。这两者加上它们后发现代化本身的特点，使后发现代化进程中的国家面临着严峻的挑战，也提出了新的要求。

当前，我国社会正处于剧烈的变动之中，传统社会要素迅速消解、分化，新的社会要素得以产生、重构。这种持续的消解、重构过程是社会发展的基本内容和主要动力，但是如果相对应的社会整合能力过于滞后或弱化，社会发展就会出现"断裂和失衡"状况，危及社会稳定。社会出现了较大分化，如利益结构多元化、阶层日益分化、精神文化多元化、价值取向多样化、社会组织多元化。社会转型影响着社会主体的思维方式以及价值观念，对农民的利益表达产生深刻的影响。从结构意义上说，随着改革开放的深入以及社会系统的转型，农民这一群体的利益格局正发生着深刻的变化。而国家在协调社会阶层的利益矛盾方面的机制缺位和力度不够，难以满足当代农民利益表达的现实需求。因此，如何有效改革现存的农民利益表达制度，平衡矛盾，化解冲突，对当前我国农村和谐社会的建设提出了严峻挑战。

（三）制度变迁：影响农民政治意识走向的内在动力

新中国成立初期，国家实行土地改革，使广大农民拥有土地所有权，实行农户家庭经营，为农业生产提供了条件。随后国家为了保证工业化发展战略的实施，使农户家庭经营最终演变为人民公社体制。在这一时期，农民的自主性丧失，农民与国家处于非良性互动，农民的愿望和利益得不到关切和实现，又无力冲破体制的束缚，导致对人民公社体制"合法性支持的大量流失"。自 20 世纪 70 年代末开始，中国农村再次成为中国社会巨变的发源地。在农村推行家庭联产承包责任制不久，为了解决人民公社解体后农村治安恶化、公共资源大量流失的状况，农民充分发挥创造性精神，创造了自己管理本村公共事务的组织形式——村民委员会。1980 年 2 月，广西宜山县合寨大队的果作等六个生产队的 85 户农民创立了我国最早的一个由村民实行自我管理、自我服务的农村基层群众性自治组织——村民委员会。随后这种新的基层民主自治形式，很快在全国各地引起反响和推广。中国政党不仅认可了农民的这种创造性，将其法制化、制度化，而且给予其大力肯定、支持和推动。这标示着国家经历了人民公社时期的全能主义治理模式后，开始逐渐收缩权力边界，归还乡村社会自主发展的应得的权利，给予乡村社会更多的自主发展空间。中国农村"乡政村治"格局开始出现，农民也获得了更多的自主权、自由权和自治权。这一进程，实际上涉及农民权利如何获得的问题，此外，也涉及政治体系是如何应对来自农民的诉求的，这实际上也印证了涉及集体行为的各个社会公共机构之间存在着权力依赖，①表明农民与国家进入了一种良性互动，这种互动不是自上而下的运行，而是一个上下互动的过程。它主要通过合作、协商、伙伴关系、确立认同和共同的目标等方式实施对公共事务的管理。这种双向互动既促进了农民政治意识进一步嬗变，又进一步对乡村治理提出了新的挑战。

_____

① 英国学者格里·斯托克揭示了涉及集体行为的各个社会公共机构之间存在着权力依赖。所谓权力依赖，指的是：（1）致力集体行动的组织必须依靠其他组织；（2）为求达到目的，各个组织必须交换资源、谈判共同的目标；（3）交换的结果不仅取决于各个参与者的资源，而且也取决于游戏规则以及进行交换的环境。在治理过程中，虽然需要权力或权威，但由于存在着权力依赖，因而权力或权威的行使不是自上而下的运行，而是一个上下互动的过程。参见格里·斯托克：《作为理论的治理：五个论点》，《国际社会科学》（中文版），1999 年第 2 期。

（四）宗族意识消长：影响农民政治意识走向的主要因素

在传统的宗族制度中，农民与宗族之间存在着天然的依存关系，在一个宗族聚居的村落中，宗族成员之间有一种天然的亲和力，这种观念上的族亲联系是一种非常牢固的关系。这种观念促成并强化了中国农民安土重迁的乡土意识，既促成了宗族的向心性，也促成了宗族的排他性和封闭性，进而导致农民的宗族意识总体上总是呈现出非理性的特征，其重要表现在于传统社会中频繁出现的宗族械斗中农民的非理性以及农民的主动参与或者被动裹胁参与。

自20世纪初开始尤其是20世纪50年代以来，农村宗族受到了国家政权在政治上、组织上、宣传上的彻底打击，农村改革兴起后，农村宗族组织及其活动在中国商品经济最为活跃的东南地区的普遍复兴，给了这一思维定式以强烈的冲击。人们普遍认为宗族重建会带来农民宗族意识的完全复兴。实际情况是，农民的宗族意识逐渐趋于理性，并未回归传统时期的非理性。改革以来的宗族重建中，由于受到各种社会关系的冲击和异质文化的熏染，宗族内部规范和相互关系表现出很强的变通性。其内部关系明显地发生了一升一降的变化，即代际关系逐渐疏离化，弱化了父辈对家族的控制权，长者丧失了传统宗法伦理所赋予的神圣权威，甚至是一落千丈，受到族内其他成员公开的侵犯；同时，青年人特别是媳妇的地位急速提高，这些传统制度下俯首帖耳、言听计从的角色，现在权力膨胀得很快，甚至完全凌驾在长者之上。其次，宗族不再有像过去那样固定的集会时间和地点，以及严格的程序和仪式，现在取而代之的是一些临时性的事件成为他们集会、联络感情的主要方式。因此，伦理规范及其内生凝聚力对扭结宗族成员在固定的模式下形成彼此间紧密的相互关系的作用已越来越小。此外，宗族联姻关系的弱化、家庭男女收入平等、家中重大事件决策平等、家庭中夫妻受教育水平基本相同以及农民家庭中夫妻生育观念等方面的社会性别平等观念的增强减弱了农民的宗族意识；城镇化、人口流动以及经济收入的变化也消解了农民的宗族意识；农村社会保障制度的建立与完善替代了宗族的互助功能，使农民的求助方式多样化，从而也消解了农民的宗族意识。与此同时，宗族意识在恢复过程中，某些地域、某些特殊情况下，为了保护族人利益，如对外协调不果，宗族则往往诉诸武力，从而产生宗族械斗等宗族极端行为，或称宗族群体性事件。农村宗族械斗不仅给人民群众的生命和财产带来严重危害,而且会造成农村社会局部动荡,给农村社会和谐稳定埋下严重隐患,原有的农村社会秩序和生活格局被完全破坏。因此,要正确引导农民宗族意识的转型,发挥宗族意识的积极因素,为农民政治意识走向提供正向力,促进农村社会稳定。

第七章　结论与展望

　　农民的政治诉求意识是党中央农村政策制定的重要依据,也是影响我国农村和谐有序发展的基本因素。农民政治意识的实际状况深深支配着农民行为和党的农村政策的有效性,影响着农村和谐社会建设的程度。分化后农民政治意识的走向基本上有两种趋势,一种是良性发展进而促进农村有序发展,另一种状况就是非良性发展进而导致农村无序或失序。由于农民政治意识诸问题具有关联因素众多的复杂性、整体性特质,并且是属于观念类问题,加上各种主客观因素的诸多限制,因此,我们不能幻想在短期内能够大幅度提高农民的政治意识水平,在短期内单一地化解由于农民政治意识分化所带来的对政府的冲击波,但我们必须要有一个长期、短期相结合,多方面措施相配套的整体性思路和对策,从而有计划、有重点、分步骤地逐步加以引导和解决。基于农民政治意识的既有特点以及农民政治意识的自主、多元、理性等新的变化,结合农民政治意识强弱化理论,借鉴国内外对农民政治意识教育与整合的基本经验,重点分析新时期如何加强农民政治意识的教育和整合,引导农民政治意识向良性发展,实行政府创新,从而提出促进农村和谐有序发展若干对策建议。

一、对农民思想意识教育与整合的经验借鉴

(一)发达国家对农民思想意识教育与整合的成功经验

　　农业现代化是整个世界现代化进程的重要组成部分。要从根本上

解决一个国家的农民问题,关键在于发展,在于实现国家的农业现代化,在于实现农民意识的现代化。发达国家的现代化也是一个由农业国向工业国发展的过程,同样经历了农业劳动力向工业部门的转移,用现代生产要素武装农业部门、将农业部门改造为现代部门的过程,同样经历了一个解决农民问题、实现农民思想现代化问题。通过总结发达国家对农民思想意识教育与整合的基本经验,对我们探索符合中国国情的有中国特色的农民思想意识现代化道路具有十分重要的意义。

1. 组织农民是有效手段

在现代化进程中,农民始终是一个弱势群体,建立维护农民权益的组织,不但可以加速农民现代化的进程,还可以使农民现代化变被动为主动,积极应对现代化的挑战。以发达国家处理农民问题的基本经验来看,组织农民是有效手段。一般来说,根据农民组织的功能和组织原则,可以分为三大类型的组织形式:第一类是以美国和加拿大为代表的跨区域性民办自发农民组织。这类合作社组织完全由农民自发联办,不依托政府,分散农户直接联合起来与市场相连接。合作社的业务范围涉及农产品的收购、运输、储藏、检验、分级、加工、包装以及最终产品的销售等多个环节。合作社运作遵循使用权拥有原则、使用者控制原则以及谁光顾谁得利原则,这就确保了拥有所有权的人必须享用合作社的服务,所有成员人人平等,以及明确了农民个体会员与农民合作社组织之间的利益分配关系。美国农民这种自发组建合作组织也符合美国一贯坚持的公民自由的原则。第二类是以德国和法国为代表的专业性民办合作组织。德国农协主要职能是维护农民的利益、为农民当法律顾问、为农民提供技术服务和开拓市场的服务、对农民进行职业教育培训等。德国最主要的农民组织是德国农民联合会,农民联合会的下属正式成员组织有各州的农民协会、德国农村青年联盟、德国赖夫艾森联合会、德国农业技术学校毕业生联合会。另外,还有 40 多个非正式的成员组织。其中,德国农民协会是一个技术性较强的组织,它由农民、商人和农业技术人员组成,主要任务是帮助农户和农业企业解决技术问题、促进市场发育、开展职业教育等,协调、沟通政府与农业企业和农户之间的关系,作为利益诉求主体充分发挥其经济、政治和社会各个层面的作用和影响。① 第三类就是以日本和韩国等为代表的综合性半官办半民办的组织。以日本来看,日本农协既是农民为保护自身利益而自发建立的群众机构,还承担帮助日本政府推行农业政策的职能。一般来说可以分为基层农村的合作组织(包括以农户为服务对象的综合农协和以特定农业生产者为服务对象的专业农协两类)、基层行政区的合作组织(亦称单位合作组织)、都道府县合作组织联合会、全国性的农业合作组织四个层面。② 全国农协由基层农协和县级联合会入股组成,主要包括全国农协中央会、全国供销联合会、农协合作保健联合会、全国合作保险联合会、农林中央金库、专业农协的全国联合组织等组织。尽管各国农民组织的名称不同,职能各异,但都旨在满足农民在生产、销售、生活、利益表达等各个方面的合理诉求。

　　2. 教育农民是基础所在

　　农民素质高低直接影响农村生产方式的改进以及农民生活方式的改观。以发达国家处理农民问题的经验来看,教育农民是基础所在。英国是老牌资本主义国家,其政府高度重视农民职业教育与技术培训工作。英国政府通过建立严格的奖励和考核制度来保证和提高培训的质量和效率,培训具有严格的考试制度,形成分工明确、层次分明的农民教育培训体系。美国农业教育已有 140 年的历史。自 1862 年,美国第 37 届国会通过第一个《莫雷尔法》,1887 年第 49 届国会通过了《哈奇法》,1890 年第 51 届国会通过第二个《莫雷尔法》,1914 年第 63 届国会通过了《史密斯·利费法》,这一系列法案的颁布,奠定了美国农业教育发展的基础。美国农业部研究教育和经济司是主管农业科研和教育的核心部门。美国联邦政府农业部设有农业合作推广局,各州有推广服务中心,各县有推广站和农民组成的推广顾问委员会。中学开设农业职业教育课,在农村开办农业培训班,还开办农民进修深造班,向成年农民传授新的技术知识。③ 1928 年创建的未来农民联合会是全国性的农民教育培训机构,帮助会员提高对农业的兴趣,提高文化修养。此外,美国还建立了农民资格证书制度,强制规定农民作为一个职业群体的门槛要求和职业属性。在德国,农民培训统一由农牧渔业部

---

① 张明生:《德国农民协会现状及发展我国农协的建议》,《科技通报》,1997 年第 1 期。
② 孙世春:《试论日本农民的组织化及其宏观效益》,《日本研究》,1990 年第 1 期。
③ 廖能宏:《发达国家是如何重视农民教育》,《成人教育》,1994 年第 7 期。

管理,各个农业协会和农业团体配合开展工作。此外,全德还建立了官方体系、专业协会下属体系、合作社体系以及教会系统的职业培训等多层次、多元化的农民培训机构,为农民提供常态化培训。只要培训对象和教育对象经过培训达到了相同的能力要求,最后可获得同样的职业资格证书,一旦通过考试获得资格证书即可要求全额技术工人工资,并得到全社会的承认。在法国,农民必须接受职业教育,取得合格证书,才能享受国家补贴和优惠发放,取得经营农业的资格。政府设立"农业教育定向委员会"指导农村科技教育事业的发展,开办多种农民技术培训班,鼓励农民参加。法国有 350 所农业技术中学,其中私立约 200 所。每个学校都有实验农场,对相当于初中二年级的 16 至 20 岁的农业学徒工进行两年的实用技术培训。中学毕业生约有 10%接受农业职业教育,毕业后可授予农业技术员和农业高级技术员证书。在日本,早已普及高中教育,各大学设有农业部,还有两年制的农学院。日本农业教育已形成了农业高校、农业短期大学、道府县农业大学校、民间研修教育机构、农林水产省农业者大学校和就农准备校等多层次的培训结构模式。日本还有以农业改良普及所为中心对农民进行季节性进修的制度,一般三年毕业,内容有新技术推广、农民健康长寿问题等。韩国设有乡村发展局和农民教育研究所,主要承担对农民进行专业技术和职业教育,其教育内容广泛而有效。从国内外农业政策到经营管理,农产品销售到农、林、渔业的生产技术及农产品的贮藏加工新技术,都列为发展教育的新内容。教育方式主要是举办各种培训班,如乡村定居班、冬闲农民班、农民继承人家庭班、当地农户领导者班等。[①] 可见,通过教育培训提高农民素质,这对有效解决农民问题、推动农民现代化进程具有积极意义。

3. 保障农民是必由之路

社会保障即国家和社会依法对社会成员基本生活给予保障的社会安全制度,是各种具有经济福利性的、社会化的国民生活保障系统的总称。社会保障制度,不仅可以提升农民的生活满意度,而且是避免社会动荡和维持社会稳定的必需。以发达国家处理农民问题的经验来看,各国对农民建立了非常完善的社会保障体系,通过利益的再分配保障农民的基本生活需求,缓解阶级矛盾,维持社

---

① 尹湘东:《国外的农民教育》,《乡镇论坛》,1995 年第 10 期。

会稳定,为社会经济发展提供安定的社会环境。以德国为例,1886 年 5 月《关于农业企业中被雇佣人员工伤事故保险法》的公布和生效标志着德国农村社会保障体系的建立。农民的医疗、养老、意外伤害主要由专门的、相对独立的社会保险机构——农业社会保险联合总会承担。1957 年 7 月颁布的《农民老年救济法》标志德国农村养老保险体系的建立。农民养老保险主要为在农场主(包括其配偶)、共同劳作的家属及其遗属出现诸如年老、丧失劳动能力的情况时,以现金的形式支付养老金,为老年农民和过早丧失劳动能力的农民提供基本生活保障。德国《农民医疗保险法》规定:法定农业医疗保险机构有义务为农民及协助务农的家庭成员提供医疗保险,覆盖范围包括农业和林业从业者以及年满 15 岁的家庭协助成员。德国《农民养老保障法》对参加法定养老保险的人群范围作了明确界定,并对法定农民保险机构所提供的养老保险服务作了详尽规范。可见,德国农民社保体制的覆盖面广,保障程度高,有效地解决了农民的后顾之忧。日本采取的是全民保险制度,进城的“农民工”都要加入养老保险、医疗保险、工伤事故保险、雇用保险等,对于所有的户籍人口一视同仁,确保了企业的劳动力来源,也让农民最基本的社会保障得以实现。1959 年,日本政府颁布《国民养老金法》,1985 年,对养老保险制度实行了重要改革,强制规定 20 岁以上 60 岁以下的在日本拥有居住权的所有居民都必须参加,农民、个体工商户、自由职业者等零散人员必须加入国民养老金这一层次养老保险。1970 年颁布了《农民养老金基金法》作为农民参加国民养老保险制度的重要补充。当今美国没有类似中国的户籍制度,美国农民与城镇居民一样在统一的制度下享受社会保障,但美国农业的特殊性又使得美国农民不仅没有受到歧视性对待,反而获得了大量的补贴和优惠政策。

4. 转移农民是最终出路

实现农村剩余劳动力由农村向城镇的转移是现代化道路的必然选择。以发达国家处理农民问题的经验来看,转移农民是最终出路,可以从两个方面来看其经验:一是鼓励转移的经验,二是消化转移的经验。

从鼓励转移来看,英国通过圈地运动、农业革命以及农村手工业的衰落迫使农民离开农村到城市谋生。美国工业革命带动了同时拥有劳动、技术、知识密集型的优势的第三产业的兴起,大量的农村劳动力进入第三产业。城市经济的发展以及城市劳动力的稀缺,进一步吸引了农村劳动力向城市的流动。此外,在农村,由于农场兼并以及农业革命,大批剩余农业人口释放出来。日本废除劳动力自由迁徙的限制,实行典型的"户籍随人走"的制度,强制推行"学制令",大力提高国民受教育水平。通过废除限制职业选择、流动和居住等自由的各项封建制度,制定《农业基本法》和《农业现代化资金筹措法》等法律制度来促进农民转移,此外,在《国民收入倍增计划》中还专门制定了农村劳动力动员计划。韩国选择的是集中型转移方式,其农村剩余劳动力主要涌向大城市。

从消化转移来看,针对农民工大规模流动对社会的影响,西方发达国家在各个时期采用了不同对策应对各类社会问题。以英国为例,一方面是制定对救济贫民和赔偿工人的各项制度,如1897年的《工人赔偿法》,规定在某些危险较大的特定行业,雇主应对因工伤或丧失工作能力者给予赔偿,后来又扩大到农业和其他行业。另一方面,它先后颁发各项法律制度来解决各种迫在眉睫的问题,如1817年《地方政府法》、1835年《市政机关法》、1848年《公共卫生法》、1868年《工人住房法》、1866年《卫生法》、1875年新《公共卫生法》、1909年《住房和城市规划法》等法律。通过这些法律确保一系列公共事务的顺利解决:允许市议会有权开征地方税,授权市议会处理贫民窟问题,成立各类行政执法部门,比如设立中央卫生局,授权地方成立卫生局,专门成立地方政府部等考察和管理全国各地的公共卫生,向居民供应适合饮用的水,提供清运垃圾和排污的服务和采取改进城市环境的措施等。德国针对农民进城问题后的失业和贫困,先后颁发《穷人权利法规》(1855年)、《疾病保险法》(1883年)等法律制度,构建覆盖面极广的社会福利制度,有效解决劳工问题。美国通过颁发《宅地法》以及推进西进运动来解决农民劳动力配置存在的问题。同时,美国政府对于城市的管理水平的改进以及大量保障措施的实施,一定程度上保证人口转移之后的固定化。日本政府通过立法和政策引导促使农村劳动力转移,1961年,日本政府制定了《农业基本法》和《农业现代化资金筹措法》,1999年日本又出台了《食品·农业·农村基本法》,进一步引导农业生产向纵深发展。同时,日本政府颁布了《基本教育法和学校教育法》(1947年)推动农村义务教育,普及农村高中教育,加大对农村教育的投入。此外,还在农村推行了一整套职业训练制度,对农民进行职业技能培训。与此相适应,国家也鼓励各企业、社会团体积极开展岗前培训,为农村谋职者提供各种学习机会,使其适应工作环境并获得劳动技能。可见,发达国家在走向现代化的进程中,一个历史时期内农业就业人口纷纷向非农业转移,使农业就业人口达到一个较低水平,农业生产率大幅提高,农业就业人口收入水平大幅提高,不仅稳定了农村、农民和农业,还有力地促进了国家工业化的进程和发展。

总之,发达国家在解决农民问题的过程中,通过组织农民、教育农民、保障农民以及转移农民等一系列各具特色、行之有效的方法和手段,确保了农民思想现代化的最终实现。

（二）党对农民思想教育与整合的基本经验

农民问题一直是中国革命和建设的根本问题,而教育农民则是其中最重要的原则。无论是新民主主义革命时期还是社会主义革命时期,党和政府都十分重视和强调农民在中国革命和建设中的主力军作用。在工业不发达的半殖民地半封建的中国,由于无产阶级人数少,"除了无产阶级是最彻底的革命民主派之外,农民是最大的革命民主派"①。外加中国革命又必须走农村包围城市的道路等原因,农民成了无产阶级政党和无产阶级军队的主要来源,也是中国革命胜利后新中国建设的主要承担者。"农民问题乃国民革命的中心问题,农民不起来参加并拥护国民革命,国民革命不会成功;农民运动不快速地做起来,农民问题不会解决;农民问题不在现在的革命运动中得到相当的解决,农民不会拥护这个革命。"②但是,农民阶级是一个需要改造的阶级,农民本质上属于小资产阶级,其本质特征在于其非主体性:如崇拜权力、平均主义、迷信愚昧以及人格依附等。为消除农民小资产阶级思想对党和军队以及中国革命走向的影响,充分发挥农民的动力作用,取得民主革命的胜利,保证中国的社会主义前途,必须用无产阶级的思想改造农民、教育农民,使农民转变为无产阶级的先锋战士和社会主义的建设者。因此如何提高农民的组织程度和觉悟程度,如何教育农民是摆在中国共产党面前的一个重大课题。革命年代党教育农民、改造农民思想的基本经验可以归纳为以下几点:

---

① 《毛泽东选集》第 3 卷,人民出版社,1991 年版,第 1075 页。
② 《毛泽东文集》第 1 卷,人民出版社,1993 年版,第 37 页。

1. 尊重利益是基本原则

尊重利益是马克思主义利益观的一个基本原则。马克思主义利益观明确指出，"人们为之奋斗的一切，都同他们的利益有关"①、"每一既定社会的经济关系首先表现为利益"②、"'思想'一旦离开'利益'，就一定会使自己出丑"③等一系列尊重利益的观点。对利益的追求，形成人们的动机，成为推动人们活动的动因，而且是推动人们改造社会、改革同生产力发展要求不相适应的社会制度的直接动因。经济利益是其他一切利益的基础，起着决定性作用。阶级斗争"首先是为了经济利益而进行的，政治权力不过是用来实现经济利益的手段"④。坚持利益原则也是无产阶级政党改造农民的一条坚定不移的基本准则。具体到尊重农民利益问题，经典作家有过诸多论述。马克思指出："促进土地的私有制向集体所有制过渡，让农民自己通过经济的道路来实现这种过渡；但是不能采取得罪农民的措施，例如宣布废除继承权或废除农民所有权……尤其不能像在巴枯宁的革命进军中那样用简单地把大地产分给农民以扩大小块地产的办法来巩固小块土地所有制。"⑤恩格斯指出："我们对待农业居民的政策整个说来是：凡是有大地产的地方，租佃者按其和工人的关系来说是资本家，我们就应当采取维护工人利益的行动；凡是地块不大的地方，租佃者虽然名义上也是小资本家或小私有者（如像法国和德国部分地区那样），但是实际上，他们通常也落到像无产者一样贫困的地步，在这种情况下，我们就应当采取维护他们利益的行动。"⑥恩格斯还指出："我们只能向他们许诺，我们不会违反他们的意志而强行干预他们的财产关系。"⑦列宁指出，千百万群众走向社会主义和共产主义，"不能直接凭热情，而要借助于伟大革命所产生的热情，靠个人利益，靠同个人利益的结合，靠经济核算"⑧。革命时期，毛泽东指出，"一切空话都是无用的，必须给人民以看得见的

---

① 《马克思恩格斯全集》第 1 卷，人民出版社，1995 年版，第 187 页。
② 《马克思恩格斯选集》第 3 卷，人民出版社，1995 年版，第 209 页。
③ 《马克思恩格斯文集》第 1 卷，人民出版社，2009 年版，第 286 页。
④ 《马克思恩格斯选集》第 4 卷，人民出版社，1995 年版，第 250 页。
⑤ 《马克思恩格斯选集》第 3 卷，人民出版社，1995 年版，第 287 页。
⑥ 《马克思恩格斯全集》第 33 卷，人民出版社，1973 年版，第 245 页。
⑦ 《马克思恩格斯选集》第 4 卷，人民出版社，1995 年版，第 500 页。
⑧ 《列宁选集》第 4 卷，人民出版社，1995 年版，第 570 页。

物质福利"①,强调要"对被领导者给以物质福利,至少不损害其利益,同时对被领导者给以政治教育。没有这两个条件或两个条件缺一,就不能实现领导"②。因此,首先应该在利益实现上更加全面地反映和表达人民大众的各个方面的需要和愿望,包括经济利益、政治利益、文化利益、社会利益等。

土地是农民的命根子,是农民的根本利益,土地问题是党解决农民问题的中心问题。在大革命时期,党逐渐认识到农民的"倾向与要求也已日渐明显起来:废除苛捐杂税,打倒土豪劣绅,并且要求群众自己的革命政权之建立,要求彻底肃清中国封建制度的残余,改变旧的土地关系","要求取消一切债务,铲除一切豪绅地主的权力"③。1925年10月,中共中央扩大会议第一次在党内提出农民土地问题,把"满足农民土地要求,实行耕地农有"列入党的纲领。1927年,江西的赣西一带等地区,农民的斗争都进入了"耕地农有"解决土地问题的阶段,取得了重大进展。1927年3月16日,毛泽东在参与起草的《对农民宣言》中认识到:"中国的农民问题,其内容即是一个贫农问题",同时,"贫农问题的中心问题,就是一个土地问题"④,贫农问题不解决,革命终将没有完成的一日。土地革命时期,党运用革命手段变封建土地所有制为农民所有,解决了农民土地所有权,在分田中,实行"抽多补少,抽肥补瘦"的原则,从而保障了贫苦农民在土地革命中获得最大利益。在井冈山斗争时期,毛泽东同志领导工农红军开始了土地革命,"收拾金瓯一片,分田分地真忙"。为解决农民的土地问题,先后颁布了《井冈山土地法》、《兴国土地法》,以立法的形式肯定了农民以革命手段获取土地的权利。在1931年2月,毛泽东在给江西省苏维埃政府的指示信中,规定了农民分得的田私有,土地可由农民自由处置,产品自由处理。这极大调动了农民的积极性,促进了农民对党的信任,提高了党在人民心中的威信。土地革命使广大贫苦农民获得赖以生存的土地,根据地人民的生活需要得到了保障。抗日战争时期,实行减租减息,也最大限度地保障了农民利益,为抗日战争的胜利创造了充分的条件。1946年5月4日,中共中央发出《关于土地问题指示》(即"五四指示"),宣

---

① 《毛泽东文集》第2卷,人民出版社,1993年版,第467页。
② 《毛泽东选集》第4卷,人民出版社,1991年版,第1273页。
③ 华岗:《中国大革命史》,文史资料出版社,1982年版,第283页。
④ 中共中央文献研究室:《毛泽东年谱》上卷,人民出版社、中央文献出版社,1993年版,第199页。

布"坚决拥护群众在反奸、清算、减租、退租、退息等斗争中从地主手中获得土地，实现耕者有其田"，"五四指示"揭开了解放区土地改革的序幕。《中国土地法大纲》规定："废除封建性及半封建性剥削的土地制度"；"乡村中一切地主的土地及公地，由乡村农会接收，连同乡村中一切土地，按乡村全部人口，不分男女老幼，统一平均分配"。1947 年 12 月 25 日毛泽东在陕北米脂召开的中共中央会议上作了《目前形势和我们的任务》的报告，正确分析和总结了人民解放战争的形势，提出"依靠贫农、巩固地联合中农，消灭地主阶级和旧式富农的封建和半封建的剥削制度"的改革方针。土地改革运动极大地调动了农民的革命热情，他们纷纷参军或支援前线。解决农民的土地问题，围绕土地改革广泛地教育、动员、组织群众，造成坚实的群众基础和物质基础，极大地调动了农民的积极性，掀起了农村革命的高潮，是夺取革命胜利的关键一环。

土地政策在新中国成立以来不同历史时期有不同的表现。新中国初期，实行土地改革，废除封建地主土地所有制，建立农民土地所有制，逐步消除土地剥削制度。1951—1956 年，党和政府鼓励农村合作化运动，农民土地所有制基本过渡到农民集体土地所有制，最终建立了农民集体土地所有制。从 1958—1978 年，党通过人民公社化运动，农民集体土地所有制很快过渡到公社集体土地所有制。1978 年党的十一届三中全会通过《农村人民公社工作条例（试行草案）》中规定："保护人民公社各级所有权"，坚持人民公社制。1978 年 12 月 22 日中共中央通过的《加快农业发展若干问题的决定（草案）》仍坚持土地公社集体所有制。1980 年 9 月中共中央发出的《关于进一步加强和完善农业生产责任制的几个问题》中充分肯定专业联产承包计酬责任制和包产到户的做法。1982 年 12 月 4 日，《中华人民共和国宪法》恢复了原来的乡、镇、村体制，标志着人民公社开始解体。在中央推动下，包产到户、包干到户的形式成为主流。到 1983 年底，全国实行家庭承包的生产队已占到总队数的 97.8%。这标志着土地公社集体所有制瓦解，家庭联产承包责任制在全国范围确立。总之，党在各个时期始终坚持把握农民的土地问题作为农民的核心利益并予以积极解决农民的利益诉求。

2. 组织起来是主要手段

组织起来是马克思主义解决农民问题的主要手段。马克思指出："小农人数众多，他们的生活条件相同，但是彼此间并没有发生多种多样的关系。他们的生产方式不是使他们互相交往,而是使他们互相隔离。……数百万家庭的经济生活条件使他们的生活方式、利益和教育程度与其他阶级的生活方式、利益和教育程度各不相同并互相敌对,就这一点而言,他们是一个阶级。而各个小农彼此间只存在地域的联系,他们利益的同一性并不使他们彼此间形成共同关系,形成全国性的联系,形成政治组织,就这一点而言,他们又不是一个阶级。因此,他们不能以自己的名义来保护自己的阶级利益,无论是通过议会或通过国民公会。他们不能代表自己,一定要别人来代表他们。"①恩格斯也指出:"凡是除农民之外还有贵族继续存在的地方,例如在德国,农民就完全和小资产者一样,处于贵族和资产阶级两面夹攻的地位。他们要想使农业利益不致受到日益强大的工商业的侵害,就得投靠于贵族。他们要想使自己不致被贵族特别是资产阶级地主的竞争所压倒,就得投靠于资产阶级。他们到底归附于哪一边,这要看他们的财产状况。"②毛泽东在《论人民民主专政》中指出:"严重的问题是教育农民。农民的经济是分散的,根据苏联的经验,需要很长的时间和细心的工作,才能做到农业社会化。"③中国共产党通过农民协会、贫农或农民团等群众集体性团体把农民组织起来,改变了传统社会组织结构,提高了农民组织和农民觉悟程度,使农民在各种斗争实践中得到了实践锻炼。

以农民协会为例,大革命时期,中共上海发起组成员沈玄庐到浙江萧山衙前村进行宣传鼓动工作,并在1921年9月成立了党领导的第一个农民协会。1925年,毛泽东在湖南韶山组织起了农民协会。随着革命实践的逐渐深入,党更加深刻认识到发动农民运动的重要性。毛泽东要求"要有大批的同志,立刻下了决心,去做那组织农民的浩大的工作。要立刻下了决心,把农民问题开始研究起来。要立刻下了决心,向党里要到命令,跑到你那熟悉的或不熟悉的乡村中间去,夏天晒着酷热的太阳,冬天冒着严寒的风雪,搀着农民的手,问他们痛苦些什么,问他们要些什么。从他们的痛苦与需要中,引导他们组织起来"④。1924年11月19日发布的《中共中央第四次对于时局的主张》提出要重视农民协会和农

---

① 《马克思恩格斯选集》第1卷,人民出版社,1995年版,第677页。
② 《马克思恩格斯全集》第4卷,人民出版社,1958年版,第56页。
③ 《毛泽东选集》第4卷,人民出版社,1991年版,第1477页。
④ 《毛泽东文集》第1卷,人民出版社,1993年版,第39页。

民武装。1927年3月30日,湖南、湖北、江西、河南四省农民代表在武汉举行联席会议,成立全国农民协会临时执行委员会。毛泽东、谭平山、彭湃、方志敏和邓演达等13人被推为执行委员。由共产党人彭湃等领导的海陆丰农民运动更加扩大,成为全国农民运动的先锋。从1924年7月到1926年9月,在共产党人彭湃、罗绮园、阮啸仙、谭植棠、毛泽东相继主持下,先后举办了六届农民运动讲习所,为广东和全国20个省区培训了700多名农运骨干,有力地推动了全国农民运动的发展。到1927年3月底,农会组织已遍及粤、湘、鄂、赣、豫、陕、皖、川、闽、浙、苏、直、鲁、桂、冀、察、绥等省,有组织的农民达800万人。农民运动"把几千年封建地主的特权,打得个落花流水。地主的体面威风,扫地以尽。地主权力既倒,农会便成了唯一的权力机关,真正办到了人们所谓'一切权力归农会'"①。"在农民协会的领导下,广大农民还着手建设新农村,如兴办教育,设农民学校,普及文化,教唱革命歌曲;改革农村的陈规旧俗,禁赌和禁吸鸦片;新年娱乐,除龙灯狮子外,还新增演讲会,提灯会,群众大游行;也组织农民筑堤坝,修道路,垦荒地;以及建立消费、贩卖、信用合作社,等等。"②农民协会组织"这种惊人的加速度的发展,是所以使一切土豪劣绅贪官污吏孤立,使社会惊为前后两个世界,使农村造成大革命的原因"③。同时农会通过兴办农村学校,鼓励农村教育,领导农民进行思想文化斗争,冲击了农村旧思想,一定程度上打破了束缚农民思想的封建精神枷锁,对农民起到了思想启蒙和宣传教育的作用。井冈山时期根据地农民思想政治教育主要围绕打土豪分田地以及建立武装和政权的目标进行,"真心实意地为群众谋利益,解决群众的生产和生活的问题,盐的问题,米的问题,房子的问题,衣的问题,生小孩子的问题,解决群众的一切问题。我们是这样做了么,广大群众就必定拥护我们,把革命当作他们的生命,把革命当作他们无上光荣的旗帜"④。

　　新中国成立后,我党按照由个体分散的小农户生产到统一的集体化规模生产的思路,采取了循序渐进的"三步走"的步骤。第一步,按自愿、互利的原则,号

---

① 《毛泽东选集》第1卷,人民出版社,1991年版,第14页。
② 沙健孙:《在大革命的洪流中》,湖南教育出版社,1996年版,第477页。
③ 《毛泽东选集》第1卷,人民出版社,1991年版,第23页。
④ 《毛泽东选集》第1卷,人民出版社,1991年版,第138—139页。

召农民组织带有社会主义性质的,几户或十几户的农业生产互助组。互助组可以说是江西农村合作经济组织最初的萌芽形式。第二步,建立初级农业生产合作社。第三步,在初级社的基础上,进一步组织大型的完全的社会主义性质的高级社。从 1962 年开始,农村人民公社经过调整,最终确定以公社、大队、生产队所有制为基础的三级所有制。改革开放后,随着农村体制环境与政策环境的变化,农村合作组织又迅速发展起来,并呈现出蓬勃发展的态势。在 1983 年,党中央在一号文件《当前农村经济政策的若干问题》中进一步提出在农村发展合作经济。1984 年,中共中央一号文件又对政社分设以后的农村经济组织发展,提出了明确的指导方针。通过把农民组织起来,有效解决了农民分散化问题。

3. 围绕中心是重要指针

始终围绕党的中心任务开展农民思想政治教育工作,是中国共产党思想政治工作的优良传统,也是中国共产党教育农民的基本规律。党的中心任务是党根据一定历史阶段的社会主要矛盾,确定的在某一特定历史阶段所需要执行、完成的中心工作。党的中心任务是整体性的、全局性的、根本性的工作。党的中心任务决定农民思想政治教育的内容、目标和任务。政治工作的任务只能根据基本任务与当前具体任务去规定,不能在基本任务与当前具体任务以外再有所谓政治工作的独立任务。农民思想政治工作就是以革命精神教育改造农民,从思想上、政治上与组织上去保证基本任务的完成。另一方面,农民思想政治教育工作的开展对党的中心工作的完成也有巨大的影响和促进作用。

毛泽东指出:"农民不起来参加并拥护国民革命,国民革命不会成功。"[1]大革命时期,党对农民的教育围绕着用马克思主义教育和武装农民,通过启迪农民的民族认同意识与阶级意识来实现反帝反封建这个中心任务来展开。土地革命战争时期,党对农民的教育围绕着开展土地革命和武装斗争,实现农村包围城市武装夺取全国政权这中心任务,使农民教育与目前革命斗争联系起来,"使文化教育社会化政治化"[2],并使农民教育"如实地反映出苏维埃的实际,真正为党与苏维埃政府所提出的具体任务而斗争"[3]。抗日战争时期,党对农民的教育围绕

---

① 《毛泽东文集》第 1 卷,人民出版社,1993 年版,第 37 页。
② 《中央革命根据地史料选编》下卷,江西人民出版社,1982 年版,第 584 页。
③ 《苏区文艺运动资料》,上海文艺出版社,1985 年版,第 266 页。

克服困难、实现民族解放这一中心任务展开。中共中央根据当时农民分散的特点,创造了多种多样的扫盲教育形式,突出和强化对农民政治知识、军事知识以及生产知识的普及和提高,使农民能够积极参加支援前线的工作。总之,一切为着战争的原则下,一切文化教育事业,均应使之适合战争的需要。解放战争时期,党对农民的思想政治教育围绕土地改革、恢复生产和支前参战展开,使广大农民的思想政治觉悟和文化素质空前提高。

新中国成立后,党对农民的思想政治教育主要围绕着社会主义建设的基本任务来展开的。新中国成立初期,如何组织、动员占人口绝大多数的农民走社会主义道路,如何使农民成为实现社会主义现代化的重要力量,成为党和政府思考农民教育问题的重要课题。土地改革完成以后,国家开始了对农业的社会主义改造,"使我国五亿多农民实行社会主义改造这样一种惊天动地的事业,不可能是在一种风平浪静的情况下出现的,它要求我们共产党人向着背上背着旧制度包袱的广大的农民群众,进行耐心的生动的容易被他们理解的宣传教育工作"①。把落后的小农引上合作化道路,使农民由传统社会下的小生产者成为社会化大生产条件下的劳动者。农业集体化也壮大了集体经济的实力,集体化时期开展的大规模农田基本建设和兴建的大批水利灌溉设施,为改革开放以后农业经济的腾飞打下了坚实的基础。改革开放以后,党主要围绕以经济建设为中心这一根本任务,大力开展社会主义初级阶段总路线的教育,通过实行家庭联产承包责任制,把农民引导到社会主义大建设的潮流中来,取得了良好的成效。

4. 灌输改造是根本方法

灌输论是马克思主义的精华。马克思在《黑格尔法哲学批判导言》中指出:"哲学把无产阶级当作自己的物质武器,同样,无产阶级也把哲学当作自己的精神武器;思想的闪电一旦彻底击中这块素朴的人民园地,德国人就会解放成为人。"②这一论述,实际上是从德国的角度提出了对人民进行先进思想灌输的任务,可以说是列宁"灌输"论的先声。列宁强调:"阶级政治意识只能从外面灌输给工人,即只能从经济斗争外面,从工人同厂主的关系范围外面灌输给工人。"③

---

① 《毛泽东文集》第6卷,人民出版社,1991年版,第460页。
② 《马克思恩格斯选集》第1卷,人民出版社,1995年版,第15页。
③ 《列宁选集》第1卷,人民出版社,1995年版,第363页。

"所谓教育'不问政治',教育'不讲政治',都是资产阶级的伪善说法。"①对于农民来说,农民天生的小农意识和私有观念决定了农民不可能自发地产生马克思主义和无产阶级思想,"至于农民,他们更是分散在全国各地,没有受教育的机会"②。"作为未来的无产者,他们本来应当乐意倾听社会主义的宣传。但是他们那根深蒂固的私有观念,暂时还阻碍他们这样做。"③因此,必须用灌输的方法才能对农民加以改造。毛泽东提出了必须通过经常性的无产阶级意识教育来克服农民思想狭隘性的毛病,对农民加以无产阶级思想领导,他说:"我们感觉无产阶级思想领导的问题,是一个非常重要的问题。边界各县的党,几乎完全是农民成分的党,若不给以无产阶级的思想领导,其趋向是会要错误的。"④他指出,由于农民小生产的特点,使农民的政治眼光受到限制,因此,"应该长期地耐心地教育他们,帮助他们摆脱背上的包袱,同自己的缺点错误作斗争,使他们能够大踏步地前进"⑤。

大革命时期,在对农民进行教育的过程中,党特别注重采取农民喜闻乐见、丰富多样的形式展开宣传教育工作。一是宣传方法上要革新。1926 年 9 月中国共产党第三次中央扩大执行委员会在《农民运动决议案》中指出,"一切鼓动宣传,当以农民实际生活痛苦为出发点,切忌广泛的宣传及机械式、讲义式的训话"⑥。各地农会利用演讲、标语、口号、演出、刊印壁报等方式来鼓动农民群众。如 1922 年彭湃在海陆丰领导农民运动,就非常注意结合农民的实际做教育宣传工作,他把革命道理用方言编成歌谣演唱,还借魔术表演吸引农民并向农民做生动的政治宣传等。二是大量使用宣传出版品教育农民。这一时期,除各种壁画、标语、宣传大纲以外,还大量出版小丛书和定期出版刊物。小丛书如《农民协会章程与农民自卫军组织大纲》、《国民政府对于农民运动第一、二次农民宣言》等4 种;丛书《告农民书》、《农民合作》、《全国农民运动近况》、《社会主义与农业问题》等 11 种;期刊如《农民运动》周刊、《中国农民》月刊以及《犁头周报》等;农民

---

①　《列宁全集》第 39 卷,人民出版社,1986 年版,第 400 页。
②　《马克思恩格斯全集》第 10 卷,人民出版社,1998 年版,第 36 页。
③　《马克思恩格斯选集》第 4 卷,人民出版社,1995 年版,第 488 页。
④　《毛泽东选集》第 1 卷,人民出版社,1991 年版,第 77 页。
⑤　《毛泽东选集》第 3 卷,人民出版社,1991 年版,第 849 页。
⑥　《中共党史参考资料》(2),人民出版社,1979 年版,第 319—326 页。

问题丛刊如《革命政府对农民运动宣言》《湖南农民运动目前的策略》《农民合作概论》《中国农民问题研究》等 52 种。① 三是创办教育提高农民文化水平。在农民运动如火如荼进行中,农民自身表现出极大的政治热情,农民自身也意识到文化程度普遍不高制约发展,农民通过农民协会表达了自身的最低限度政治经济要求,表现在教育层面就是要求"普及义务教育免收学杂费,由县政府拨款办理农民补习教育"等。② 针对农民的实际情况,采取办农民夜校、识字班等形式提高农民的思想文化素质,如 1922 年彭湃在海陆丰地区创办了农民学校,1925 年毛泽东在湖南韶山创办了 20 多所农民夜校。其他各地也普遍开办了小学、农民夜校、识字班和其他职业学校。通过对农民实行灌输,提高根据地农民的文化水准,帮助农民克服保守落后意识,提高农民的组织程度和觉悟程度,教育农民行使自己的政治权利,它使广大农民在学习和接受教育的过程中逐步确立起来马克思主义的无产阶级思想政治素质,使我们党领导的新民主主义革命"获得百分之八十以上人民的拥护和赞助的"③。新中国成立后,党选择了政治运动这一重要的实践方式,如土改运动、扫盲运动、大跃进运动、人民公社化运动、社会主义教育运动等,不同运动有不同的内容、不同的形式,但都以运动的方式改造人们的思想和世界观,把灌输改造方法发挥到了极致。虽然说把政治运动当成教育的主要载体,给当时社会秩序造成了混乱,但是党对农民的广泛政治动员经验以及农民的参与激情还是值得肯定的。

以上分析表明,在革命年代里,中国共产党相信农民,依靠农民,尊重农民,给农民以土地,保障农民的权益。同时又针对农民思想自身存在的问题,始终坚持用无产阶级的思想改造农民、教育农民,从而使农民从小资产阶级转变为无产阶级的先锋战士和社会主义的建设者。党在教育农民改造农民思想方面所积累的历史经验,对当前我国农民思想教育也有着重要的启示作用。新中国成立以后,如何解决农业、农村和农民的现代化,一直成为执政的中国共产党面临的艰

---

① 广东农民运动讲习所旧址纪念馆:《广东农民运动资料选编》,人民出版社,1986 年版,第 200—202 页。

② 《中国共产党湖南区第六次代表大会宣言》,《第一次国内革命战争时期的农民运动资料》,人民出版社,1983 年版,第 393—395 页。

③ 《毛泽东文集》第 2 卷,人民出版社,1993 年版,第 383 页。

巨任务。党也一直在努力缩小"三大差别",特别是城乡和工农差别,想了很多办法,也走了很多弯路,付出了很大的代价。面对任务与挑战,只要我们始终坚持把尊重农民利益作为我们工作的出发点和落脚点,坚持把农民组织起来,坚持灌输改造与引导相结合的根本方法,始终围绕党的中心任务来解决"三农"问题,就一定能交上一份满意的答卷。

二、新时期政府促进农民政治意识良性发展的思路

(一)制度层面

尊重、保障和实现公民的基本权利和自由,既是现代政党执政与政府政治行为取得合法性的依据所在,同时也是政治系统有效性的体现,这已成为当今世界各国普遍认同的国际准则。所谓有效性是指"实际的行动,即在大多数居民和大企业或武装力量这类有力量的团体看政府的基本功能时,政治系统满足这种功能的程度"[①]。恩格斯指出,我们应当"结束牺牲一些人的利益来满足另一些人的需要的状况;彻底消灭阶级和阶级对立;通过消除旧的分工,通过产业教育、变换工种、所有人共同享受大家创造出来的福利,通过城乡的融合,使社会全体成员的才能得到全面发展"[②]。社会成员共享社会发展的成果,既是现代社会文明的标志,也是现代化进程中的客观需要。美国著名权利学家德沃金认为"需要特殊保护的是个人而不是社会",即对于政府的权力及其滥用,个人是脆弱的。在大多数社会里,给予弱势群体以明确的法律保护,是因为这些群体的成员自我保护的能力较弱,而给予个人以更多的权利保护[③]。因此,政治体系要高度关注公民个人权利,关心和尊重公民的利益诉求,注重利益分配的均等平衡。

改革开放以来,党和政府出台了一系列关于惠农政策和权利的系列文件,如废除人民公社制度,推进村民自治发展;城乡居民选举中的"同票同权";建立统

---

① [美]西摩·马丁·李普塞特:《政治人——政治的社会基础》,张绍宗译,上海人民出版社,1997年版,第55页。

② 《马克思恩格斯选集》第1卷,人民出版社,1995年版,第243页。

③ [美]罗纳德·德沃金:《认真对待权利》,信春鹰、吴玉章译,中国大百科全书出版社,1998年版,第357页。

筹城乡发展制度,旨在财政、户籍、教育、文化、卫生、医疗、就业、社会保障、公共设施建设等各领域打破现行的城乡分割的体制,促进并实现城乡经济社会发展一体化,这就意味着在制度上赋予广大农民同城市居民同样的平等民权等,在实践中也取得了良好的效果。但是现实中农民享有的土地财产权、公共产品享有权以及户籍、教育、文化、卫生、医疗、就业、社会保障等权利仍然还不够充分;农民为维护正当利益诉求与分配的政治参与、政治表达与政治监督等维权行为得不到有效保护,经常受到侵害。比如,国家在法律、政策上都规定了农民的土地承包经营权利,赋予农民对涉及自身利益重大决策的知情权、参与权和表决权。但农民很难有权力、有机会、有渠道充分地表达自己的意愿和实施自己的行为。为什么会出现这种偏离呢?根本点在于在行政赋权的制度结构中,农民通常是处于被动和从属状态,行政赋权不是源于农民自我规定性的权利意识,而是具有政策指导性的权利,因而最终难以保障农民完成向现代性的转变。而在法治赋权的制度结构中,就是用法律来赋权农民并给予制度化支持。法律是一种能够兼容赋权和治权的制度,对农民的权利保障具有重要意义。因此,为了有效引导农民政治意识良性发展,尊重和保护农民的合法的正当权益不受侵犯,就必须在城乡统筹发展的新时期中,确立农民作为国民和中国公民的主体性地位,也确立农民在社会主义建设中的主人翁地位。在宪法中进一步确认公民的知情权、参与权和表达权,并相应制定一系列法律法规切实保障民众基本权利的实现,进一步推动农民的民主选举、民主决策、民主管理、民主监督等各项制度,正确引导农民的自我管理、自我教育和自我发展行为,突出农民的主体性、自觉性,以推动农民政治意识的良性发展。

(二)组织形式层面

在中国,"最软弱无力的集团"主要就是农民群体,而造成农民处于社会结构金字塔底端的深层次原因,很重要的一条就在于广大农民不是以组织化的形态,而是一个个单独地面对一套国家机器和社会各利益集团。[①] "创造农民协会是一种政治行动。最经常、最有效地采取这一行动的是那些政党,他们关心通过农

---

① 闫威、夏振坤:《利益集团视角的中国"三农"问题》,《当代财经》,2003 年第 5 期;《新华文摘》,2003 年第 12 期。

民组织的机制来动员农民拥护他们,并把农民牢牢同自己团结在一起。在进行现代化的国家里,几乎每一个强有力的政党都同一个农民组织紧密联系着。这样的农民组织显然是为政党领导人的利益服务,但他也为农民的利益服务。……总之,改革只有在组织起来以后才能成为现实。农民的组织是政治组织。有了有效的政党,才会有有效的农民组织。"①可见,只有把农民组织起来,形成更高层次的利益共同体,才能从根本上改变农民在利益结构、利益博弈和利益分配格局中的弱势地位。

农村合作组织作为农村的一种经济组织形态,在我国改革开放前就已经存在并对农民产生了重大影响,随着农村联产承包责任制的分散经营模式推进而逐渐消解。20世纪80年代开始的农村联产承包责任制大大地促进了农民的生产经营的积极性,农村的劳动生产效率因而空前的提高,但也带来了农民的离散状态。随之而来的是经济发展也受到反作用冲击,农民的规模化生产、经营、技术普及、推广,生产资料的优化组合等,都因为这种离散状态而无法实现。这种分散状态还进一步导致了农民自身权利的难以保障,基层政府、垄断部门和农村的各种集团势力利用农民的分散状态对农民进行利益剥夺,而农民因为自身抵抗能力不强,缺乏利益维护集团的有效保护,经常受到利益侵害。因此,农村的这种离散状态已经成为农村经济以及政治文化发展的障碍,在现有的经济制度框架下,必须改善现有的农村组织结构才能使农村有所发展。如何把农户和市场有效联结起来,从发达国家的实践看,就是大力发展农村中介组织,通过农村社会合作组织引导和帮助农户走上专业化、社会化、一体化、集约化经营之路,形成较大的区域规模和产业规模,产生聚合规模效应,倚仗农村社会合作组织来防范各种风险,从而引导农民致富。改革开放后,随着农村体制环境与政策环境的变化,农村合作组织又迅速发展起来,并呈现出蓬勃发展的态势。在1983年,党中央在一号文件《当前农村经济政策的若干问题》中进一步提出在农村发展合作经济。此后,以土地公有为基础的地区性合作经济组织逐渐组建并发展起来。这种新型农村合作组织是农民自主选择的结果,以市场化为导向的变迁路径是未来农民合作的基本路径。

---

① [美]塞缪尔·亨廷顿:《变动社会的政治秩序》,上海译文出版社,1989年版,第427页。

（三）治理结构层面

美国政治学家多伊奇指出，社会动员是"人们所承担的绝大多数旧的社会、经济、心理义务受到侵蚀而崩溃的过程；人们获得新的社会化模式和行为模式的过程"①。社会动员的结果是"他们不仅……提出各种要求，而且渴望参与中心领域、中心的象征和中心的外围的定型。伴随现代化的来临而产生的主要社会运动，不论它是民族的、文化的还是社会的，都不同程度地呈现出一种广大阶层日益参与中心领域的趋势"②。基于上述状况，中心制度就必须把这些群体迅速纳入到中心领域中去，以提高社会的整合程度。在市场经济发展的背景下，由于市场主体的多元化，利益需求的多样化，原来取代人民公社治理模式的"乡政村治"的治理模式，由于治理主体单一，显然落后市场发展的需要，嵌入市场因素的乡村治理模式成为乡村治理的趋势和必然。乡村治理模式逐渐由单一主体和部门能够解决好问题的时代转向由政党组织、政府组织、商业组织、公民组织、利益团体和个人等多个治理主体、多种因素共同作用的一个系统工程，从而构建政府、市场、公民共同参与和通过对话、协商、谈判、妥协等集体选择和集体行动等多种治理手段共用的治理模式。随着乡镇政府、村级组织、新型农民合作经济组织以及非政府性社会组织共同参与乡村治理的形式出现，推动了农村治理模式的变迁，这种变迁是中国农村推行市场取向的经济制度和民主取向的政治制度变迁的必然的产物，"它从根本上改变着中国农村的治理结构和治理状况，从总体上推进了农村的民主和善治"③。

（四）教育方式层面

灌输教育作为我国思想政治教育的传统方法，长期以来为我党团结和教育农民产生了巨大作用。农民阶级有着固有的缺陷，他们生活于其中的落后的小生产方式使"他们不能以自己的名义来保护自己的阶级利益"④，"农民至今在

---

① 艾森斯塔德：《现代化：抗拒与变迁》，中国人民大学出版社，1988年版，第2页。
② 艾森斯塔德：《现代化：抗拒与变迁》，中国人民大学出版社，1988年版，第17页。
③ 俞可平：《中国农村的民间组织与治理的变迁——以福建省漳浦县长桥镇东升村为例》，《中国社会科学季刊》，2000（夏季号）。
④ 《马克思恩格斯选集》第1卷，人民出版社，1995年版，第677页。

多数场合下只是通过他们那种根源于农村生活闭塞状况的冷漠态度而证明自己是一个政治力量的因素"①。"作为未来的无产者，他们本来应当乐意倾听社会主义的宣传。但是他们那根深蒂固的私有观念，暂时还阻碍他们这样做。"②因此，必须对其实行思想灌输。毛泽东始终强调"严重的问题是教育农民"，始终坚持从农民的实际需要出发，坚持教育与生产劳动相结合的基本原则，对农民进行思想灌输，把农民引导到正确的革命道路上来。可见，在战争年代，由于残酷的革命斗争的需要以及争取农民的需要，对农民实行思想灌输在整个革命年代的思想政治教育中显得非常重要，同时也为今天的农民政治意识教育提供了宝贵的精神财富。

如前所述，随着社会主义市场经济的发展，我国农民政治意识状况发生了很大的变化，如果完全采用传统灌输的方法去做新形势下的农民教育工作，是适应不了新形势新任务提出的新要求。当代中国农民政治意识走向何方，是多种因素共同作用的结果，如何促使当代中国农民政治意识向更加良性方向发展，需要我们加强正确引导，即如何在农民政治意识发展和农村有序发展中寻求一个最佳平衡点。因此，下面我们重点分析了当代中国农民政治意识的走向的引导原则，以便在实际操作中遵循这些原则促进当代中国农民政治意识走向良性发展，进而促进农村和谐有序发展。

一是坚持趋利避害与强弱有序相结合的原则。"趋利避害"最早出自汉代霍谞《奏记大将军梁商》："至于趋利避害，畏死乐生，亦复均也。"③意思是说，要充分利用有利条件，避开不利的条件，向着有利的方面发展。如前所述，农民政治意识走向的两种趋势都有其影响因素和制约条件，因此，在实际操作中要充分利用有助于促进农民政治意识良性发展的有利条件，避开其不利的条件，使得农民政治意识走向纳入到政治体系可控范围，从而促进其向着有利的方面发展。另一方面，在引导中，还需坚持强弱有序、交叉进行的原则。由于农民政治意识内涵和外延处于不断变动中，农民政治意识本身还存在低级、中级、高级或者简单、复杂这样一个发展阶段，存在生成阶段、扩张阶段以及成熟阶段的发展历程；此

---

① 《马克思恩格斯选集》第 4 卷，人民出版社，1995 年版，第 484 页。

② 《马克思恩格斯选集》第 4 卷，人民出版社，1995 年版，第 488 页。

③ 霍谞：《奏记大将军梁商》。

外,农民政治意识水平还存在不同区域、不同时段、不同阶层等不平衡性。因此,在实际操作引导中,自然存在强引导和弱引导之分;一般来说,从时段来看,在农民政治意识生成阶段要坚持强引导原则,在农民政治意识扩张时期也要坚持强引导原则,一旦农民政治意识走向成熟时期,一般来说可以坚持弱引导;从阶层来看,对于农民阶层中村务管理者阶层、私营企业主、退伍军人、乡村知识分子等农村精英,由于其政治意识水平相对较高。因此,可实行弱引导原则,而对于其他阶层,应实行强引导原则。当然,到底是强引导还是弱引导,还要具体问题具体分析。

二是坚持循序渐进与稳中求进相结合的原则。"循序渐进"最早出自《论语·宪问》:"不怨天,不尤人,下学而上达,知我者其天乎?"[1]朱熹注:"此但自言其反己自修,循序渐进耳。"[2]其本意是指学习工作等按照一定的步骤逐渐深入或提高。对农民政治意识的引导,实际上涉及做人的思想政治工作,在实行农民政治意识引导中要坚持循序渐进的原则,不可能一蹴而就,不可能一刀切,急躁不得,马虎不得。因此,要讲求实效,注重质量,循序渐进。在思想引导过程中,我们要一步一个脚印,不断巩固已取得的成果,防范农民政治意识变动中的不确定因素,密切跟踪,分析新情况新问题,审时度势,及时灵活地采取相应对策,稳中求进,避免出现大的起落,从而有效达到农村有序发展目标。

三是坚持重点突破与综合治理相结合的原则。如前所述,农民政治意识自身发展存在不平衡性和阶段性等特点。因此,在引导过程中我们要坚持重点突破的原则,抓住主要矛盾的主要方面,正确引导重点地区、重点时段等农民政治意识的良性发展。此外,引导农民政治意识良性发展是一个长期的系统工程,我们还必须坚持农民政治意识引导问题上的综合治理原则。坚持综合治理原则是党和国家解决社会治安问题的战略方针。借用到农民政治意识引导问题上来,意味着必须长期坚持下去,坚持疏防并举,标本兼治、重在治本的方针,坚持"谁主管谁负责"的原则,各职能部门各自承担自己的责任和共同责任最终实现农村社会稳定的政治局面。

---

[1] 《论语·宪问》。
[2] 朱熹:《四书集注》。

四是坚持从实际出发和尊重农民主体性相结合的原则。在政治教育过程中,农民对教育内容和教育信息的接受并不是消极、被动的,而是按照自己的兴趣需要、价值标准和审美情趣积极、主动地加以选择和接受的。"广大农民群众是推动生产力发展最活跃、最积极的因素。充分发挥广大农民群众的主体作用,是确保建设社会主义新农村成功的关键。"①因此,必须尊重他们的接受主体地位,要着眼于挖掘群众的内在动力,调动其内在积极性,让他们在交流中接受信息,在讨论中接受启发,在参与中接受教育,实现从思想灌输到思想引导的教育方式转变。"农民主体性是农民作为活动主体的质的规定性,是在与客体相互作用中得到发展的农民的自觉能动性和创造性的特征。"②新时期的农民教育与整合必须从农村实际出发,以农民为本,尊重农民意愿,尊重农民的主体地位,从而引导农民政治意识良性发展。

三、基于农民政治意识变迁的政府治理创新

基于农民意识的既有特点以及农民政治意识的自主、多元、理性等新的变化,需要政府依据变化了的农村实际和农民的思想意识,进行制度创新,以农民政治需求为导向,兼顾有效性与合法性并寻找二者最佳的结合点;增强回应性、服务性和责任性,以满足农民的政治诉求;通过具体制度安排,赋权于农民,使农村各种利益相关者能够参与决策,共同管理公共事务,从而建构农村和谐有序发展的长效机制,实现政府有效治理与善治。

（一）实现分类治理

基于农民阶层分化以及由此带来的农民政治意识的分化状况,要求政治体系加强顶层设计,地方政府要以农民政治需求为导向,增强回应性,实行分类治理,促进政治发展。

首先,尊重并理解不同阶层农民的政治、经济诉求,正视农民内部出现的阶层分化。要从保持和发展农村社会活力、追求社会效率的角度出发,保护优势阶

---

① 《十六大以来重要文献选编》下,中央文献出版社,2008 年版,第 288 页。
② 潘逸阳:《农民主体论》,人民出版社,2002 年版,第 129 页。

层的正当利益不受侵犯,充分考虑农村弱势群体阶层的利益,调动农村弱势阶层的主动性、积极性,让农村社会各阶层之间保持一种互惠互利的关系。其次,根据农民阶层的内部分化实施分类引导。以不同类别农民群体在职业背景、社会阅历、财产占有、受教育程度、活动空间及政治意识方面的显著差异为依据,进一步掌握各类农民群体关心的重要问题和思想症结,重点围绕农村政治精英、农村能人阶层、农民工阶层等三大类农民群体政治意识的关键点,设计不同的政治参与方式和途径,以满足农民的政治参与诉求,从而增强引导农民政治意识工作的针对性和实效性。第一类是以乡、村两级的基层干部,包括村民委员会、村党支部成员、村民小组长为基础的乡村管理者阶层,作为农村政治精英阶层,他们是农村政治、经济和社会生活的主要组织者,是国家各项方针、政策的执行者,是协调国家利益与农民利益的纽带与桥梁。因此,在实践中,要加大对乡村管理者的培训力度,提高他们依法管理村务的水平和能力,进一步发挥他们在引领农村经济发展、维护社会政治稳定中的中坚作用。第二类是以农村私营企业主、乡镇企业管理者阶层、退伍军人、乡村知识分子、农村经营大户等为核心的农村能人阶层。这部分人具有经济状况较好,文化知识水平较高,社会责任感强,思想意识超前,民主素质和参政议政能力较强的特点。作为农村新兴的政治精英阶层,他们政治参与欲望强烈,对农村基层民主政治建设影响较大。因此,在实践中,要进一步引导他们走向良性的政治参与,广开政治参与渠道,增加政治参与容量,满足这些阶层日益增长的政治参与愿望,促进农村政治有序发展。第三类是以进城务工农民为代表的农民工阶层,他们是中国农村社会分化过程中形成的一个特殊阶层。该阶层人数众多,据国家统计局数据显示,2011 年全国农民工总量达到 25278 万人,比上年增加 1055 万人,增长 4.4%。其中,外出农民工

15863 万人,增加 528 万人,增长 3.4%。① 尤其是新生代农民工②已经成为外出农民工的主体并且在整个经济社会中发挥着越来越大的影响,他们在"市民"和"农民"的身份认同中处于尴尬境地,他们的政治意识很强烈,但是他们的政治参与长期陷入边缘化的困境,③直接影响到社会发展进程。因此,在实践中,既要提升农民工阶层的政治意识水平,又要为他们提供必要的参与平台,更为重要的就是通过政治体制改革和政策调整,化解农民工参政议政存在的困境和问题,促进政治稳定和政治发展。总之,结合农民的普遍性政治需求和不同阶层农民的关注点,有针对性地开展引导,使引导能够获得广大农民的内心认同和积极参与,从而促进农村有序发展。

（二）完善法治赋权

基于农民群体与其他群体的利益变动失衡,需要政府加紧缩减对农民的行政赋权行为,抓紧推进对农民的法治赋权行为,尤其要加强科学有效的机制把对农民的行政赋权和法治赋权结合好,进而推动农民权利发展。

第一,尊重农民的主体地位,从制度层面确保农民真正享有公民权利。要保护广大农民政治参与的积极性,积极鼓励广大农民参与国家政治活动,扩大农民的民主政治权力,满足他们的政治参与愿望,增强农民对国家政治的认同感,必须作出相应的制度安排和政策设计,对农民政治参与活动进行保护、疏导和规

---

① 国家统计局:《2011 年我国农民工调查监测报告》,http://www.stats.gov.cn/tjfx/fxbg/t20120427_402801903.htm.

② 新生代农民工数量、结构和特点:(1)新生代农民工总人数为 8487 万,占全部外出农民工总数的 58.4%,已经成为外出农民工的主体。(2)与上一代农民工相比,新生代农民工文化素质整体较高;大多数人不再"亦工亦农",而是纯粹从事第二、三产业;就业主要集中在制造业,工作勤奋,仍是吃苦耐劳的一代。(3)新生代农民工在融入城市的过程中,还存在诸多问题。部分新生代农民工有较大的工作压力,对收入的满意度较低,在"市民"和"农民"的身份认同中处于尴尬境地。近一半的新生代农民工有在城市定居的打算,但是收入太低和住房问题成为制约新生代农民工在城市定居最主要的困难和障碍。
参见国家统计局:《新生代农民工的数量、结构和特点》,http://www.stats.gov.cn/tjfx/fxbg/t20110310_402710032.htm.

③ 农民工政治参与的边缘状态是指,农村是农民工的户口所在地,村民自治和村委会选举是农民参政的主要渠道,但是他们由于远离家乡,信息不通,参与的主动性和积极性并不高;城市是农民工生活和工作的地方,与农民工的利益有着密切的关联,农民工希望能够参与城市的管理,表达和维护自己的利益,但是由于户籍的羁绊导致他们又不能很好地行使自己的政治权利。该观点参见邓秀华:《长沙、广州两市农民工政治参与问卷调查分析》,《政治学研究》,2009 年第 2 期。

范。具体来看有以下几个方面:一是健全参政议政的具体制度,充分吸纳农民广泛地参与政治活动,应在宪法中确认公民的知情权、参与权和表达权,相应制定一系列法律法规切实保障民众基本权利的实现。保障农民的选举权利,坚定不移地做好村民自治和村委会村民直选,落实《村民委员会组织法》赋予农民的各项民主权利,建立健全民主选举、民主管理、民主决策、民主监督的具体操作制度等。确保政府各种事务,尤其涉及农民利益的事务公开,使民众能够及时掌握与之利益密切相关的政府决策信息。同时,对农民政治参与行为进行有序的规范和指导,保障农民的政治要求经过正常渠道输入政策制定系统。二是建立统筹城乡发展制度,旨在财政、户籍、教育、文化、卫生、医疗、就业、社会保障、发展规划、公共设施建设以及社会管理等各领域打破现行的城乡分割的体制,促进并实现城乡经济社会发展一体化,这就意味着在制度上赋予广大农民同城市居民同样的平等民权。户籍制度的加快改革,有序推进农业转移人口市民化,努力实现城镇基本公共服务常住人口全覆盖。加快完善城乡发展一体化体制机制,着力在城乡规划、基础设施、公共服务等方面推进一体化,促进城乡要素平等交换和公共资源均衡配置,形成以工促农、以城带乡、工农互惠、城乡一体的新型工农、城乡关系。给农民以国民待遇,实现农民的迁徙流动自由,既要坚持农民流动的市场趋向和改革方向,又要遵循常住地户口的入户原则,弱化户口的功利色彩,恢复户口的本来属性,实现劳动力的合理流动和公平竞争。此外,推进农村征地制度的改革,引入市场机制并完善法规,切实解决好失地农民的就业和生活保障问题。三是完善农村社会保障制度。农村社会保障的制度安排是衡量农村乃至我国社会文明进步的重要标志,是构建新时期和谐社会的核心内容,对于形成社会凝聚力和公民国家认同具有重要作用,也是新农村建设中最为关键的问题。从农村实际出发,坚持以保障农民的基本生活为目的,借鉴其他城市和国外社会保障的经验和教训,以农民的自我保障为主,自助为主与互济为辅相结合,社会基本保障与家庭保障、集体保障、企业保障相结合,实现全方位的社会保障。进一步完善农村社会救助体系以及农村社会养老保险制度。要积极培育面向老年人的生活照料、家政医疗、文化娱乐等消费市场,大力推广社区居家养老模式,构建社会养老服务网络——以居家养老为基础,社区服务为依托,机构养老为补充,打造"温暖型"、"幸福型"和"健康型"养老设施品牌,提高老年人晚年生活质量。要把养老机构由国家独家兴办转变为社会力量的共同参与,积极鼓励民营资本投资,加快养老机构的建设和发展,实现养老服务的市场化、产业化。

第二,从机制层面上来看,确立农民的利益表达机制,使普通农民也有制度化的渠道表达自己的利益诉求,不断拓展农民政治参与的空间,扩大农民政治参与的渠道,以满足不断出现的农民阶层要求参与政治的需求和愿望;建立农村利益协商与谈判机制,使各利益集团能够通过民主化和开放性的公共选择机制,来协调和化解他们之间的利益矛盾,进而把分散的多元的利益整合为国家和社会的整体利益。党和政府要加强农民的自我管理、自我教育和自我发展行为,在这个过程中要正确引导,不强制、不压制、不包办、不代办,突出农民的主体性、自觉性,以推动农民的赋权与治权的和谐发展。

(三)引导农民合作

在农业和农村经济由计划经济向市场经济转变过程中,农村经济中千家万户分散的小生产与千变万化的大市场的矛盾日益凸现,农民的个体化不能适应农村日益发展的愿望,因此在稳定家庭承包经营这一基本国策不变的情况下,通过社会合作组织形式把分散经营的千家万户农民联合起来,增强抗御市场风险和社会风险能力已成为当前农业和农村社会发展和社会秩序建构中要亟待解决的问题。

在广大农民处于群体弱势地位的情况下,农民协会是促进利益均衡和有效调解矛盾的组织,农民协会对改善基层政府与民众的关系,以及和谐社会的建设都具有至关重要的作用。因此,鼓励、引导和支持农民自己组织起来,大力发展农民专业合作组织。认真贯彻《农民专业合作社法》,支持农民专业合作组织加快发展。大力支持发展农业生产经营服务组织,为农民提供代耕代种、用水管理和仓储运输等服务。鼓励发展农村综合服务组织,建立便民利民的农村社区服务中心和公益服务站。充分发挥党支部在农村的领头羊作用。只有大力发展农村中介组织,通过农村社会合作组织引导和帮助农户走上专业化、社会化、一体化、集约化经营之路,把农户和市场有效联结起来,形成较大的区域规模和产业规模,产生聚合规模效应,才能依仗农村社会合作组织防范农民面临的各种风险,从而引导农民致富。总之,通过建立农民自我管理、相互扶助、共同提高的各类农村社会中介组织,使农民能够依靠自己的力量,提高与外部市场竞争的能力,维护农民自身的合法利益。

(四)推进协商治理

基于市场经济的发展以及农民主体性意识的提高,需要政府从治理方式上改变以前对农民实行单方控制,转变为多中心协商治理。

协商治理就是要发挥群众的主体作用,首先要还权于民,对涉及群众切身利益的重大事务,必须由群众说了算,确保广大群众依法行使当家做主的权利。对农村建设中的重大事务必须由全体村民或村民代表投票表决,切实提高村级事务科学决策的水平,增强广大群众对决策的认同感。比如江西在大力加强村民理事会建设、积极推进村级重大事务票决制、巩固发展好民主评议党员和村干部的同时,依托"一会五站"(即:志愿者协会,协会下设社会互助救助站、卫生环境监督站、民间纠纷调解站、文体活动联络站、公益事业服务站),大力推进农村村落社区建设。进一步开展扶贫帮困、整治村落环境卫生、兴办村落公益事业、组织文体活动、调解民间纠纷等工作,促进农村社会的稳定和发展;广泛宣传村落社区建设的宗旨、目标、原则、运行模式和社会效果,提高各级党委、政府与社会各界和广大农民对村落社区在社会主义新农村建设中的基础性作用的认识;培育发展村落社区组织,加强志愿者队伍建设,作好志愿者协会和各工作站的带头人,加强业务培训,努力提高社区志愿者队伍的整体素质。因此,有必要进一步促进农村民主管理。针对农村经济社会发展的新变化,创新农村社会管理体制机制。健全村党组织领导的充满活力的村民自治机制,加强农村村落社区建设,完善村落社区志愿者协会、村民理事会等农民自治组织的运行机制,促进农村基层民主健康发展。进一步给予农民参与村庄治理的权利,包括对制定村庄民主选举、监督制约等村民自治制度具体规则的参与权和建议权,健全农村民主选举、民主决策、民主管理、民主监督等制度,完善村民自治运行机制,不断推进农村基层民主政治向纵深发展。积极开展民主法治村创建活动,完善村务公开和民主议事制度,加强村务公开监督小组、村民民主理财小组、村民代表大会和村民大会、村"两委"联席会议制度建设,在公开内容、公开程序、公开机制上下功夫,切实维护农民的知情权、参与权、管理权、监督权,使村务公开经常化、制度化、规范化、程序化。在村庄自治的制度框架之内,为各类农民社会组织和其他社会力量参与村庄建设和农村发展提供平等的社会活动环境和发展条件,充分发挥这些社会组织和力量在村庄治理和公共服务中的作用。

(五)促进文化转型

基于农村社会转型以及农民政治意识的实际需求,需要政府更新观念,充分发挥地方政府在农村精神文明建设和精神共同体构建中的主导作用,提升服务水平和能力,进而凝聚民心。

第一,搭建服务平台,创新工作载体。地方政府在促进文化转型中,应充分思考如何为农村和农民群众提供制度介入和搭建服务平台问题。具体来看,实行五抓:一是要抓阵地落实。重点抓好、完善乡镇党校和村级党员干部之家的建设。因势利导加强农村基层组织建设,建设具有较高素质的基层干部队伍。要通过创新工作载体,发挥党员的先锋模范作用,增强对群众的凝聚力和号召力,使基层党组织成为农村物质文明和精神文明建设的坚强堡垒。二是要抓制度落实。围绕加强农村思想引导工作,在乡镇、村组中健全、完善农民思想引导工作碰头制度、党团员联系户制度、民主协商对话制度。要抓责任落实。制定农民思想引导工作"一把手"责任制,从县委书记到乡村党委(支部)书记都要有很明确的思想引导工作任务和要求。这样,使农民的思想政治工作处处有人抓,一级抓一级,做到了不留空当,不留死角。三是要抓资金落实。从资金上保证制度的真正落实和解除思想引导工作者的后顾之忧。四是要抓活动落实。可以根据各村的情况开展"五户一村"和"办实事、结对子、搞服务、帮致富"活动,让农民感觉到实惠。如江西大余县以"三民服务中心"为平台,把信息、政策、资金服务工作纳入三民服务中心日常工作,从而拓宽劳动者的视野,增强自身发展能力;先后在全县 11 个乡镇农业信息网站,成立了专门信息服务机构,用信息把农业劳动者与市场连接起来;培育龙头企业,培育企业文化,带动农村经济和道德建设的发展。[①] 五是要抓载体落实。经验表明,文明村庄、和谐村庄、文明信用农户标兵、文明信用村组等农村文明创建活动,是被证明行之有效的办法,需要持续深入,

---

① 胡光华:《大余县四个相结合纵深推进农村思想道德建设》,http://wmjs.jxwmw.cn/system/2010/06/29/010208351.shtml.

落到实处。要更多层面地满足农民群众的需求，做到以娱乐型教育农民，以实用型引导农民。此外，政府还必须充分发挥农民自主管理的积极性。在实践操作中，还必须始终坚持农民主体地位，要尊重农民意愿，激发农民主动参与热情，始终把尊重农民、依靠农民放在首位。充分发挥其在村民自治中的作用，放手让农民自我组织、自主管理。地方党委、政府的协调能够促进政府职能部门主动与农民组织成为合作伙伴，从而把"管不了、管不好、不该管"的职能交给农民组织并逐步制度化。① 如鼓励农民和民间资本参与举办公益性文化大院、文化中心户、文化室、图书室和放映队等，在更广阔的农村建立农民自己的文化服务网点，巩固农村文化阵地，满足农民多层次多方面的精神文化生活需要。

第二，创新教育内容，创建先进文化。一是变单一的思想政治教育为既进行思想灌输，又进行法律知识、实用科技文化传授的综合教育。要大力加强对农民的正面教育，注重政策宣传和引导，强化法制、纳税和科学文化知识教育。要开展时事政治、国情教育，使广大农民摆脱小农意识，树立大局意识。在农民中积极倡导富强、民主、文明、和谐的基本价值理念，自由、平等、公正、法治的价值目标，爱国、敬业、诚信、友善的道德规范，积极培育和践行社会主义核心价值观，② 不断提高农民的政治意识水平。要在农民中间进行广泛的新农村建设宣传，开展持久的法制公德、忠孝伦理以及环境等方面的社会性教育，促进农民素质的全面提升。针对农民文化基础知识薄弱，一旦遇到侵害其利益问题——不是采取合法途径解决，而是往往采取比较极端的方式，有时甚至以生命为代价的情况——做好普法宣传工作，使农民了解与自己的生产生活有关的法律法规，了解应有的权利和义务，做到正确行使权利，自觉履行义务，遵纪守法，提高维护社会稳定的自觉性。政府要采取多种方式举办一些系统的法律知识培训，让农民学习和掌握系统的法律知识，提高自我保护的能力。二是要转变农民观念，彻底破除封闭保守、不思进取、小富即安等陈旧的传统观念束缚，确立现代新观念。现代社会急速变迁，必须增强农民的变革创新意识，转变因循守旧的传统思维方

---

① 郭勇：《在政府服务与农民主体的互动中发展农民组织——基于双峰县农村科技合作社实践的思考》，《农业经济问题》，2009 年第 9 期。

② 胡锦涛：《坚定不移沿着中国特色社会主义道路前进 为全面建成小康社会而奋斗——在中国共产党第十八次全国代表大会上的报告》，《求是》，2012 年第 22 期。

式,适应新时代,接受新观念,增强农民的开放意识、自立意识、竞争意识、效率意识、市场经济意识、风险意识和开拓创新意识。必须清除传统封闭的小农耕落后文化的影响,创建一种开放、革新、包容、向上的先进文化,为加快发展提供思想动力。要注重科学文化技术教育,积极发展农村职业教育,开展职业技能培训,培养造就大批适应农业现代化建设的新型农民。加强农业职业技能鉴定体系建设,逐步建立农业经营资格认定制度,完善职业农民培训补贴制度,通过建立新农村信息服务平台等新技术手段,帮助农民提高素质,增强脱贫致富本领。

第三,繁荣农村社区文化,提高农民文明素质。农民的精神文化生活不仅是一个需求和供给问题,更是一个国家公民道德素质和科学文化素质建设的问题,民族团结和凝聚力的问题,还是一个农村稳定和基础秩序建设的问题,事关国家稳定、发展和繁荣的大事情。鉴于此,构建健康向上的农民精神文化生活,为国家基础秩序建设和社会稳定提供文化治理路径,是一项重大而又紧迫的课题。一是正确引导教育农民,促进农民宗族意识的现代转型。有宗族存在,就会有宗族势力问题发生,农民潜意识里就会寻求宗族的帮助。在现阶段我国的一些农村,农民的宗族意识还是有其存在的一定合理性。宗族是建立在血缘和地缘的基础之上,血缘永远不会消亡,宗族也就不会消亡。因此,基于历史和现实的分析,我们应该高度重视农民宗族意识的变迁,正确引导农民思想健康转型。要引导和规范农村宗族组织活动,对农村宗族实行依法管理,保护其合法行为,限制和打击其非法行为,要把农村封建宗族势力与农村黑恶势力区别开来。发挥农民宗族意识的积极因素,摒弃其消极因素,把农民宗族意识引向理性化、规范化和法制化轨道,为农村政治稳定提供支撑。二是坚持政府主导。按照公益性、基本性、均等性、便利性的要求,加强文化基础设施建设,推进文化馆和图书馆、乡镇综合文化站、村文化室建设,加大对落后地区文化服务网络建设支持和帮扶力度,完善公共文化服务网络,让农民广泛享有免费或优惠的基本公共文化服务;此外,抓好农民喜闻乐见精神文化产品的创作生产,创作反映农村经济建设、社会发展、家庭变化新气象的文艺作品,推出承载"三农"内容的栏目、专题、节目、出版物,推进精神文化产品对农村的有效供给。三要丰富农民文化生活。充分利用民间传统文化同时赋予新内容,丰富农民的业余文化生活。开展文化惠民工程,继续办好各种文化节等重大节庆活动以及广场文化、社区文化活动。开展文化送温暖活动,每年为山区群众免费送戏、送电影。四要增强新闻媒体服务居民的能力。组织实施好广播电视"村村通"工程,实施好国家、省、市三级广播电视节目在农村无线覆盖。各类新闻媒体继续办好民生类节目,设立百姓求助热线,在社区和街道两侧新建电子阅报栏。五要进一步开放现有公共体育设施,依托社区、乡村公共体育设施、场地,组织开展全民健身、体育竞赛等群众性体育活动,增强农民体质。通过构建健康向上的农民精神文化生活,逐步占领农民心灵空间。

总之,农民政治思想变迁既对我国农村的稳定有序的社会环境造成了积极的推动,也造成了一些消极的影响。正视农民政治意识的分化现实,以农民的实际需求为根本出发点,让农民在农村社会发展中自觉发生思想转变,从而实现农民政治自觉;进一步吸纳农民的政治智慧,实现官民良性互动,优化地方治理,建立新型农村社会治理方式;争取最终获得其社会成员尤其是农民对其制度的内心认同,有效激发社会活力、增加和谐因素、减少不和谐因素,化解各种政治风险,从而最终实现农村社会安定和谐有序的发展,是应对农民思想变化的最高境界。最终要顺利达到这个目标,需要政府、社会和农民自身都做出共同的努力。

参考文献

一、著作类：

［1］马克思恩格斯选集.第 1 卷［M］.北京:人民出版社,1995.

［2］马克思恩格斯选集.第 2 卷［M］.北京:人民出版社,1995.

［3］马克思恩格斯选集.第 3 卷［M］.北京:人民出版社,1995.

［4］马克思恩格斯选集.第 4 卷［M］.北京:人民出版社,1995.

［5］马克思恩格斯全集.第 1 卷［M］.北京:人民出版社,1995.

［6］马克思恩格斯全集.第 4 卷［M］.北京:人民出版社,1958.

［7］马克思恩格斯全集.第 10 卷［M］.北京:人民出版社,1998.

［8］马克思恩格斯全集.第 25 卷［M］.北京:人民出版社,2001.

［9］马克思恩格斯全集.第 33 卷［M］.北京:人民出版社,1973.

［10］马克思恩格斯文集.第 1 卷［M］.北京:人民出版社,2009.

［11］列宁选集.第 1 卷［M］.北京:人民出版社,1995.

［12］列宁选集.第 4 卷［M］.北京:人民出版社,1995.

［13］列宁全集.第 39 卷［M］.北京:人民出版社,1986.

［14］毛泽东选集.第 1 卷［M］.北京:人民出版社,1991.

［15］毛泽东选集.第 2 卷［M］.北京:人民出版社,1991.

［16］毛泽东选集.第 3 卷［M］.北京:人民出版社,1991.

［17］毛泽东选集.第 4 卷［M］.北京:人民出版社,1991.

［18］毛泽东选集.第 5 卷［M］.北京:人民出版社,1991 .

［19］毛泽东文集.第 1 卷［M］.北京:人民出版社,1993.

［20］毛泽东文集.第 2 卷［M］.北京:人民出版社,1993.

［21］毛泽东文集.第 3 卷［M］.北京:人民出版社,1996.

［22］毛泽东文集.第 6 卷［M］.北京:人民出版社,1991.

［23］毛泽东文集.第 7 卷［M］.北京:人民出版社,1999.

［24］邓小平文选.第 1 卷［M］.北京:人民出版社,1994.

［25］邓小平文选.第 2 卷［M］.北京:人民出版社,1994.

［26］邓小平文选.第 3 卷［M］.北京:人民出版社,1993.

［27］邓中夏文集 M.北京:人民出版社,1984.

［28］江泽民文选.第 1 卷［M］.北京:人民出版社,2006.

［29］江泽民文选.第 2 卷［M］.北京:人民出版社,2006.

［30］中央革命根据地史料选编(下卷)［M］.南昌:江西人民出版社,1982.

［31］中央档案馆.中共中央文件选集.第 2 册［M］.北京:中共中央党校出版社,1989.

［32］十三大以来重要文献选编(中)［M］.北京:人民出版社,1991.

［33］毛泽东年谱(上卷)［M］.北京:人民出版社,中央文献出版社,1993.

［34］中共中央文献研究室.十五大以来重要文献选编(中)［M］.北京:人民出版社,2001.

［35］十六大以来重要文献选编(下)［M］.北京:中央文献出版社,2008.

［36］中共中央国务院关于"三农"工作的十个一号文件［M］.北京:人民出版社,2008.

［37］华岗.中国大革命史［M］.北京:文史资料出版社,1982.

［38］苏区文艺运动资料［M］.上海:上海文艺出版社,1985.

［39］编委会.中国大百科全书:政治学［M］.北京:中国大百科全书出版社,1992.

［40］邓正来.布莱克维尔政治学百科全书［M］.北京:中国人民大学出版社,2002 年

［41］肖前等.辩证唯物主义原理［M］.北京:人民出版社,1981.

［42］刘延勃等.哲学辞典［M］.长春:吉林人民出版社,1983.

［43］王邦佐,孙关宏,王沪宁.政治学概要［M］.上海:复旦大学出版社,1986.

［44］王贵宸.中国农村经济学［M］.北京:中国人民大学出版社,1988.

［45］郑谦等.当代中国政治体制发展纲要［M］.北京:中共党史资料出版
社,1988.

［46］靳德行,秦英君,李占才.中华人民共和国史［M］.开封:河南大学出版社,
1989.

［47］沙莲香.中国民族性(一)［M］.北京:中国人民大学出版社,1989.

［48］金耀基.从传统到现代［M］.广州:广州文化出版社,1989.

［49］李强.当代中国社会分层与流动［M］.北京:经济管理出版社,1993.

［50］史建民等.农民与农村小康［M］.济南:山东人民出版社,1994.

［51］王浦劬.政治学基础［M］.北京:北京大学出版社,1995.

［52］沙健孙.在大革命的洪流中［M］.长沙:湖南教育出版社,1996.

［53］王铭铭.村落视野中的文化与权力［M］.北京:生活・读书・新知三联书
店,1997.

［54］邓伟志.变革社会中的政治稳定［M］.上海:上海人民出版社,1997.

［55］李连江等.当代中国农民的依法抗争//吴国光.九七效应［M］.香港:太平
洋世纪研究所,1997.

［56］王惠岩.当代政治学基本理论［M］.天津:天津人民出版社,1998.

［57］王邦佐,孙关宏,王沪宁,李惠康.新政治学概要［M］.上海:复旦大学出版
社,1998.

［58］程歗.晚清乡土意识［M］.北京:中国人民大学出版社,1998.

［59］张文显.法理学［M］.北京:高等教育出版社,北京大学出版社,1999.

［60］程贵铭,朱启臻.当代中国农民社会心理研究［M］.北京:首都师范大学出
版社,2000.

［61］程同顺.当代中国农村政治发展研究［M］.天津:天津人民出版社,2000.

［62］张荣明.权力的谎言:中国传统的政治宗教［M］.杭州:浙江人民出版
社,2000.

［63］郑功成.社会保障学——理念制度实践与思辨［M］.北京:商务印书
馆,2000.

［64］方江山.非制度政治参与:以转型期中国农民为对象分析［M］.北京:人民

出版社,2000.

[65] 沈林,和佳,王云.新散杂居民族工作概论[M].北京:民族出版社,2001.

[66] 夏勇.人权概念的起源——权利的历史哲学[M].北京:中国政法大学出版社 2001.

[67] 沈宗灵.法理学[M].北京:北京大学出版社,2001.

[68] 张文显.法哲学范畴研究[M].北京:中国政法大学出版社,2001.

[69] 沈林,和佳,王云.新散杂居民族工作概论[M].北京:民族出版社,2001.

[70] 李元书.政治发展导论[M].北京:商务印书馆,2001.

[71] 刘泽华,张分田.政治学说简明读本[M].天津:南开大学出版社,2001.

[72] 潘逸阳.农民主体论[M].北京:人民出版社,2002.

[73] 陆学艺.当代中国社会阶层研究报告[M].北京:社会科学文献出版社,2002.

[74] 阎志民.中国现阶段阶级阶层研究[M].北京:中共中央党校出版社,2002.

[75] 褚松燕.个体与共同体——公民资格的演变及其意义[M].北京:中国社会科学出版社,2003.

[76] 徐勇.三农中国[M].武汉:湖北人民出版社,2003.

[77] 孙关宏.政治学概论[M].上海:复旦大学出版社,2003.

[78] 刘永佶.劳动社会主义[M].北京:中国经济出版社,2003.

[79] 马振清.中国公民政治社会化问题研究[M].哈尔滨:黑龙江人民出版社,2003.

[80] 郁建兴.政治学导论[M].杭州:浙江大学出版社,2003.

[81] 朱晓青,柳华文.公民权利和政治权利国际公约及其实施机制[M].北京:中国社会科学出版社,2003.

[82] 刘云升,任广浩.农民权利及其法律保障问题研究[M].北京:中国社会科学出版社,2004.

[83] 吕元礼.现代民主社会的政治共识//当代中国政治研究报告(Ⅲ)[M].北京:社会科学文献出版社,2004.

[84] 杨光斌.政治学导论[M].北京:中国人民大学出版社,2004.

[85] 孟迎辉.政治信仰与苏联剧变[M].北京:中国社会科学出版社,2005.

[86] 严士凡.秩序与繁荣——关于中国的社会变革与发展道路[M].北京:中国社会科学出版社,2005.

[87] 任红杰.社会稳定问题前沿探索[M].北京:中国人民公安大学出版社,2005.

[88] 王浦劬等.政治学基础[M].北京:北京大学出版社,2006.

[89] 俞可平.马克思主义研究论丛.第5辑[M].北京:中央编译出版社,2006.

[90] 辛世俊.公民权利意识研究[M].郑州:河南医科大学出版社,2006.

[91] 奚洁人.科学发展观百科辞典[M].上海:上海辞书出版社,2007.

[92] 李伟.二十世纪五十年代末中国共产党对农业问题的认识和探索[M].北京:中共党史出版社,2007.

[93] 朱光磊.当代中国社会各阶层分析[M].天津:天津人民出版社,2007.

[94] 钱文荣,黄祖辉.转型时期的中国农民工[M].北京:中国社会科学出版社,2007.

[95] 唐晓腾.基层民主选举与农村社会重构[M].北京:社会科学文献出版社,2007.

[96] 张鸣.乡土心路八十年——中国近代化过程中农民意识的变迁[M].西安:陕西人民出版社,2008.

[97] 刘谟炎.农村政策指南——中共中央(江西省委)1号文件研究[M].南昌:江西人民出版社,2008.

[98] 牟成文.中国农民意识形态的变迁——以鄂东A村为个案[M].武汉:湖北人民出版社,2008.

[99] 朱伟.有序:党内基层民主科学发展论[M].北京:中共中央党校出版社,2009.

[100] 熊德平.农村金融与农村经济协调发展研究[M].北京:社会科学文献出版社,2009.

[101] 陈胜祥.分化与变迁——转型期农民土地意识研究[M].北京:经济管理出版社,2010.

[102] 陆学艺.当代中国社会结构[M].北京:社会科学文献出版社,2010.

[103] 管斌.混沌与秩序:市场化政府经济行为的中国式建构[M].北京:北京大

学出版社,2010.

[104] [美]派伊,维巴.政治文化与政治发展[M].普林斯顿:普林斯顿大学出版社,1965.

[105] [美]杰克·普拉诺.政治学分析辞典[M].北京:中国社会科学出版社,1986.

[106] [美]舒尔茨.改造传统农业[M].北京:商务印书馆,1987.

[107] [美]阿尔蒙德,鲍威尔.比较政治学[M].上海:上海译文出版社,1987.

[108] [美]塞缪尔·亨廷顿.变革社会中的政治秩序[M].北京:生活·读书·新知三联书店,1989.

[109] [美]丹尼尔·贝尔.资本主义文化矛盾[M].北京:生活·读书·新知三联书店,1989.

[110] [美]塞缪尔·亨廷顿.变动社会的政治秩序[M].上海:上海译文出版社,1989.

[111] [美]西奥多·舒尔茨.改造传统农业[M].北京:商务印书馆,1991.

[112] [美]格林斯坦,波尔斯比编.政治学手册精选(下卷)[M].储复耘译.北京:商务印书馆,1996.

[113] [美]西摩·马丁·李普塞特.政治人——政治的社会基础[M].上海:上海人民出版社,1997.

[114] [美]罗吉斯,伯德格.乡村社会变迁[M].杭州:浙江人民出版社,1998.

[115] [美]罗纳德·德沃金.认真对待权利[M].北京:中国大百科全书出版社,1998.

[116] [美]塞缪尔·亨廷顿.变革社会中的政治秩序[M].北京:华夏出版社,1998.

[117] [美]埃弗里特·M.罗吉斯,拉伯尔·J.伯德格.乡村社会变迁[M].杭州:浙江人民出版社,1998.

[118] [美]戴维-伊斯顿.政治生活的系统分析[M].北京:华夏出版社,1999.

[119] [美]迈克尔·麦金尼斯.多中心治理与发展[M].上海:上海三联书店,2000.

[120] [美]吉尔兹.地方性知识——阐释人类学论文集[M].北京:中央编译出

版社,2000.

[121] [美]约翰·罗尔斯.政治自由主义[M].南京:译林出版社,2000.

[122] [美]迈克尔罗斯金等.政治科学.第6版[M].林震等,译.北京:华夏出版社,2001.

[123] [美]J.C.斯科特.农民的道义经济学:东南亚的反叛与生存[M].南京:译林出版社,2001.

[124] [美]丹尼尔·贝尔.意识形态的终结[M].南京:江苏人民出版社,2001.

[125] [美]格罗斯.公民与国家[M].北京:新华出版社,2003.

[126] [美]J.C.斯科特.弱者的武器[M].南京:译林出版社,2007.

[127] [美]亚历山大·温特.国际政治的社会理论[M].上海:上海世纪出版社集团,2008.

[128] [美]塞缪尔·亨廷顿.变化社会中的政治秩序[M].上海:上海人民出版社,2008.

[129] [美]阿尔蒙德,维巴.公民文化[M].北京:东方出版社,2008.

[130] [英]舒马赫.小的是美好的[M].北京:商务印书馆,1984.

[131] [英]米尔恩.人的权利与人的多样性——人权哲学[M].北京:中国大百科全书出版社,1995.

[132] [英]哈耶克.法律、立法与自由.第一卷[M].北京:中国大百科全书出版社,2000.

[133] [英]布莱恩·特纳.公民身份与社会理论[M].郭忠华,蒋红军,译.长春:吉林出版集团,2007.

[134] [英]安德鲁·海伍德.政治学核心概念[M].天津:天津人民出版社,2008.

[135] [法]孟德拉斯.农民的终结[M].北京:社会科学文献出版社,2010.

[136] [苏]姆什韦尼耶拉泽.政治现实与政治意识[M].北京:中国社会科学出版社,1990.

[137] [俄]恰亚诺夫.农民经济组织[M].北京:中央编译出版社,1996.

[138] [以]艾森斯塔德.现代化:抗拒与变迁[M].北京:中国人民大学出版社,1988.

二、期刊论文类：

[1] 评论员.努力做好杂居散居少数民族的工作[J].中国民族,1981(12).

[2] 许之微.试析近代农民的政治意识[J].广州研究,1987(8).

[3] 葛荃.权威崇拜与政治参与意识[J].学术研究,1989(2).

[4] 李绍德.谈谈民主意识和法制意识问题[J].云南师范大学学报(社科版),
1990(1).

[5] 荆学民.论信仰与怀疑间张力的动势结构[J].人文杂志,1990(2).

[6] 孙世春.试论日本农民的组织化及其宏观效益[J].日本研究,1990(1).

[7] 林后春.当代中国农民阶级阶层分化研究综述[J].社会主义研究,1991(1).

[8] 杨海蛟.农民民主意识[J].政治学研究,1993(1).

[9] 杨光斌.政治冷漠论[J].中国人民大学学报,1995(3).

[10] 赵海月.政治冷漠现象探析[J].社会科学战线,1995(6).

[11] 尹湘东.国外的农民教育[J].乡镇论坛,1995(10).

[12] 袁银传.当代西方人的信仰危机探析[J].淄博师专学报,1996(3).

[13] 马文辉.论"政治文化"的实质与属性[J].政治学研究,1996(4).

[14] 张明生.德国农民协会现状及发展我国农协的建议[J].科技通报,1997(1).

[15] 毛建儒.论发展的含义及其机制[J].理论探索,1997(6).

[16] 厉复魁,吕雅范.中国的民本思想与民主意识[J].长白学刊,1998(5).

[17] 桑玉成.政府间交易对于政治整合的影响[J].上海师范大学学报(社会科
学版),1999(4).

[18] 俞可平.中国农村的民间组织与治理的变迁[J].中国社会科学季刊,2000
(夏季号).

[19] 谈正好.论社会转型过程的政治整合[J].甘肃社会科学,2000(1).

[20] 郭正林.当代中国农民的集体维权行动[J].香港社会科学学报,2001(春/
夏季号).

[21] 洪三宝.关于江西城镇化发展的现状、问题和对策[J].长江论坛,2001(2).

[22] 宋维强.当代中国公民政治参与[J].长白学刊,2001(6).

[23] 倪承海.社会转型期中国公民的非制度化政治参与[J].广西社会科学,

2001(6).

[24] 周子良,杨力.论权利意识的培育[J].山西大学学报(哲学社会科学版),
2002(1).

[25] 胡星斗.试论建立现代农村制度[J].中国农业大学学报,2002(1).

[26] 康晓光.未来10年中国大陆政治稳定性分析[J].战略与管理,2002(3).

[27] 文小勇等.社会转型过程中农民民主意识分析[J].江西师范大学学报(哲
社版),2002(3).

[28] 周晓虹.当代中国研究的历史与现状[J].南京大学学报(哲社版),2002(3).

[29] 郑慧.政治文明:涵义、特征与战略目标[J].政治学研究,2002(3).

[30] 虞崇胜.论政治文明的内在灵魂[J].湖北行政学院学报,2002(3).

[31] 谢志强.现阶段中国社会阶层结构研究[J].中共中央党校学报,2002(4).

[32] 黄祖辉,汪晖.非公共利益性质的征地行为与土地发展权补偿[J].经济研
究,2002(5).

[33] 孙德厚.村民制度外政治参与是我国农村政治、经济体制改革的重要课题
[J].中国行政管理,2002(6).

[34] 王继宣.政治整合统一战线执政地位[J].中央社会主义学院学报,2002(9).

[35] 牟本理.江西的经验值得向散杂居民族地区推广[J].中国民族,2002(9).

[36] 盛宝柱等.江西城镇化进程探析[J].南昌航空工业学院学报(社会科学
版),2003(1).

[37] 程宗璋.我国现代化进程中农民权利及保护机制综述[J].中国农业大学学
报,2003(2).

[38] 黄小虎.关键在转变政府职能[J].中国土地,2003(2).

[39] 钟丽娟.农民权利保障的法律思考[J].理论学刊,2003(2).

[40] 于建嵘.农民有组织抗争及其政治风险[J].战略与管理,2003(3).

[41] 王方玉,杨春福.中国农民权利保护途径及其成因分析[J].南京社会科学,
2003(3).

[42] 赵修义.主体觉醒和个人权利意识的增长[J].华东师范大学学报(哲社
版),2003(3).

[43] 楚成亚.二元社会结构与政治稳定[J].当代世界社会主义问题,2003(4).

[44] 陈晓莉.对农民政治意识嬗变中若干问题的思考[J].西安财经学院学报,2003(4).

[45] 王彩波.论制度化政治整合[J].吉林大学学报(社会科学版),2003(4).

[46] 王宏维.信仰危机·信仰对象·信仰方式[J].华南师范大学学报(社会科学版),2003(4).

[47] 闫威,夏振坤.利益集团视角的中国"三农"问题[J].新华文摘,2003(12).

[48] 郑磊.论农民的权利意识——从利益体验角度的初步审视[J].浙江社会科学,2003(6).

[49] 洪朝辉.论中国农民土地财产权利的贫困[J].当代中国研究,2004(1).

[50] 于建嵘.当前农民维权活动的一个解释框架[J].社会学研究,2004(2).

[51] 胡晔,徐秋花.江西城镇化发展问题的几点思考[J].宜春学院学报(社科版),2004(3).

[52] 李蓉蓉.试论政治信仰[J].理论探索,2004(4).

[53] 汪晖,黄祖辉.公共利益·征地范围与公平补偿[J].经济学,2004(4).

[54] 胡税军.政治冲突、政治整合与政治秩序论纲[J].晋阳学刊,2004(5).

[55] 吴毅.农地征用中基层政府的角色[J].读书,2004(7).

[56] 徐勇.现代化视野中的"三农问题"[J].理论月刊,2004(9).

[57] 尹德志等.社会主义初级阶段中国农民民主意识的现状分析及对策研究[J].西南民族大学学报(社会科学版),2004(9).

[58] 李志强.加快江西城镇化进程的对策研究[J].江西农业大学学报(社会科学版),2005(1).

[59] 张屹山,齐红倩."三农"问题与农民权利研究[J].学习与探索,2005(2).

[60] 陈永梅.中国农民的权利贫困分析[J].湖北经济学报,2005(2).

[61] 崔朝阳等.村民自治背景下国家与农民民主意识分析[J].聊城大学学报,2005(3).

[62] 张英洪.当代中国农民与经济、社会、文化权利[J].湖南公安高专学报,2005(3).

[63] 陈志刚.对口支援与散杂居民族地区小康建设:来自江西省少数民族地区对口支援的调研报告[J].中南民族大学学报(人文社会科学版),2005(3).

［64］杨善华,柳莉.日常生活政治化与农村妇女的公共参与[J].中国社会科学,2005(3).

［65］姚梅娟,王志永.农民权利缺失的理性思考[J].兰州学刊,2005(4).

［66］何增科.马克思、恩格斯关于农业和农民问题的基本观点述要[J].马克思主义与现实,2005(5).

［67］王连生.中国农民由传统到现代转变中的政治心理探析[J].江西社会科学,2005(5).

［68］陈洪连.当前农民权利缺位与失衡的现状分析及对策思考[J].宁夏社会科学,2005(5).

［69］井中雪.论政治信仰[J].山西师范大学学报,2005(5).

［70］赵正洲,王鹏,余斌.国外农民培训模式及特点[J].世界农业,2005(6).

［71］阙祥才,种道平.农村土地流转中的农民权利意识研究[J].湖北社会科学,2005(6).

［72］吴静波,吴春庚.论我国农民权利的缺失及其保障[J].华东经济管理,2005(7).

［73］欧阳锋."三农"问题的出路在于城镇化[J].理论导报,2005(8).

［74］王明美.从历史的跨度看江西崛起[J].求实,2005(10).

［75］韩树军等.农民权利的宪法保护[J].当代经济管理,2006(1).

［76］崔连香.农民权利与社会公正[J].内蒙古农业大学学报(社会科学版),2006(1).

［77］张丽超等.我国农民民主意识的现状及其制约因素分析[J].长江大学学报,2006(2).

［78］安虎森.补偿机制在推行经济体制改革中作用[J].江苏社会科学,2006(2).

［79］康树华.农村封建宗族势力与黑恶势力的区别及防治对策[J].公安学刊,2006(2).

［80］张学亮等.关于提高农民权利意识的思考[J].湖南公安高等专科学校学报,2006(3).

［81］王宏强.政治信仰:概念、结构和过程[J].学术探索,2006(3).

［82］邱晓平.江西城镇化的问题与对策研究[J].江西农业大学学报(社会科学版),2006(4).

[83] 蒋冬梅.略论中国人的权利意识问题[J].华东理工大学学报(社会科学版),2006(4).

[84] 于衍学.散杂居少数民族有关理论的系列研究与探索[J].社科纵横,2006(4).

[85] 陈峰,杨俊.农民权利保障问题探析[J].中共青岛市委党校学报,2006(5).

[86] 李春海.解决"三农"问题的关键:构建农民权利保障机制[J].理论界,2006(5).

[87] 邢亮.农民权利缺失的宪政分析[J].马克思主义与现实,2006(5).

[88] 冷淑莲,冷崇总.江西小城镇发展政策与机制研究[J].价格月刊,2006(6).

[89] 官爱兰等.江西城镇化与农村教育发展研究[J].农业考古,2006(6).

[90] 冷淑莲,冷崇总.江西新农村建设的成效、问题与对策[J].江西价格月刊,2006(7).

[91] 郭哲.农民权利保护与权利救济的人本发展观视角[J].求索,2006(9).

[92] 冀恩科.村民自治与农民民主意识培育[J].社会科学论坛,2006(11).

[93] 吴海,计宏伟,王龙锋.对江西城镇化建设的思考[J].企业经济,2006(12).

[94] 王盛开等.改革开放以来中国共产党的农村政策取向演变的历史考察[J].求实,2006(12).

[95] 温铁军.农民社会保障与土地制度改革[J].学习月刊,2006(19).

[96] 李红波等.诱发农村土地冲突的土地法规缺陷探析[J].经济体制改革,2007(1).

[97] 贺青,李强彬.当前我国农民维权能力发展态势分析[J].理论与改革,2007(1).

[98] 刘明.论社会变迁中的政治信仰认同[J].思想理论教育,2007(1).

[99] 季建业.农民权利保障与新农村建设[J].法学家,2007(1).

[100] 林兴初.公正视野中的农民权利[J].理论与改革,2007(2).

[101] 应星.草根动员与农民群体利益的表达机制[J].社会学研究,2007(2).

[102] 李朝祥.公民政治意识和国家意识形态的背离与整合[J].南京邮电大学学报(社会科学版),2007(4).

[103] 张秀琴.政治意识形态的理论、制度与实践[J].北京大学学报(哲社版),2007(4).

[104] 张丽剑.新时期散杂居民族关系的焦点[J].中南民族大学学报(社会科学版),2007(4).

[105] 管爱华.试论道德信仰与政治意识形态的关系[J].社会科学辑刊,2007(5).

[106] 吴毅."权力—利益的结构之网"与农民群体性利益的表达困境——对一起石场纠纷案例的分析[J].社会学研究,2007(5).

[107] 刘保刚,郑永福.近代中国公民权利意识演变的历史考察[J].史学月刊,2007(8).

[108] 刘文辉,李小红.江西农村劳动力转移的经济学分析[J].价格月刊,2007(9).

[109] 刘飞翔等.和谐社会视阈下福建农村生态文明的建设[J].台湾农业探索,2008(1).

[110] 李斌等.征地政策转型与失地农民权利意识的发展[J].新疆社会科学,2008(2).

[111] 薛洪生.当代农民的利益表达与农村稳定[J].黑龙江社会科学,2008(2).

[112] 吴晓敏,潘泽林.农村宗族械斗与建设和谐农村问题研究——以江西农村为个案[J].中南民族大学学报(人文社会科学版),2008(2).

[113] 于建嵘.当代中国农民的以法抗争——关于农民维权活动的一个解释框架[J].乡村中国评论,2008(3).

[114] 陈飞平,廖为明.江西小城镇建设研究[J].科技广场,2008(4).

[115] 冷淑莲等.农村土地流转的成效、问题与对策[J].江西价格月刊,2008(5).

[116] 黄明哲;《"农民主体"是这样形成的——江西赣州在新农村建设中发挥农民主体作用的实践与探索[J].中国党政干部论坛,2008(5).

[117] 何绍辉.隐性维权与农民群体性利益表达及困境——来自湘中 M 村移民款事件的政治人类学考察[J].人文杂志,2008(6).

[118] 周小刚等.江西城镇化与经济增长协整关系的实证研究[J].江西社会科学,2008(8).

[119] 管秀雪.当前中国农民政治认同的现状剖析——辽南三村的调查与思考[J].科学社会主义,2008(6).

[120] 贾静.中国农民权利保护途径及成因分析[J].世界农业,2008(11).

[121] 李晓伟.政治学范畴探析——政治文化与政治意识[J].昆明大学学报,2008(19).

[122] 吴兴国,兰松.略论农民权利的性质和表征——兼及实现农民权利的路径

选择 M.安徽农业大学学报(社会科学版),2009(1).

[123] 成为杰.政治信仰研究综述[J].甘肃理论学刊,2009(6).

[124] 高新民.政治共识与中国政党制度[J].党政干部论坛,2009(8).

[125] 郭勇.在政府服务与农民主体的互动中发展农民组织——基于双峰县农村科技合作社实践的思考[J].农业经济问题,2009(9).

[126] 李秀香,黄梓桢.加强江西小城镇建设的意义、存在的问题、建议[J].安徽农业科学,2009(37).

[127] 岳雪莲.共生互补视角下中国散杂居民族关系的特点[J].广西民族研究,2010(2).

[128] 杨志军.多中心协同治理模式研究:基于三项内容的考察[J].中共南京市委党校学报,2010(3).

[129] 刘勇.有序治理与无序参与:转型时期农民非制度化政治参与的现实挑战[J].岭南学刊,2010(4).

[130] 孟宏斌.资源动员中的问题化建构:农村征地冲突的内在形成机理[J].当代经济科学,2010(5).

[131] 李朝祥.国家政治意识形态与公民政治意识的互制性及其契合的条件性[J].理论月刊,2010(5).

[132] 李安辉.论中国特色散杂居民族理论的形成与发展[J].中南民族大学学报(人文社会科学版),2010(6).

[133] 任政.试论十六大以来农民权利的实现[J].重庆科技学院学报(社会科学版),2010(19).

[134] 杨帆.浅析农民权利保护之实现[J].农业经济,2011(3).

[135] 邢乐勤,刘涛.论农民的权利缺失与保护[J].浙江工业大学学报(社会科学版),2011(3).

[136] 高新军.保护农民权益,须厘清农民的权利体系[J].中国合作经济,2011(7).

[137] 文永林.论我国政治意识文明的建构[J].求实,2011(9).

[138] 龚上华.我国农民精神文化生活需求的现状及对策——基于江西省吉安市的调查[J].广西社会科学,2012(9).

[139] 龚上华.革命年代党对农民思想教育与整合的基本经验[J].求实，2012(11).

[140] 龚上华.当代中国农村有序发展的特征、价值指向及实现理路[J].浙江学刊,2013(4).

[141] 龚上华,朱俊瑞.我国农民政治信仰认同意识的现状与对策——基于江西省吉安市的调查[J].江西师范大学学报(哲学社会科学版),2013(4).

[142] 龚上华.九十年来中国农民政治意识的历史演进与启示[J].观察与思考,2013(6).

三、报纸文章类

[1] 胡锦涛.扎扎实实促进粮食增产农民增收[N].人民日报,2004-4-14

[2] 王克勤.以确立农民平等权利为核心改造中国农村社会——访中国社会科学院研究员党国英[N].中国经济时报,2002-11-8.

[3] 冯兴元.论农民权益保护[N].中国经济时报,2003-6-17.

[4] 周红彬,褚月霞."村委会主任"不宜简称"村长"[N].检察日报,2004-5-1.

[5] 俞可平.怎样看待动态稳定[N].北京日报,2005-9-20.

[6] 倪迅.农村基层干部民主监督制度广泛建立[N].光明日报,2007-9-11.

[7] 河南洛阳农民弃地就能当城市人 最高补偿一万[N].河南商报,2009-7-19.

[8] 邱玥."一村一品"经济引路 吉安市盛开少数民族致富花[N].江西日报,2009-10-12.

[9] 吴晓林.从改造式整合到总体性整合:新中国政治整合60年[N].中国社会科学报,2009-11-5.

[10] 专家:农民放弃土地和承包权换取城市社保存隐患[N].南方周末,2010-10-15.

[11] 胡萍.江西村村通油(水泥)路 农村公路里程达12.5万公里[N].江西日报,2010-12-31.

四、网络文章类

［1］胡锦涛主持会议部署社会主义新农村建设等工作［EB/OL］.

http://www.gov.cn/ldhd/2005－12/20/content_132505.htm.

［2］胡锦涛.高举中国特色社会主义伟大旗帜为夺取全面建设小康社会新胜利

而奋斗——在中国共产党第十七次全国代表大会上的报告［EB/OL］.

（2007－10－24）

http://news.xinhuanet.com/newscenter/2007－10/24/content_6938568.htm.

［3］胡锦涛.扎扎实实提高社会管理科学化水平［EB/OL］.（2011－2－19）

http://news.xinhuanet.com/politics/2011－02/19/c_121100198_2.htm.

［4］孙立平.回顾2003政治:构建以权利为基础的制度安排［EB/OL］.中国国

际战略研究网,2004.

［5］叶静漪.中国社会保障体系的保障:监督制度与公民参与——北京大学法学

院叶静漪教授在中法社会保障法高级论坛上的演讲［EB/OL］.（2005－5－12

至13）

http://club.vsharing.com/Article.aspx? aid＝360055.

［6］邓祖龙.构建和谐社会要多把阳光洒向农村低收入户［EB/OL］.（2006－8－3）

http://www.jxsurvey.cn/article.php? newsid＝90.

［7］冯兴元.农民权益保护:一种"国家的社会嵌入与互动论"和立宪分析［EB/

OL］.

http://www.china－review.com/gao.asp? id＝10650.

［8］我国人口老龄化的趋势和特征［EB/OL］.（2008－1－28）人民网,

http://www.cncaprc.gov.cn/yanjiu/116.jhtml.

［9］江西省新型农村合作医疗实施5年回眸［EB/OL］.中国江西新闻网,

http://www.jxcn.cn/525/2008－9－16/30093@432266.htm.

［10］中国民政事业发展报告（2007－2008）［EB/OL］.

http://www.china.com.cn/aboutchina/data/08mzsy/2008 － 07/07/

content_15967438.htm.

［11］江西省统计局.江西社会主义新农村建设的成效、难点与对策［EB/OL］.

http://www. stats. gov. cn/was40/gjtjj _ detail. jsp? channelid＝33728＆record＝127.

[12]实施了农村最低生活保障制度,让生计困难的家庭享受到最低生活保障[EB/OL].

http://news. xinhuanet. com/fortune/2009－10－04/content_12180255. htm.

[13] 王东. 江西"村村通"电话工程下乡[EB/OL]. 江西文明网,

http://news. jxwmw. cn/system/2009/09/15/010161113. shtml.

[14] 朱龙华,黄聪. 永丰县沙溪镇开展生态文明家园创建活动[EB/OL]. 江西文明网,

http://wmjs. jxwmw. cn/system/2010/08/16/010215831. shtml

[15] 车周群,刘国卫. 泰和县农村"清洁工程"惠及万家农户[EB/OL]. 江西文明网,

http://wmjs. jxwmw. cn/system/2010/08/12/010215457. shtml

[16] 胡光华. 大余县四个相结合纵深推进农村思想道德建设[EB/OL].

http://wmjs. jxwmw. cn/system/2010/06/29/010208351. shtml

[17] 尚芳. 江西革命老区新农保之行[J/OL]. 中国社会保障,2010(7).

http://www. zgshbz. com. cn/Article4515. html.

[18] 中共中央国务院关于加大统筹城乡发展力度进一步夯实农业农村发展基础的若干意见[N/OL]. 人民日报,2010－02－01.

http://politics. people. com. cn/GB/1026/10893985. html.

[19] 江西省统计局固定资产投资统计处. 江西城镇化发展轨迹及新型城镇化路径探析[EB/OL](2010－10－19).

http://www. jxstj. gov. cn/News. shtml? p5＝15515.

[20]全国老龄办主任会议讨论中国老龄事业"十二五"规划[EB/OL]. (2011－2－18)人民网,

http://politics. people. com. cn/GB/1026/14019820. html.

[21] 罗鑫. 江西跨省劳务输出占江西省就业总量近三成[EB/OL]. (2011－9－29)新华网,

http://news. xinhuanet. com/local/2011－09／29/c_122105301. htm.

[22]新拆迁条例:权益"平衡木"[J/OL].民生周刊,2011(10).
http://paper. people. com. cn/mszk/html/2011-03/11/content_766234.
htm? div=-1.

[23]温家宝.2013政府工作报告[EB/OL].新华社,2013-3-19.

[24]民政部副部长:将有6亿农民参加本届村委会选举[EB/OL].
http://news. xinhuanet. com/2013-03/13/c_115011819. htm.

五、优秀硕博论文类:

[1]于建嵘.转型期中国乡村政治结构的变迁——以岳村为表述对象的实证研
究[D].华中师范大学博士学位论文,2001.

[2]王晶.社会转型期中国农民信仰问题研究[D].东北师范大学博士学位论
文,2004.

[3]颜玉怀.当代中国农民利益研究[D].西北农林科技大学博士学位论
文,2005.

[4]薛平军.当前我国公民政治不服从现象的理性思考[D].华中师范大学硕士
学位论文,2005.

[5]叶国文.农民、国家政权与现代化——当代中国土地政策的政治学研究
[D].复旦大学博士学位论文,2005.

[6]刘洪仁.我国农民分化问题研究[D].山东农业大学博士论文,2006.

[7]陈松友.当代中国农民制度化政治参与研究[D].吉林大学博士学位论
文,2007.

[8]邱梦华.社会变迁中的农民合作与村庄秩序[D].上海大学博士学位论
文,2007.

[9]王佳慧.当代中国农民权利保护的法理[D].吉林大学博士学位论文,2007.

[10]林克显.新农村建设进程中福建农民教育研究[D].福建农林大学博士学位
论文,2008.

[11]谢宝利.现代化视域下中国共产党农民教育理论与实践的再思考(1921—
1966)[D].陕西师范大学博士学位论文,2009.

[12]张国平.当代政治认同研究[D].湖南师范大学博士学位论文,2011.

六、外文文献类：

［1］ Rhoda，R. Rural development and urban migration：can we keep them down on the farm? ［J］. International Migration Review，Vol. 17，1983.

［2］ Daniel Little. Understanding peasant China：case studies in the philosophy of social science ［M］. New Haven：Yale University Press，1989.

［3］Joel Samuel Migdal，Atul Kohli，Vivienne Shue. State Power and Social Forces：Domination and Transformation in the Third World ［M］. Cambridge：Cambridge University Press，1994.

［4］ Schreiner，D F. Rural development：Toward an integrative policy framework ［J］. Journal of Regional Analysis and Policy，Vol. 26 No. 2，1996.

［5］ Topfer，K. Rural poverty，sustainability and rural development in the tweny-first century：A focus On human settlements ［J］. Zeitschrift fur Kulturtechnik und Landentwicklung，Vol. 41 No. 3，2000.

［6］ Yang，Y X，Cai，Y L. Sustainable valuation for resources and environment and development in rural China-the SEEA and its application research ［J］. Acta Geographica Sinica，Vol. 55 No. 5，2000.

［7］ Gilley，Bruce，Model Rebels：The Rise and Fall of China's Richest Village，University of California Press，2001.

［8］Khan，Azizur Rahman，Carl Riskin. Inequality and Poverty in China in the Age of Globalization ［M］. Oxford：Oxford University Press，2001.

［9］ Pfuderer，S. Rural development statistics in the ECE region-A new project ［J］. Statistical Journal of the United Nations Economic Commission for Europe，Vol. 20 No. 3－4，2003.

［10］Zhan，J，Lu，Q. Assessment and empirical study on the relationship between infrastructure construction and urban-rural development ［J］. Acta Geographica Sinica，Vol. 58 No. 4，2003.

[11] Scott D. Rozelle，Daniel A. Sumner. Agricultural trade and policy in China：issues，analysis，and implications ［M］. Aldershot，Hants，England；Burlington，VT：Ashgate，2003.

[12] Roger D. Norton. Agricultural development policy：concepts and experiences ［M］. Hoboken，NJ：Wiley，2004.

[13] Douglas，D J A. The restructuring of local government in rural regions：A rural development perspective ［J］. Journal of Rural Studies Vol. 21 No. 2，2005.

[14] David Blandford，Berkeley Hill. Policy reform and adjustment in the agricultural sectors of developed countries ［M］. Oxfordshire，UK；Cambridge，MA：CABI Pub. ，2006.

[15] Leber，N，Kunzmann，K R. Development strategies of rural regions during the metropolitan fever ［J］. DISP，Vol. 66 No. 3，2006.

[16] Liu，Y. Rural transformation development and new countryside construction in Eastern Coastal Area of China ［J］. Acta Geographica Sinica，Vol. 62 No. 6，2007.

[17] Bruckmeier K，Tovey H. Knowledge in sustainable rural development：From forms of knowledge to knowledge Processes ［J］. Sociologia Ruralis，Vol. 48 No. 3，2008.

[18] Matiki，R E. A new rural development strategy for rapid and sustainable development in developing countries ［J］. Journal of Rural Development，Vol. 27 No. 3，2008.

[19] Zhang F，Liu Y. Dynamic mechanism and models of regional rural development in China ［J］. Acta Geographica Sinica，Vol. 63 No. 2，2008.

索　引

后　　记

本书的主体部分是我的博士论文。在博士论文答辩时，评委老师提出了许多中肯的意见，我也根据各位专家的意见进行了修改。由于作者才疏学浅，对于当代中国农民政治意识这个敏感而又复杂的热点话题进行研究，说实在有点自不量力。由于个人学术素养有限，论文还有提高改进的空间。在书稿修改编撰过程中，我对博士论文的部分架构做了小幅调整，同时在论述上和内容上也做了一些修订，此外，书中部分内容已成文发表。

论文的完稿只是新征程的起点与开始。然而，感激之情却从心底不断涌现。

首先，特别要感谢的人就是我的博士生导师丁晓强教授。三年来，我在同济大学马克思主义学院接受了丁晓强教授严格而系统的学术训练，从资料检索到论文选题，再到谋篇布局以及在写作全过程中，始终都有导师的热情鼓励、精心指点和无私帮助。在此，向丁老师致以崇高的敬意和真诚的谢意。

感谢引领我步入学术殿堂的硕士生导师余逊达教授。我从浙江大学政治学系毕业后，余老师还一直关心和帮助我，并为我提供诸多鼓励与支持，学生感激不尽。

感谢生前一直帮助、支持和鼓励我考博、亦师亦友的师兄李立志博士（原浙江大学公共管理学院政治学系副教授），终于没有辜负他对我的期望，愿他在九泉之下幸福快乐！

感谢我的博士同学，他们是周慧、艾鹤、熊来平、陈东利、刘旭光、王茜、蒋维兵、陈成、赵盈、赵静涛、李睿、武进、尹广泰、朱爱叶、康月平,博士三年,共同切磋、共同交流,使我进步不少。

同时我还要感谢论文开题、中期检查、成果报告各个阶段李占才教授、张劲教授、顾钰民教授、王滨教授、邵龙宝教授、周敏凯教授、陈学明教授、龙平平研究员、蒋晓伟教授、夏立平教授、章仁彪教授、郭强教授、杨小勇教授、李振教授、李渡教授、仇华飞教授、蔡建国教授和其他老师提出的宝贵意见,此外,还要感谢上海市首届马克思主义理论学科博士生论坛中复旦大学肖巍教授对我提交论文的点评和首肯,这些对本论文的完成都起到了非常积极的作用,使我受益匪浅。

攻博期间,本人所在单位领导为我的学习和研究提供了多种便利条件,心存感激之情。在这里,要特别感谢我所在的杭州师范大学政治与社会学院朱俊瑞教授、王光银教授、赵定东教授、吴兴农教授、牛玉峰教授、潘国旗教授、卢福营教授、秦均平教授、赵宬斐教授、张孝廷博士、赵光勇博士、李淑杰博士、彭伟斌博士等诸位领导和同仁,他们为本论文写作和学业发展提出了诸多宝贵意见和诸多支持,此外,允许本人使用江西、新疆、浙江的调研材料作为研究之用,谢谢你们一直以来的帮助和支持。

这篇论文得以完成还要感谢为本论文提供调查研究帮助和支持的江西省吉安市相关的区、县(市)党委、政府以及相关部门的领导和群众的支持和合作。尤其要感谢吉安县政法委张迪俊书记,青原区政府办邹鹏飞主任,他们为政社学院重点科研团队从事社会调查提供了各种方便。此外,要感谢我的亲朋好友龚达民、龚伏逊、袁洪生、龚武庆、罗忠华、段学庆、曾澄海、阮继文、龚振吾,他们也为江西社会调查提供了各种方便。

在求学生涯中,感谢我的老师施雪华教授、我的同学苏勇、徐军民、祝灵君、郭坚刚、黄宇、白小虎、肖剑忠对我的支持和鼓励,谢谢你们! 感谢我原单位杭州师范大学社科部黎青平教授、曹力铁教授、余龙进教授、周玲教授、王康教授、徐孝明副教授、徐敏副教授等领导和同事长期的关心与帮助,谢谢你们!

本书能够出版,感谢杭州师范大学社会学专业平台建设与特色培育项目的出版资助,感谢项目负责人赵定东教授的慷慨资助;感谢浙江大学出版社的宋旭华先生以及他所在的团队,他们为本书的编辑出版做了很多细致的工作,谢谢你们的辛勤劳动!

最后要感谢我的家人。感谢我的妻子陈蔚女士和儿子龚诚乐，感谢我的岳母大人胡觉敏女士，感谢我的母亲大人姚三香女士，感谢他们的给予与付出，为我创造了温馨和谐的家庭环境，使我心无牵挂地全力投入到研究写作过程中。此时此刻，我还要感谢在天之灵的父亲和岳父，是他们给我力量，使我能不断坚持。

再次感谢所有支持过、帮助过我的人。

由于本人水平有限，书中难免会出现错误与疏漏，还请学界前辈和同仁及各位读者批评指正！

龚上华

2013 年 12 月 18 日

于杭州西子湖